この広告を
見た方は
65歳以上 入会金
無料!
～充実した時を楽しむ～
シニア初めての絵画教室
新規会員募集中！ 金 第1・第3 13:30～15:00
[コースのご案内]
見学体験受付中
加川広重水彩画教室／大人の図工教室／マスター絵画Ⅰ・Ⅱ
ヌード人物画／畠山デッサンゼミ／
芳賀先生の楽々絵画教室Ⅰ・Ⅱ／素材を楽しむ新表現／
シニア初めての絵画教室／版画の時間／美術鑑賞を楽しむ
会／絵画の時間／北折整絵画ゼミ／自由絵画Ⅰ・Ⅱ・Ⅲ／
畠山・特ゼミ／陶芸工房
仙台美術研究所
仙台市若林区河原町1-2-51-2F
TEL 022-722-9592
E-mail info@senbi-art.com
https://senbi-art.com
月曜祝日お休み。

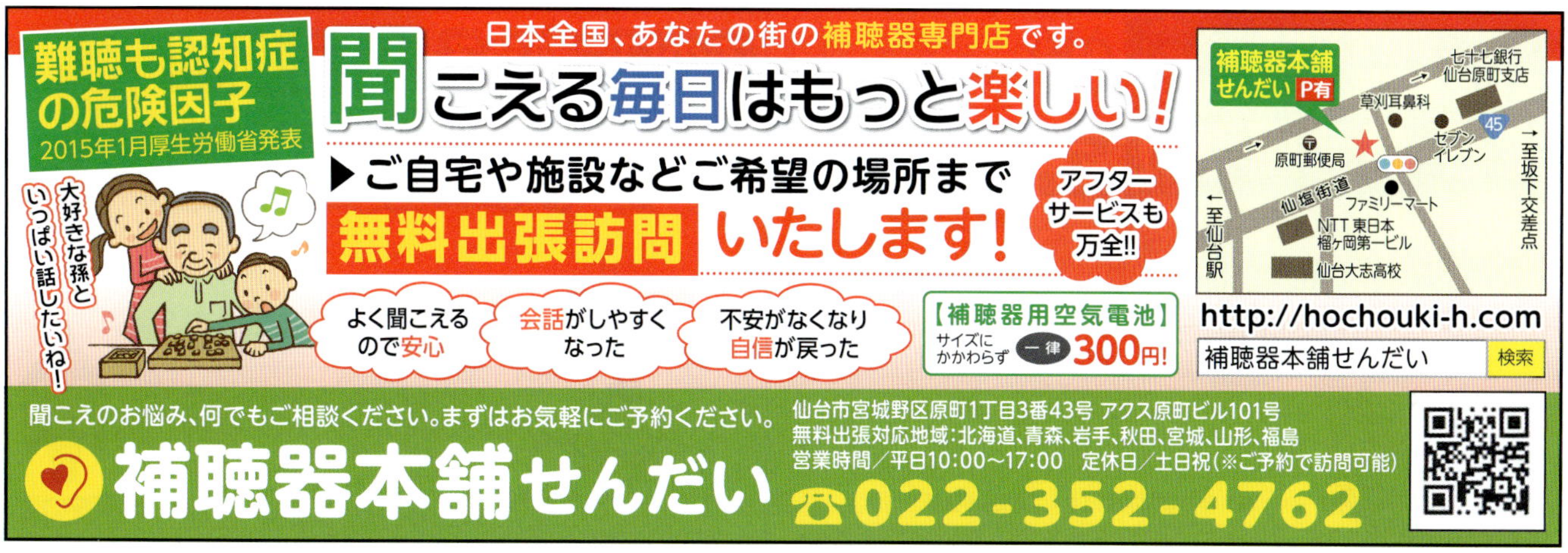
難聴も認知症の危険因子
2015年1月厚生労働省発表
大好きな孫といっぱい話したいね！
日本全国、あなたの街の補聴器専門店です。
聞こえる毎日はもっと楽しい！
▶ご自宅や施設などご希望の場所まで
無料出張訪問 いたします！
アフターサービスも万全!!
よく聞こえるので安心
会話がしやすくなった
不安がなくなり自信が戻った
【補聴器用空気電池】
サイズにかかわらず 一律 300円!
補聴器本舗せんだい P有
七十七銀行 仙台原町支店
草刈耳鼻科
45
原町郵便局
セブンイレブン
仙塩街道
ファミリーマート
NTT 東日本 榴ヶ岡第一ビル
仙台大志高校
←至仙台駅
→至坂下交差点
http://hochouki-h.com
補聴器本舗せんだい 検索
聞こえのお悩み、何でもご相談ください。まずはお気軽にご予約ください。
補聴器本舗せんだい
仙台市宮城野区原町1丁目3番43号 アクス原町ビル101号
無料出張対応地域：北海道、青森、岩手、秋田、宮城、山形、福島
営業時間／平日10:00～17:00 定休日／土日祝(※ご予約で訪問可能)
☎022-352-4762

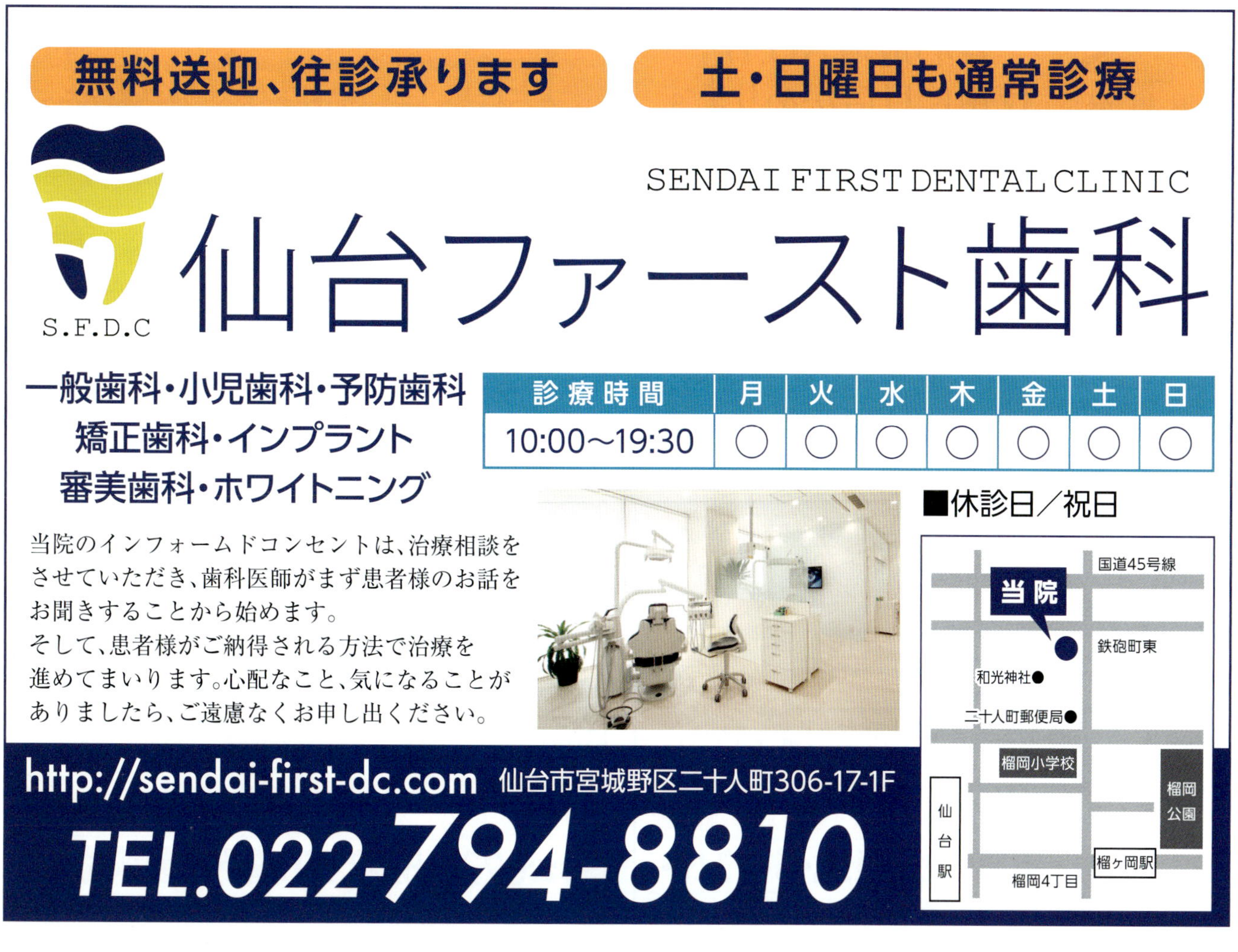
無料送迎、往診承ります
土・日曜日も通常診療
SENDAI FIRST DENTAL CLINIC
S.F.D.C
仙台ファースト歯科
一般歯科・小児歯科・予防歯科
矯正歯科・インプラント
審美歯科・ホワイトニング
診療時間 | 月 | 火 | 水 | 木 | 金 | 土 | 日
10:00～19:30 | ○ | ○ | ○ | ○ | ○ | ○ | ○
■休診日／祝日
当院のインフォームドコンセントは、治療相談をさせていただき、歯科医師がまず患者様のお話をお聞きすることから始めます。
そして、患者様がご納得される方法で治療を進めてまいります。心配なこと、気になることがありましたら、ご遠慮なくお申し出ください。
国道45号線
当院
鉄砲町東
和光神社
二十人町郵便局
榴岡小学校
榴岡公園
仙台駅
榴ヶ岡駅
榴岡4丁目
http://sendai-first-dc.com 仙台市宮城野区二十人町306-17-1F
TEL.022-794-8810

美しい
夕焼けきょうも
生きました
女性84歳

仙台から生まれたシルバー川柳がますます人気となっています。作品で笑い、年齢でうなずき、2度楽しめるシルバー川柳。紙とペンがあればいつでもどこでも、病床でも楽しめます。人生100年時代は、川柳を恋人に！

化粧箱
今はババァの
クスリ箱
男性80歳

うちの嫁
掃除はしないが
顔手入れ
男性68歳

少しでも
触診願い
服選び
女性70歳

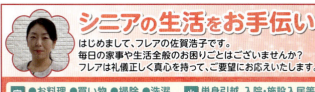

読者アンケート

若く見せるコツ、髪のケアの方法

シニアの身だしなみは、若い時と違った陰のご苦労も多いようです。女性の皆さんのツバキ油の人気には驚かされました。男性陣もけっこうお洒落に気を使っているんですね。

アンケート実施日／2017年9月

女性 (数字は年齢)

Q 身だしなみのこだわり

●全体の色がバラつかないように2〜3色にまとめる。64
●スポーティに、さわやかに。70
●明るい雰囲気で。70
●自分に似合うものを。量より質で。72
●明るいさわやかな色を組み合わせる。73
●毛が薄いので、帽子をかぶる。74
●家に居てもおしゃれをする。74
●身に着ける物は毎日換える。74
●柄と無地を組み合わせる。74
●その場に合った服装。75
●背筋を伸ばし、姿勢良くと心がけ。75
●清潔で自分らしい服装。76
●年を取っても薄化粧。76
●自然体でシンプルであること。77
●突然の来客でも失礼のない服装と薄いメーキャップ。77
●普段着がみすぼらしいので、近くでも服を取り替えて外出。80
●3日以上同じ服を着ない。86
●下着だけは毎日替える(救急で運ばれて裸にされた時のため)。86
●気に入るまで面倒がらずに着換える。88
●年取ると汚く見えるので、若い頃より気をつけます。91

Q 若く見せるコツ

●無理な若づくりをしない。69
●顔色に合う明るい系のカラー。70
●明るい色を意識して身に着ける。72
●シンプルに(ゴタゴタ飾らない)。72
●明るい色のファンデーションに、ほぼ紅を入れる。72
●髪型、歯、スカーフ。74
●姿勢良く、歯を良く磨く(笑顔に自信)。75
●口紅。76 ●姿勢。76 ●笑顔。76
●明るい単色(2色以内)、上下柄物にしない。77 ●品のあるアクセサリーを。77
●明るい色を着る。79
●80歳ぐらいになったら、交通事故防止になるので明るい服を。80
●老いると顔色がくすんでくるので、明るい色を。朗らかに笑顔忘れず。80
●自分に合う明るい服を着る。83

Q 髪の毛のケアの方法

●地肌の手入れと艶だしスプレー。66
●同じシャンプーとリンスを使い続ける(温泉場のシャンプーとかは使用しない)。69
●髪の乱れは心の乱れ、化粧より髪に時間をかける。月1回ブロー、カラー(染)。72
●ボリューム出るシャンプー、リンス。74
●染めずに洗う。74
●髪には金がかかっている。通販利用で。75
●タンパク質を摂る、運動して血を回す。75
●ツバキ油でリンス。76
●70代、毛染めパーマの回数を減らしてウイッグでカバー。77
●シャンプーでゴシゴシ強くこすらない。77
●ブラッシングしてシャンプー、そしてブラッシング。77
●シャンプーへのこだわり。77
●頭皮が硬いと髪が抜けるのでマッサージ。80 ●ツバキ油。80
●オーガニックの美容院に行ってますが、爺の床屋の何倍もするのであまり行けません。総白髪が似合う方がうらやましい。80
●朝夕のブラッシング(浅草の虎屋のブラシ、2万5千円)。83
●育毛剤で毎日マッサージ。86

男性

Q 身だしなみのこだわり

●ドライヤーで髪をビシッと決める。64
●清潔に髪型はしっかりする。65
●季節、TPOを考え、だらしなくならないよう。68
●外出時は必ず鏡を見る。74 ●臭い。75
●ヒゲを剃る(無精髭は厳禁)。76
●こざっぱり。77 ●ジーンズ(若々しく)。77
●特にこだわらず、昔の物を大事に着る。78
●服とバランスを取り、小物類(バッグ、ハンカチ、靴下)に配慮。79
●臭い服・体で外出しない(老臭)。80
●気取らぬこと。80 ●ジャケットに気を使う。外出時は必ず帽子をかぶる。81
●毎月床屋。83
●加齢と共に変わる骨格、カラーをチェック。

似合う10着を着回しコーデに徹する。86
●ズボンの折り目。90
●派手なものは避ける。90

Q 若く見せるコツ

●背筋を伸ばして歩く。67
●なるべく明るい色をコーディネート。68
●白髪染めで真っ黒にはしない。72
●赤系を主としたシャツを着る。74
●目力。眉、姿勢、かかとから着地。75
●立ち姿をキチッと。76
●元気よく胸を張って歩く。76
●背中を丸めないように気をつける。77
●毎日運動してツヤツヤしている。77
●高そうに見えるものは避ける。79
●明るい系統の服を着る。79
●色物を着る。79 ●シミを隠す。80
●髪の毛をオールバックにしない。80
●ヒゲをそり身だしなみに気をつける。81
●ヒゲを剃って化粧水。83

Q 髪の毛のケアの方法

●短くして毎日頭を叩く。68
●洗髪の回数を減らす。71
●毛髪復活液(パーマと毛染めで痛むため)。72
●薬用スキャルプエッセンスを使用。74
●石鹸を使って二度洗いし、最後に酢を一たらしした洗面器一杯のお湯でリンス。カッパ頭が白髪になりました。76
●毎朝、頭をマッサージ。78
●ヘアトニックなどは良い物を使う。88
●皮膚科からもらった塗り薬。88

先輩シルバーからの"生きた"アドバイス

定年後や子育て後のセカンドライフをどのように過ごして、先々にどう備えればいいのか? 経験豊かな先輩読者から後輩読者の皆さんへ、何より嬉しい"生きた"アドバイス集です。

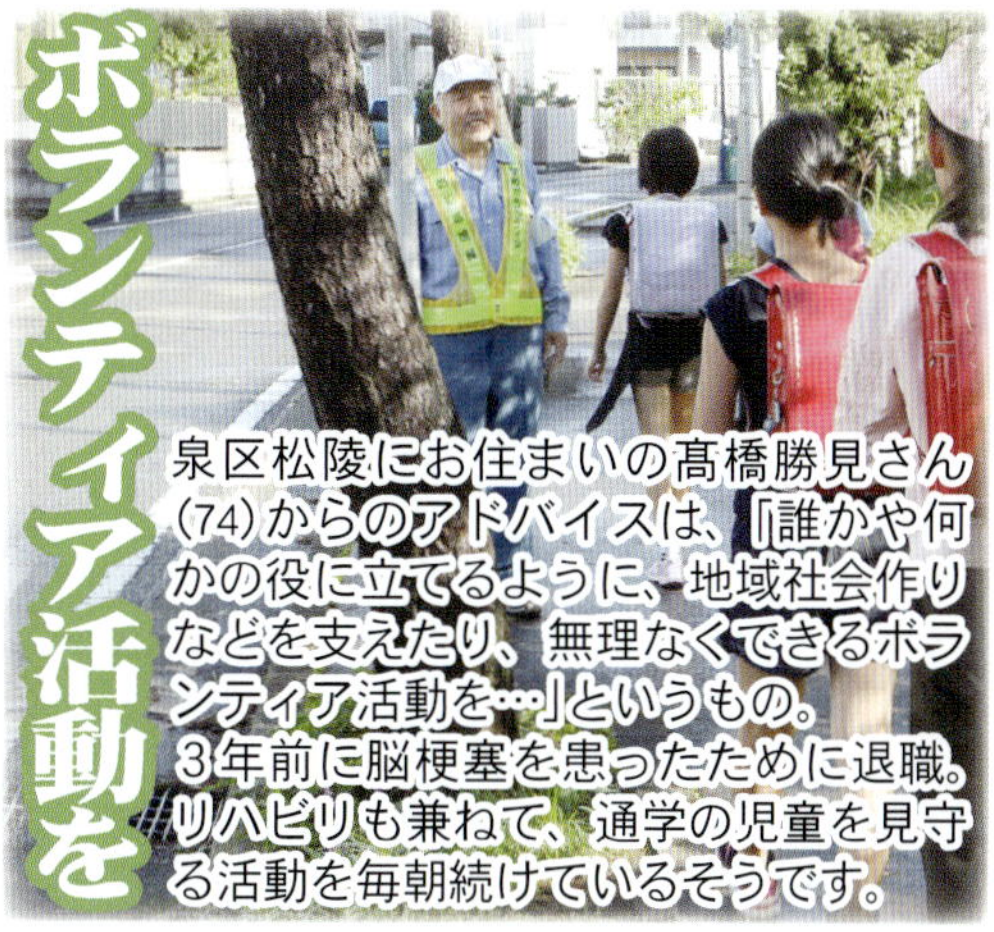

ボランティア活動を

泉区松陵にお住まいの髙橋勝見さん(74)からのアドバイスは、「誰かや何かの役に立てるように、地域社会作りなどを支えたり、無理なくできるボランティア活動を…」というもの。3年前に脳梗塞を患ったために退職。リハビリも兼ねて、通学の児童を見守る活動を毎朝続けているそうです。

アンケート実施日/2017年6月

男性70代から60代へ

●好奇心旺盛にして多方面に行動を!73
●無理なくできるボランティア活動。74
●働けるうちは働く、働きながら趣味も同時に優先させる(ここが大事)。働くことから趣味へ、スムーズに移行できる。75
●生きるのにユーモアは大切。川柳を続け、ユーモアを持って頑張りましょう。76
●職場の延長はダメ(言葉使い等)、地域に親しみを持つ。77
●歯は大事に、手入れを忘れず。79
●転居するなら気力&体力のあるうちに。79
●趣味を持っていない方は趣味を持ち、新しい友人の出会いを作る。79

男性80代&90代から

●とにかく足を大切に、歩けなくなったらおしまいじゃ。80
●80歳になると体力気力、特に体力が急低下することを念頭にことをすすめるべし。80
●変に年寄り振らない。80
●若い時は二度とない、ドントやれ、人のやれないことをやれ!80
●健康に関する本を沢山読みましたが、何と言っても自分の信念と先輩のアドバイス(ただし個人差があるので留意を)。81
●社会の変化に関心を持つ。毎日、新聞に目を通す。できるだけ職場で働き続ける。町内会、老人会で活動すること。81
●集中できる趣味を絶対持つべきで、特に体を使うものがベター。83
●友達は4~5人作っていた方が良い。84
●あまり昔の事は云わない。若い人に好かれる。友達をたくさん持つ。そうすればボケませんよ。86
●趣味を持って晩酌を欠かさない。90

女性70代から60代へ

●相談できる友達を見つける。73
●人生で実行力があり、花の咲く良い時期です。ボランティアに参加したり。73
●旅行もいいけど、手元不如意《てもとふにょい》(資金不足)では心もとなくなりますよ。74
●使わなくなった物は思い切って捨てた方がいい。いずれはゴミの山になります。75
●筋力の付く体操をしておくとよい。76

女性80代&90代から

●良い趣味を持ち、自分が一生懸命になれる時間を作り、楽しむ事が一番。80
●人生長いので、沢山の趣味を作り家庭円満に。80 ●老いては子に従え。83
●毎日くよくよせずに笑って楽しく。80
●今したいことを勇気を出してやること。後悔しますよ。81
●脚、腰の丈夫なうちに旅行、イベント、コンサート等、思い出作りを。81
●整理は早めに。荷は軽くして。82
●行く道です。80歳の方に話しかけ孤立させない。大勢の中の孤独を味合せない。83
●少額少量でも遺産は必ず遺言書を作成。子供たちに迷惑を掛けることになる。84
●一人で出来る趣味を持ち、一人で行動出来ること。86

みやぎシニア事典

CONTENTS

ピックアップ！

第1章 認知症の不安

第2章 住まいの不安

老後の不安を一挙解決！

第3章 お墓の不安

第4章 葬儀の不安

２０５０年、仙台市も２・５人に１人が高齢者に！

いよいよ本番！日本の超高齢社会

宮城県でも急増、免許返納

お墓を継ぐ人がいない、その解決策は？

仙台でシニア世代のチャレンジ、続々！

「助け合い活動」
泉区向陽台
※記事は107頁

「乗り合い交通」
宮城野区燕沢
※記事は10頁

日本の高齢人口（65歳以上の人口）が3588万人（総務省統計局発表・2019年9月15日現在推計）と過去最多となりました。

高齢人口のピークは全国では2040年、仙台市では2050年に到来すると見込まれ、その時には仙台市の2・5人に1人が高齢者になると予測されています。

長生きできる長寿社会が医療や社会保障の充実等によって実現したことは喜ばしいことですが、一方で認知症や住まいの問題、貧困、孤立化、介護難民、さまざまな困難が訪れることも予想されています。そんな中でチャレンジが各地で繰り広げられています。市民も行政も民間企業もワンチームとなり、未来に希望を見出そうとしています。

ピックアップ

高齢者の「足」を確保していくための挑戦

地域交通 のりあい つばめ

大西さん(写真左)と病院から帰ってきた常連客の男性

バスが通らない クルマも手放した

足腰も弱って…といった方々にとって、買い物や通院なども一苦労。高齢化が進む団地では移動の足をどう確保していくかが、大きな課題となっています。

行政の支援で一気に前進！ 外出が増え、通院や買い物も楽々に。

宮城野区燕沢地区と鶴ヶ谷東地区で、一台のジャンボタクシーが試験運行を続けています。燕沢は坂道が多く道幅が狭いこともあって、２０１７年から住民が新しい交通機関について検討する燕沢地区交通検討会を設立。翌年４月に仙台市が『みんなでつくろう地域交通スタート支援事業』を始めたことで専門家を派遣してもらうなどの支援を受けられるようになり、同年10月に乗り合い交通『のりあい・つばめ』の試験運行がスタートしました。

乗客の女性は「オープン病院に友達を見舞いに行きます。便利ですね」と笑顔。男性は「免許をあと何年かで返納するので、それまで存続して欲しいと思って乗っています。そう思っている人はけっこう多いと思います」と話していました。

10人乗りのタクシーを1日6便

２０１９年10月からスタートしている第３弾の試験運行では、これまでと同様に片道２００円均一、10人乗りのジャンボタクシーを週３日(月・水・金)走らせています。これまでと違うのが運行時刻。朝8時台から午後3時台までとし、午後4時台と5時台の便は冬場ということで無くして便数を1日6便(3往復)に。2便減らしたものの乗客数の減少は今のところ無く、その分経費が減って収支面が改善。これまでの2度の試験運行で得られた反省点や要望等を取り入れながら、停留所を増やしたりルートを変えたりしながら利便性も向上させています。

収支面や利用者数には課題も

成功のために大きなカギを握るのは、乗客を増やして収入を上げることです。

第1弾の試験運行(２０１８年10月22日～11月16日)では、市が支援の条件としている収支率2割を達成。

第2弾の試験運行(２０１９年4月2日～9月27日)では、利用者が1日平均28・7人(目標は40人)と伸び悩んだものの、企業協賛金や関連グッズの売り上げなどで目標の収支率3割をなんとか達成。

第3弾の試験運行(同10月2日～２０２０年3月30日)は現在実施されており、収支率をクリアできれば1年間の実証運行へ

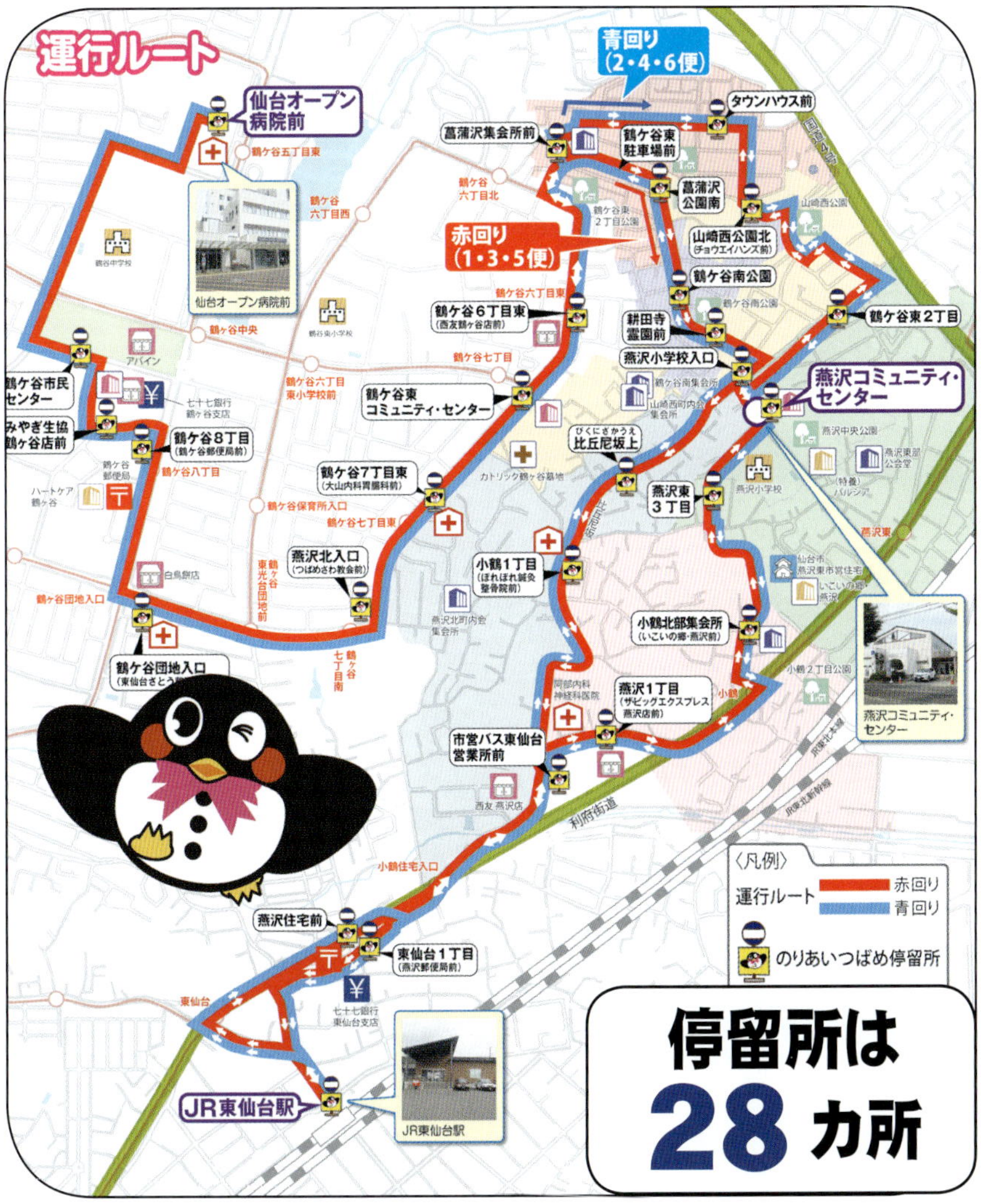

「のりあい・つばめ」の試験運行にかかる経費と補助の仕組み

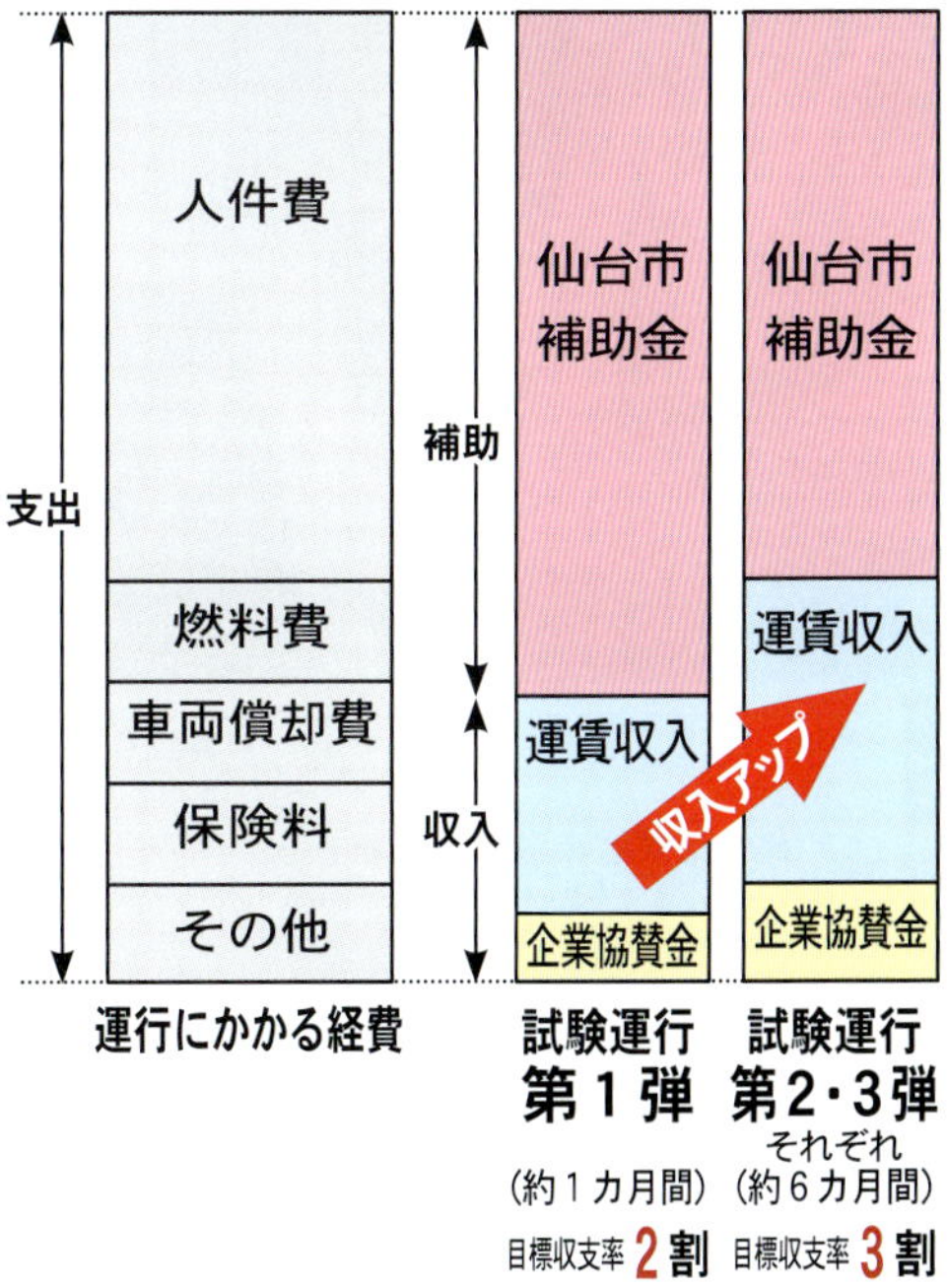

※かかった経費は、第1弾は50万円ほどのため、その8割（約40万円）が補助金で賄われました。第2弾は期間が長かったため、経費は300万円ほどに。第3弾は便数を減らしたため、220万円ほどの予定。運行はタクシー会社に委託しており、その都度選定が行われています。

「のりあい・つばめ」に乗車する地元の高齢者グループの皆さん。バスと地下鉄を乗り継いで八木山動物園まで行くそうで、「助かります。利用して応援しようと思うことが、外出のきっかけにもなります」と笑顔で話していました。

と移ります。しかし、通勤通学の利用は見込めず、天気の悪い日は乗客が大きく減ってしまうことも…。そんな中で収支率を達成させるため、定期券や回数券を発行したり、企業や町内会への協賛依頼、うちわなどの手作りグッズを販売するなど地道な努力が繰り広げられています。

他の地区への足がかりに

仙台市公共交通推進課の五十嵐大主幹は「燕沢は支援事業の第一号ということでモデル地区という扱いです。燕沢でこの事業が成り立たなければ、他の地区では厳しい。なんとか成功させて、他の地区でも地域の足を確保していけるようにしていきたい。実績を見ながら、本格運行に向けた制度を検討していきたい」と話していました。

燕沢の近隣の地区からは「バスの路線をこっちにも延ばして欲しい、一緒に交ぜて欲しい」といった声も上がっているそうで、そうしたことにも前向きに検討していく方針。一方、住民アンケートでは「乗らない理由は、乗り方が分からないから」という方も多く、新しい交通機関が定着するまでには時間も必要のようです。

燕沢地区交通検討会の大西憲三会長は「ここまで達成できたのは、粘り強くやってきたから。新たな課題がまた見えてくるでしょうが、アイデアを出し合って第3弾も成功させます。年金生活者にとっては200円の運賃も負担が大きいので、安くする方法も検討していきたい。誰でも乗れますから乗って応援して欲しい、そして他の地域にも広がっていくことを願っています」と話していました。

求む次のチャレンジャー

市ではこうした取り組みに関心のある方へ、ヒアリングやアドバイスを行っています。『地域交通の確保について』というテーマの市政出前講座も実施しています。「我々の地域でも検討したいといった方には、担当者が対応します」と五十嵐さん。

◎問／仙台市 公共交通推進課 地域交通係 ☎022（214）8359

無期限の身分証明書として、店の会員登録等から銀行口座開設まで幅広く利用できます。すでに返納済みの場合は、返納から５年以内であれば発行してもらえます（※その場合は住所、氏名、生年月日が確認できる本人確認書類が必要です）。

ピックアップ

高齢ドライバーの事故防止策

急増！免許返納

加害者にならないために何をすべきか 免許を返納したら、どうなるのか？

県内でも高齢者の事故が増加 免許返納者数は5千人を突破

高齢ドライバーの事故がよく報道されていますが、宮城県内における事故全体に占める65歳以上の方の割合は２０１８年に21％を突破しました。

そんな中で、関心が集まっているのが、免許の自主返納。県内における運転免許の自主返納者数（65歳以上）は、同年５３０８人に達しています。

返納後に高まる要介護リスク

しかし一方で、高齢者が運転を止めると要介護リスクが高まるという気になる研究結果もあります。車の運転をやめて自由に移動する手段を失った高齢者は、運転を続けている人と比べ、要介護状態になるリスクが2・2倍になるとの研究結果を、筑波大の市川政雄教授（社会医学）らのチームが日本疫学会誌に発表。海外の研究でも高齢者が運転をやめると、うつ状態になるリスクが約2倍になるなど心身の健康を損ない、社会参加も減るといった悪影響があることが示されています。『のりあい・つばめ』のような、車を手放してからも外に出掛けやすくするための支援が大切なものとなっていきます。

2年前に返納した読者のその後

宮城野区鶴ヶ谷にお住まいの二郷徳夫さん（88）は、86歳の誕生日を迎えたのを機に免許返納の手続を済ませています。

「約50年、車にはお世話になりましたが、子供からもよした方がいいよと言われ、決断しました。特に人身事故など起こしたら、にっちもさっちも行きませんからね。今も近くの市民センターなどに車で行っているので、正直、若干の未練はあります。知人からはまだ2～3年は大丈夫だよと言われたり、ディーラーからは新しい車を勧められたりもしますが、ちょうど車検もあるし、年齢的にも…。近くのポストにさえ車を使っていましたが、これからは健康のためにも歩き、自転車やタクシーを使おうと思っています」と二郷さん。隣にいた奥様も、「私が一番喜んでいるんです」と笑顔でした。

読者の事故防止策

◎脳トレに励む（判断力等をキープ）
◎夜間や長距離の運転は控える
◎毎日乗る（運転に慣れておく）
◎安全確認の徹底（とにかく慎重に）
◎車を買い換える（軽自動車や安全機能付きに）
◎車を整備する（ブレーキの踏み間違い防止機能、後方が見られるカメラ、車線キープ、等）
◎相乗りをさせてくれる親しい友人を作っておく
◎買い物はできるだけネットで注文（出歩かない）

高齢ドライバーの事故防止アドバイス

◎講習や安全運転体験教室を受講する
◎身体的・認知能力の変化を自覚する
◎過去の経験にとらわれない（自分本位の運転に注意）
◎家族等周りも協力する
（運転中は話しかけない。目の衰え等を指摘してあげる）

宮城県の高齢運転者事故発生推移

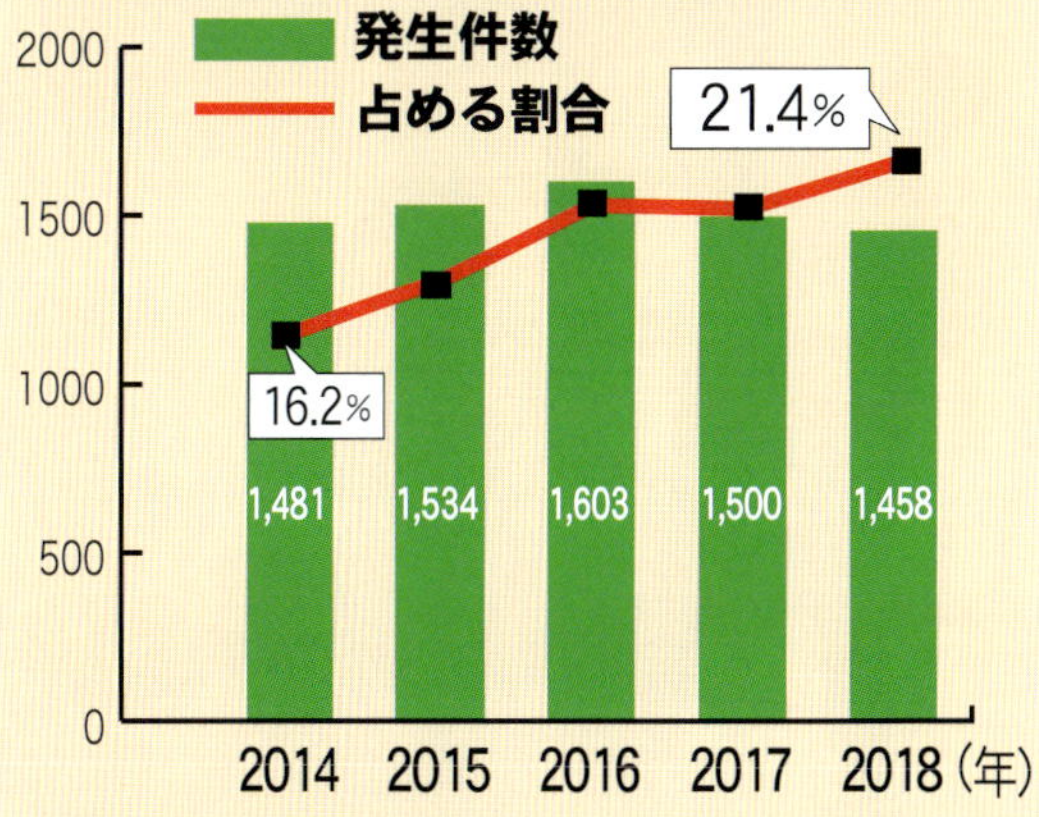

宮城県の運転免許自主返納の件数

（65歳以上）

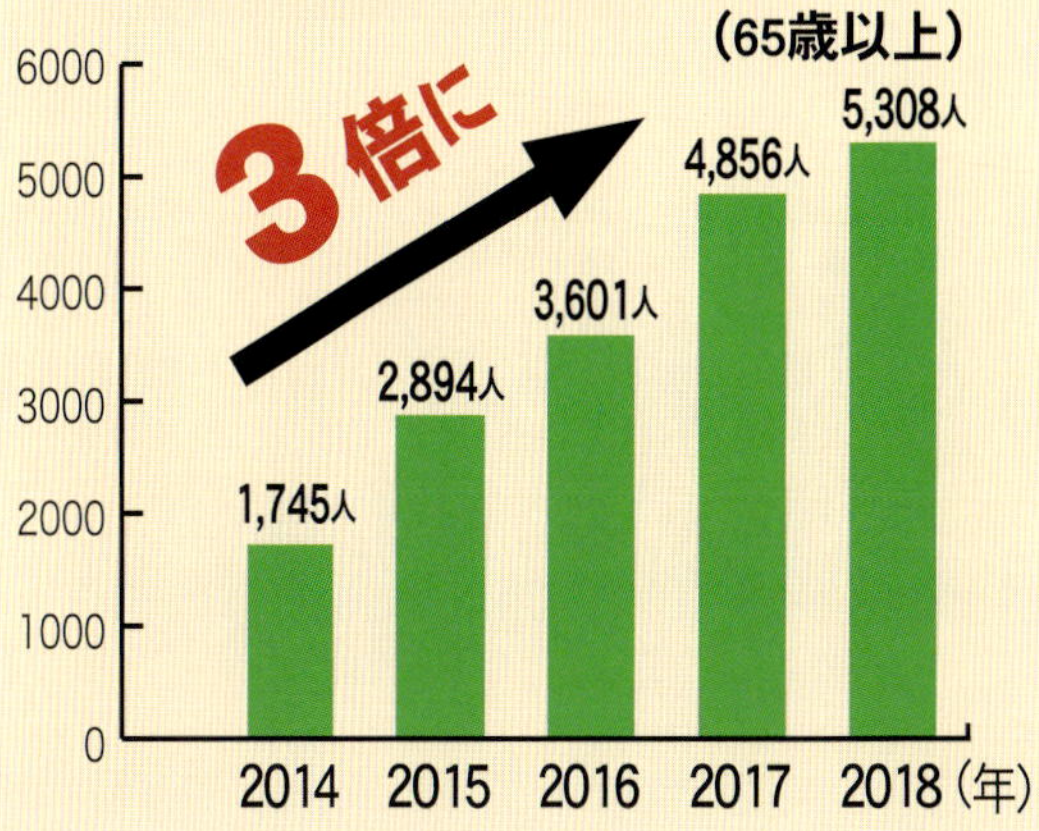

それから2年ほど経ったところで、暮らしぶりについて聞いてみると、「なるべく歩くようにして、バスと地下鉄、タクシーを利用しながら以前と変わりない生活をしています。正直なところ、車が無いと不便ですが、もう無いんだから諦めるしかない。高齢者の交通事故が最近多いので、一足早く手放したことにホッとしてもいます」と二郷さん。

「安全装備の車」も選択肢に

青葉区中山にお住まいの中沢常夫さん(83)は迷った挙げ句、新車を3年前に購入。

「車検を迎えた時、子供からは車を止めるように勧められました。私がまだ乗りたいと言ったら、それならと選んでくれたのが最新機能がいろいろ付いた軽自動車でした」と中沢さん。新しい車には追突しないための自動ブレーキ、後方が見られるカメラ、中央線を踏むとアラームが鳴る機能などを装備。「軽自動車に抵抗がありましたが、ハンドルを切るのが楽だし小回りも利いて大正解でした。皆にも勧めています。買い物と通院に使い、遠乗りや夜間の運転は控えながら85歳までは運転を続けたい」と、中沢さん。

「運転経歴証明書」を交付

さて、免許の自主返納においては、いくつかの誤解や注意点がありますので、整理したいと思います。

まず、「免許証を身分証明書として使っていたので、無くなるのは困る」と心配される方が多いのですが、大丈夫です。

返納時に申請すると交付される『運転経歴証明書』は、２０１２年の制度改正で利便性が大幅に向上。身分証明書として生涯有効となり、氏名や住所の変更も可能、紛失や破損した場合には再交付も受けられるようになりました。

交付申請は、運転免許返納手続き後、5年以内です。ご注意いただきたいのは、「免許はもう必要ないから」と手続をしないで『失効』した場合、運転経歴証明書は交付されません。切らしてしまうと自主返納ではなくなるため、申請はできなくなるのです。

運転経歴証明書の申請に必要な手数料は１１００円。免許証のような更新手数料は以後発生しないので、費用面でもメリットがあります。自主返納の手続ができる場所は、県内の各運転免許センターと警察署の交通課となります。

■問／宮城県運転免許センター
☎０２２(３７３)３６０１

高齢者の運転相談がしやすく

警察庁は、運転に不安を感じている高齢ドライバーや家族からの電話相談に応じる全国統一の電話相談窓口『安全運転相談ダイヤル』を２０１９年11月に新設。認知症の診察や免許返納に関する相談をよりしやすくしています。

■安全運転相談ダイヤル　＃８０８０

ピックアップ

寝たきり＆孤立を防げ！

介護予防運動

市民ボランティアのサポーターが運営するシニア向けの『介護予防自主グループ』が、仙台市では各地で盛んに活動しています。足腰が丈夫になるのはもちろん、さまざまな効果が期待されています。グループの魅力や支える皆さんについて取材してきました。

仙台市内に２３０の自主グループ 市民によるサポーターが運営、市が支援

宮城野区岩切にある台ヶ原集会所にて、10年ほど前から活動している『介護予防自主グループ』があります。月1回、第2金曜日の朝10時から90分間、運動はもちろん、歌や脳トレ、口腔体操、談話の時間も設けられています。

グループの発足時から通い続けている女性は「股関節を5年前に痛めたんですが、ここに行けるようにとリハビリを頑張りました。ここで学んだ運動を家でも一生懸命練習して、出来なかった動きが出来るようにもなりました」と嬉しそう。

震災で南三陸町から引っ越してきた女性は「誘っていただき、生きがいと思って休まずに頑張っています。高齢の私には少しハードな内容ですが、お友達も出来て嬉しい」と笑顔で話していました。

地域の理解に支えられて

運営している『おりづる会』は、２００９年に誕生した介護予防自主グループ。仙台市が開催している『介護予防運動サポーター養成研修』で学んだ6人の方が設立。初代の会長である庄司喜恵子さんは「始めは一軒一軒回って参加を呼びかけ、顔の広いご年配に声掛けしていただくなど多くのご協力があって今があります」と10年の歩みをふり返ります。

２０１９年3月から代表を引き継いだ赤間香さんは「無理をさせず、話を聴いてさしあげながら続けて行きたい。介護施設の方に講話をしていただくなど、内容の活性化も検討していきたい」と抱負を語っていました。運営費は、参加者からいただく1回１００円の会費と町内会、社会福祉協議会からの支援で賄われています。

高齢化とマンネリが課題

当初22人だった会員は、38人に増加。一見、順調そうですが、懸念材料もあります。6人のサポーターの平均年齢が70歳を越えたことと参加者の高齢化も進んでいること。数あるグループの中には、会員の高齢化によってデイサービスに行く方が増えるなどして会員が減少。休止に追い込まれたところも出ています。

また、いつも内容が同じでは飽きられ

6人のサポーターと庄司さん

会場の台ヶ原集会所

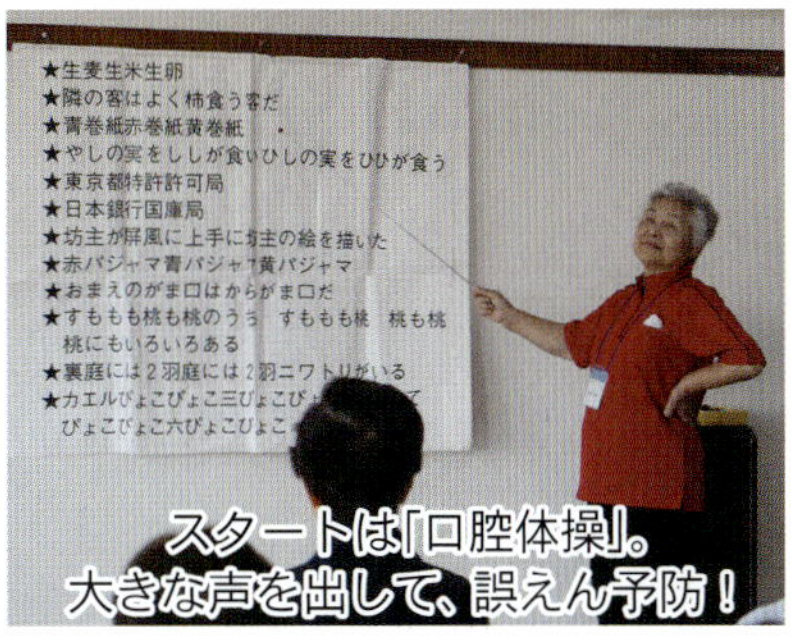
スタートは「口腔体操」。大きな声を出して、誤えん予防!

2番目は「歌」の合唱。毎回違う曲で、この日は「背くらべ」「鐘の鳴る丘」

3番目は「脳トレ」。『色読みテスト』で脳を活性化

4番目の体操は「①準備体操」「②体操」「③整理体操」と分けて、念入りに実施

テンポ良く、あっと言う間の1時間が過ぎると談話タイム。ヨーグルト付き

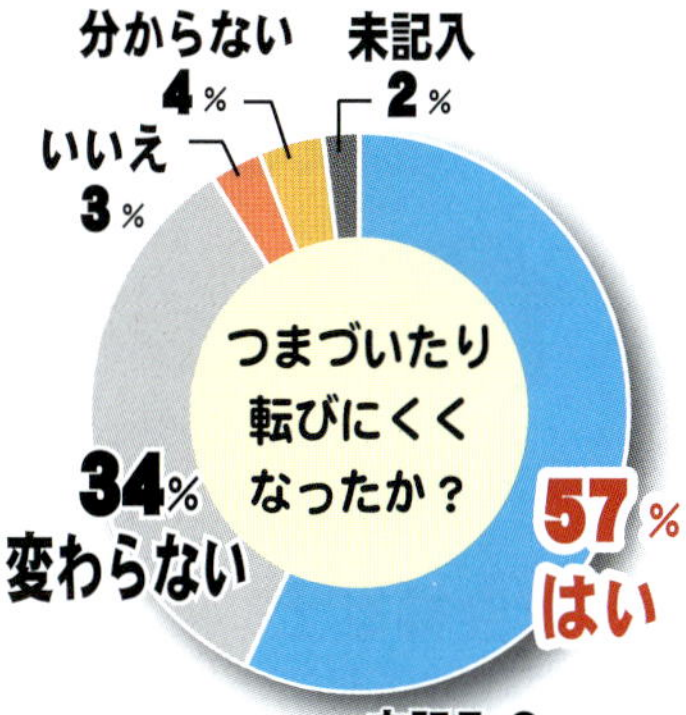

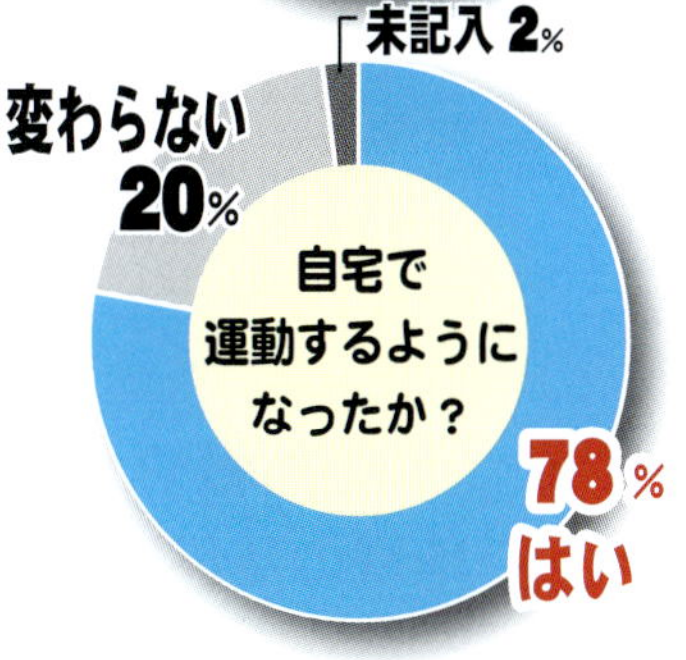

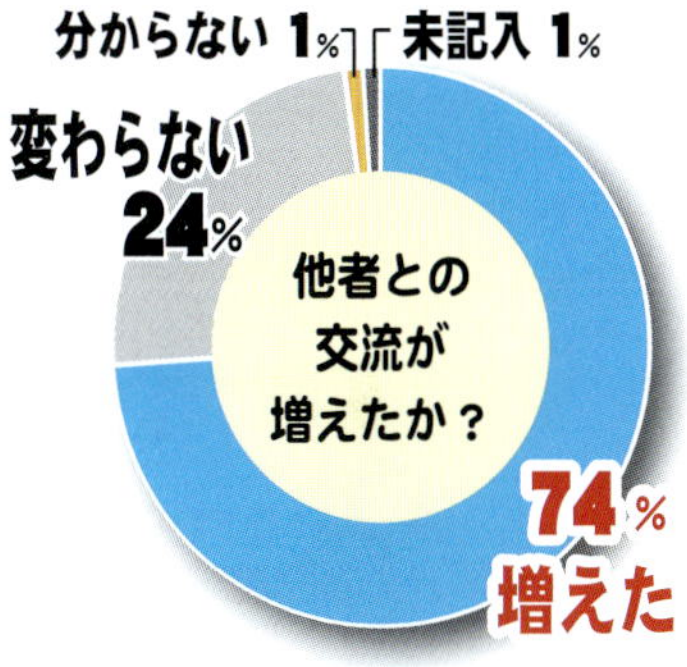

※アンケートは、『仙台市介護予防・地域包括ケア構築事業報告書～3年間の取組とその成果について～(2010年3月 仙台市高齢企画課)』より

てしまうため、新しい運動方法を学んだりといったマンネリ化を防ぐ努力も欠かせないものとなっています。

サポーターとしての喜び

そうした苦労はあるものの、とても輝いて見えたサポーターの皆さん。

「参加者の皆さんが、明るく元気になって『楽しかった!』と帰って行く姿を見られることが、私たちのエネルギーになっています。研修に行ったり、人前で話したりすることも、良い刺激になっています。60歳まで外で働いていたので、活動を通して近所のいろんな方とも出会えました」と話していました。

グループの独自性も尊重

仙台市は、おりづる会のような皆さんを支援する『介護予防自主グループ支援事業』を2006年にスタート。グループは順調に増え、2019年3月末現在230団体、養成されたサポーターは1397人に上っています。

独自の工夫を取り入れるなど、グループによって内容や開催日数もさまざま。月1~2回の開催が多いものの、中には週1回開催しているところも(※市は1カ月に1回以上、1回に30分程度は運動しているグループを介護予防自主グループと定義)。活動場所は町内会等の集会所やコミセン、市民センター等が多く、会費は300円未満が多くなっています。

参加方法&グループの立ち上げ方

教室に参加してみたいという方は、地域包括支援センターや区役所にお問い合わせください。参加者のエリアを限定しないグループもあれば、町内会の方のみを対象としているグループもあります。残念ながら、歩いて通える距離にグループが存在していないということもあり得ます。

自主グループを立ち上げたいという方も大歓迎で、『介護予防運動サポーター養成研修(※虚弱高齢者も含め幅広い状態像の高齢者が参加できる運動の実施方法)』が区役所等で開催されています(※詳細は区役所障害高齢課地域支援係・総合支所は保健福祉課、または地域包括支援センターにお問い合わせを)。立ち上がったグループに対する市の支援は、年4回程度の研修、地域包括支援センターによる支援や助言、相談対応といったものです。

今後さらに重要な存在へ

仙台市地域包括ケア推進課の大村悠子さんは「介護予防自主グループは運動を主軸とした活動ですが、人との交流や地域とのつながりができ、社会的孤立を防ぐ役割も担っています。年齢を重ねても、介護予防の通いの場として続けていけるように一緒に考えていきたい」と話していました。

◎問/仙台市地域包括ケア推進課
☎022(214)8317

ピックアップ

困ったときは、相談してください！

地域包括支援センター

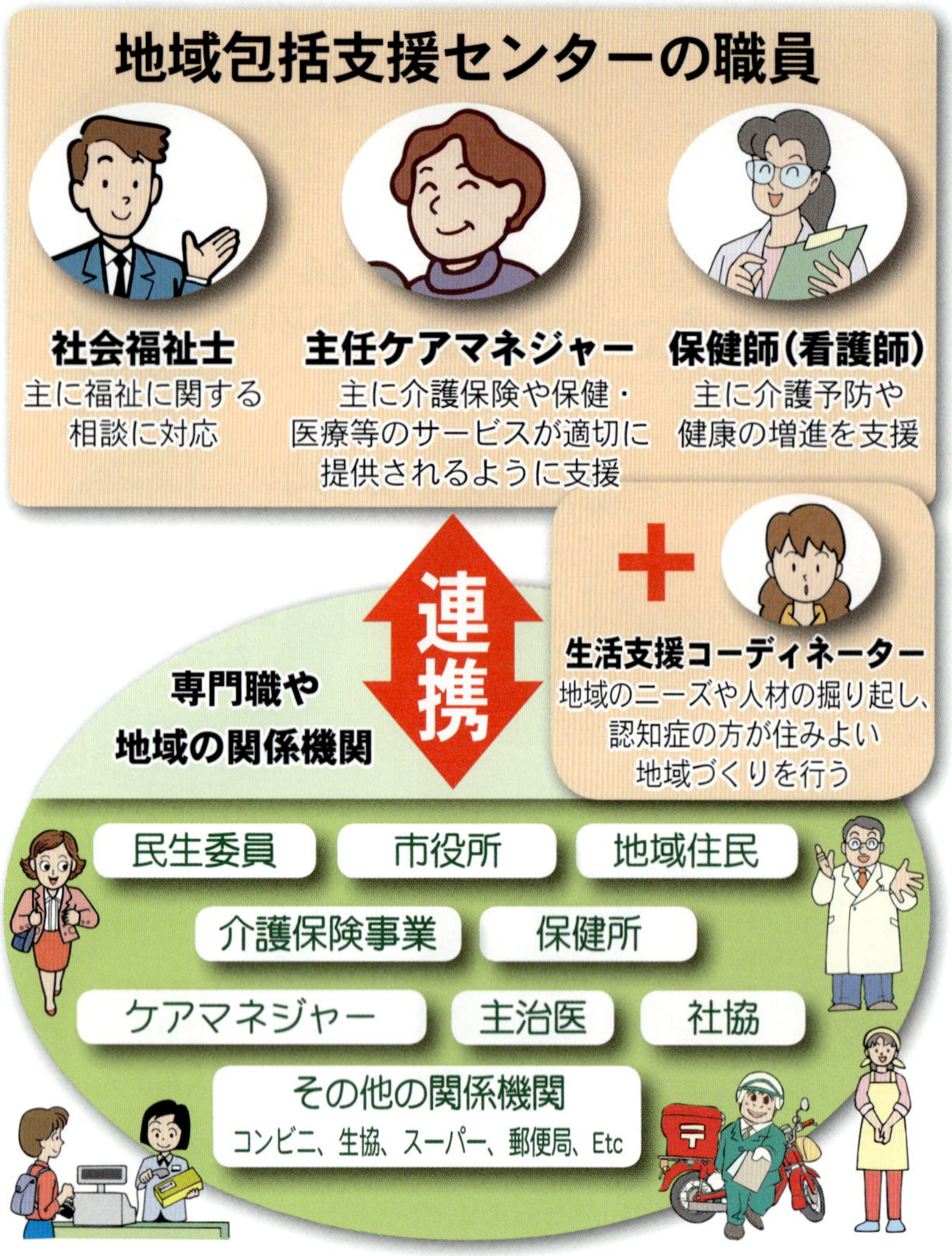

ワンストップ対応型の「よろず相談所」
仙台市内に52カ所設置（概ね中学校区に1カ所）

地域包括支援センター（以後「包括」）は、高齢者本人はもちろん、家族や地域住民の介護の悩みや相談を包括が中心になって適切な機関と連携して解決してくれる〝地域の高齢者支援窓口〟です。住み慣れた地域で安心して生活が続けられるよう、さまざまな面から支援を行ってくれます。

どんな人が何をしてくれるの？

包括には保健師、主任ケアマネジャー、社会福祉士が置かれ、次の業務にあたっています。

①介護予防の相談等

「介護保険の対象になる可能性のある方」や「介護保険の対象の方のうち、改善の見込みの高い方（要支援1、要支援2）」が自立して生活できるように、介護保険や介護予防事業などで介護予防の支援を行っています。

②保健・医療・福祉全般に関する相談

健康づくりや医療、介護など、生活全般に関する各種相談に対応。相談内容に応じて、行政や介護サービス事業所、ボランティア団体など様々な機関へ連絡を取り、適切なサービスが利用できるよう支援しています。また、一部の包括では、歩行補助用品や入浴関連用品などの福祉用具の展示を行っています。

③権利擁護の活動

判断能力が不十分なために、法律面や生活面で支援が必要な方には成年後見制度の活用を促したり、既に認知症の方には法定後見制度につなげるなどして支援。また、虐待被害の早期発見や対応等も担っています。

「虐待の相談」「認知症の相談」

具体的に、どのような相談が寄せられているのでしょう？　台原地域包括支援センターで話しを聞きました。

こちらの地区の人口は、２０１９年10月１日現在、２万６８３０人、高齢化率は21・24％、65歳以上が５７００人、75歳以上が３０６１人、世帯数は約１万５千世帯、65歳以上の方を含む世帯が約１３００世帯、要介護認定の方は７３２人、要支援の方は４７７人というエリア。後期高齢者の割合が高いエリアで、90歳以上で

介護や健康のこと
- 介護予防ケアプランを作りたい
- 要介護認定の申請を頼みたい
- 身体の機能に不安がある
- 今の健康を維持したい

さまざまな相談ごと
- 近所の一人暮らしの高齢者が心配
- お客様が同じ物を買っていく
- 最近、見かけない
- 昼間から酔っぱらっている

台原地域包括支援センターの職員の皆さん

台原地域包括支援センター

担当地域：台原中学校区域

旭ヶ丘1丁目～4丁目、北根黒松の一部、北根1丁目～3丁目、台原森林公園、台原2丁目～5丁目・7丁目、堤町1丁目～3丁目の一部、小松島2丁目・3丁目～4丁目の一部、葉山町の一部

権利を守ること
- 虐待にあっている人がいる
- 悪質な訪問販売の被害にあった
- 財産管理に自信が無くなった
- 虐待をしてしまう

暮らしやすい地域のために
- 日常的個別指導・相談
- 支援困難事例等への指導・助言
- 地域でのケアマネジャーのネットワークの構築

一人暮らしをしている方も増えており、関わった方の中には2人暮らしで2人とも認知症だったというケースもあったそうです。

　要支援の方のうち、介護予防サービスの利用者が350人ほどで、ここの包括がサービスの調整に関わっています。

　また、そういった方以外からも、月に90件ほどの相談が寄せられています。最も多いのは介護保険に関する相談、次に多いのが在宅介護について。仙台市の福祉サービス(緊急通報システム等)の申請の手伝いも実施。出向いて説明をして、申請の書類を整えたりといったことも行っています。

　地域の民生委員などから寄せられる相談で増えているのが、虐待に関する事。「虐待は介入が難しいケースが少なくありません。たとえば、本人は体力低下で身の回りのことができず、トイレにも行けずに長時間放置されているケース。息子さんは仕事が忙しく、それが普通だと思っていて、支援の必要性はないと拒否されてしまうこともあります。

　介護をしている方が男性の場合は家事が苦手なケースもあり、『いろいろなサービスを使うと楽になりますよ』とアドバイスしても『今のままでいい』と言われると、それ以上は介入できません。

　地域の方や民生委員と見守りを続け、何かあった時に入る準備はしておくけれど、それ以上はできない事例が増えています」（所長で保健師の佐藤幸子さん）

　認知症の方に関する相談も増えています。たとえば、認知症の一人暮らしの方が、財産をいつもカバンに入れて行ったり来たり。お金の管理や火の元のことを回りは心配していても、本人はそう思っていない。子供も遠くで暮らしていて、状況が分かっていない。親の言動を信じて、善意で見守ろうとしている方に対して不審感を抱いたり…。こういった時には、適切な医療につながるようご本人や関係者に働きかけ、離れて暮らすご家族には随時エピソードを伝えながら状況を理解してもらえるようにしているそうです。

　いわゆる〝ゴミ屋敷〟に関する相談も増えています。ある女性は体調も悪そうだったため病院へ行かない理由を尋ねると、「ペットの世話があるから」という返答。受診すれば入院させられるからと、拒否していたのです。その後、ゴミの件もペットの件も解決に至ったそうです。

商店との連携も強化

　認知症の方に関する情報がスーパーやコンビニから寄せられることも増えており、商店との連携も深められつつあります。あるコンビニの店長から「高齢の女性が一人暮らしなのに、同じ物を毎日買っていく。服装も乱れてきたし、歩き方もおぼつかない。受け答えもおかしい」と、別の包括に相談があったそうです。女性は一人暮らしで、県外に住む子供はたまにしか帰ってこない状態。

相談を受けて、コンビニには販売の制限をしてもらい、宅配を利用してもらって必要な物だけ届けることに。さらに、さまざまな関係者が集まって、この方の一人暮らしを支えて行くための役割を分担。「コンビニにはここまでしてもらおうとか、民生委員さんは見守り、遠くに住むお子さんは年に何回かは来ていただき、何かあれば情報は包括の方からお知らせしますと…。みんなで方向性を確認して、役割分担を決めて、生活の立て直しをするというのは、これから増えて行くと思います」（佐藤所長）

仙台市では新しい職員も配置

　仙台市では、新たに4人目の包括職員として『生活支援コーディネーター』を独自に配置。地域の状況を把握して、地域の中でどういった活動ができるかを考え、包括の機能強化・地域づくりのコーディネートに取り組んでいます。老人クラブや町内会長の自宅を訪問するなどして、地域の実態を把握したり関係性を作りながら、サロンを立ち上げたいという方々の後方支援を行うなどしています。

「老人福祉センターを利用したりサロンに参加したり、地域のいろいろな活動に参加してもらいたい。二重三重に人の目が入るような生活を送っていれば、早めに対応もできますから…」（佐藤所長）

◎問／仙台市地域包括ケア推進課
☎022(214)8317

1 認知症の不安

認知症、なりたくはないですが、「自然なこと」と思えてくると良いですね。長生きすれば、誰もがいずれはなるのですから…。

認知症の時代 2025年、700万人！

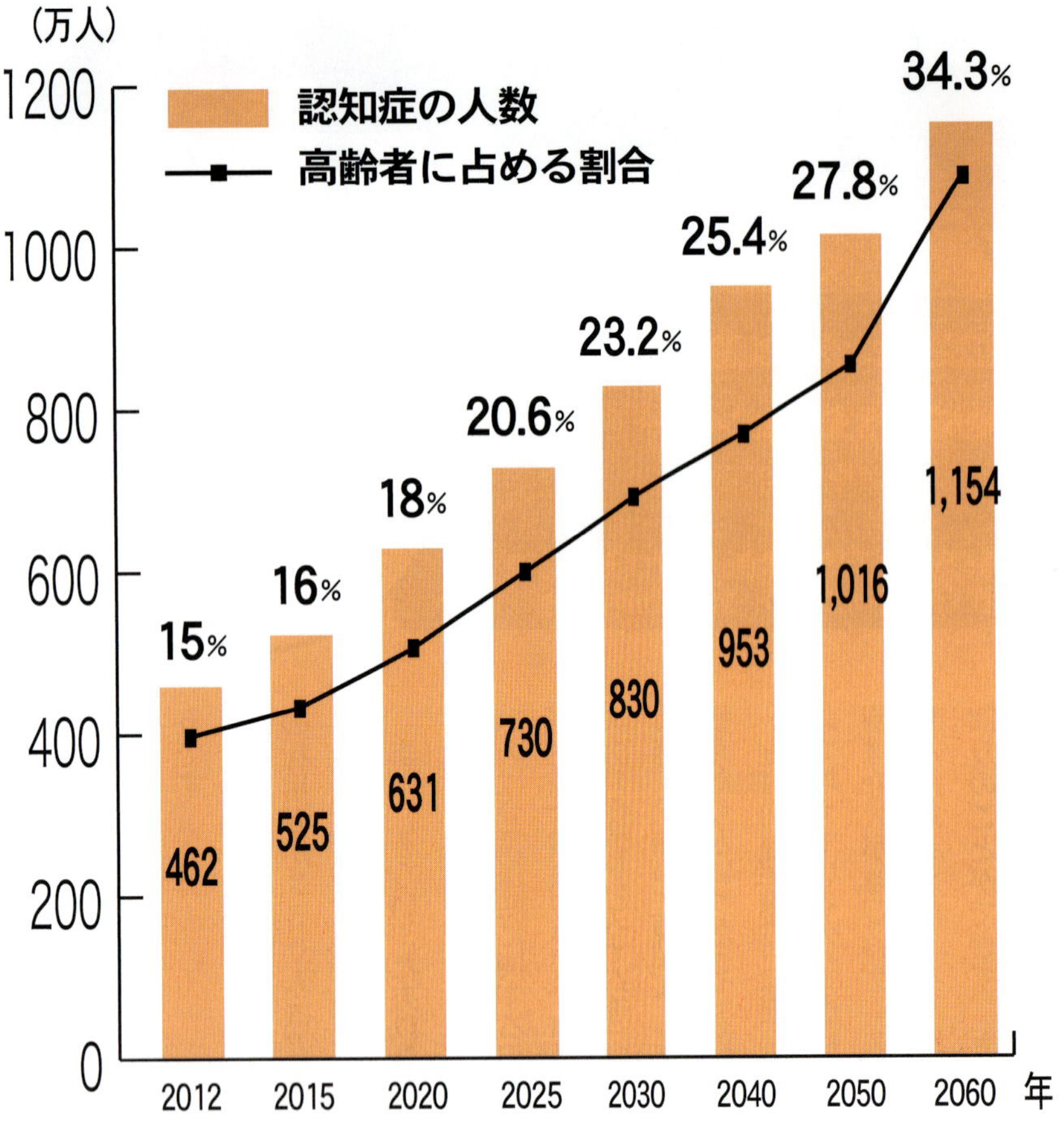

※各年齢の認知症有病率が上昇する場合の将来推計
出典：認知症施策推進総合戦略（新オレンジプラン）
～認知症高齢者等にやさしい地域づくりに向けて～

行方不明や事件・事故の心配

認知症の患者が２０２５年には全国で７００万人を越え、仙台市でも6万人ほどになると予想されています。

認知症の方の半分ほどは在宅で生活していると考えられ、孤立化やゴミ屋敷化なども懸念されています。

買い物に行こうと思っていた店や自宅の場所が分からなくなったり、通い慣れているはずの公共施設で「帰り方が分からない」と職員に訴えたり…。

認知症が原因で行方不明になる方は、警察に届け出があったものだけで２０１８年に1万６９２７人（このうち18年中に所在が確認できなかったのは１９７人）。６年連続で最多を更新しています。また、要らない物を買わされたり契約させられたりといった、消費者被害に遭うケースも増えています。

認知症の方が関係する事故や事件も心配されています。交通事故、列車事故はもちろん、万引きも問題になっています。万引きの責任を本人に問えるのか？ 問えないのであれば家族が問われるのか？ 家族が付きっ切りで見守るというのも、限界があります。本人や家族への法的責任ばかりが追求されたのでは、たまったものではありません。

一方、認知症と診断された市民が高額賠償を求められた際に自治体が救済する制度も始まっており、神奈川県大和市では上限保障額3億円、その他の地域でも救済制度を導入する自治体が増える傾向にあります。

認知症への理解はまだまだ…

認知症に対する理解もまだまだ、といった声をよく耳にします。ある仙台市内の介護経験者のAさんは「これだけ認知症の方が増えているのに、家族が認知症になっても近所の人にも言えない。同じ悩みを持った友人にしか話せないというのが現状です」と話していました。

施設の受入体制や情報公開にも改善余地がありそうです。「特養に入れたものの、認知症が進むと『うちでは無理』と言われて精神病院に移され、精神病院で体調を崩して病院に入院、拘束されて体力が落ちて、また戻されて精神病院を転々としたという悲しい話しもあります。施設の人も認知症のことを学んでいるはずなのに、対応できない施設や病院があるというのが現実。ケアマネさんなら施設に関する情報を持っていると思いますが、良いケアマネを選ぶ術も無い…」（Aさん）

《読者アンケートより》認知症に対するイメージはどんなものですか？

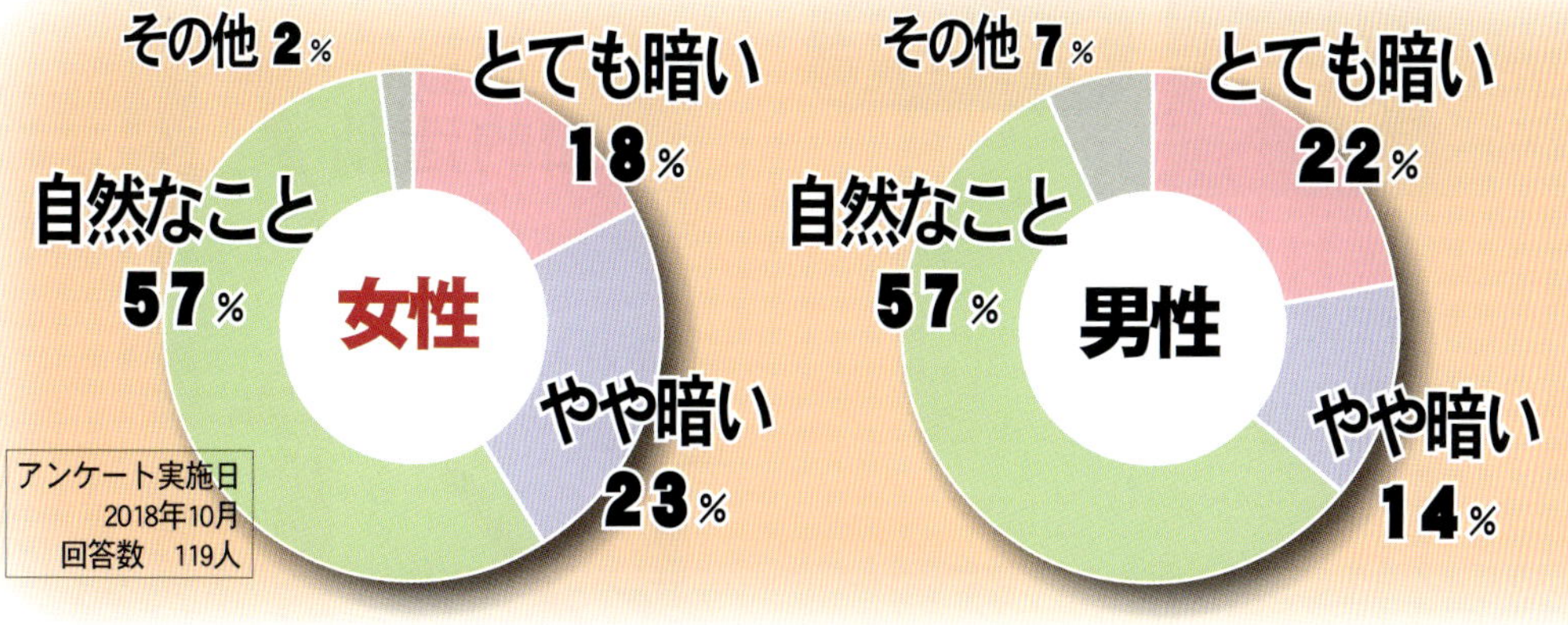

認知症の介護の経験はありますか？

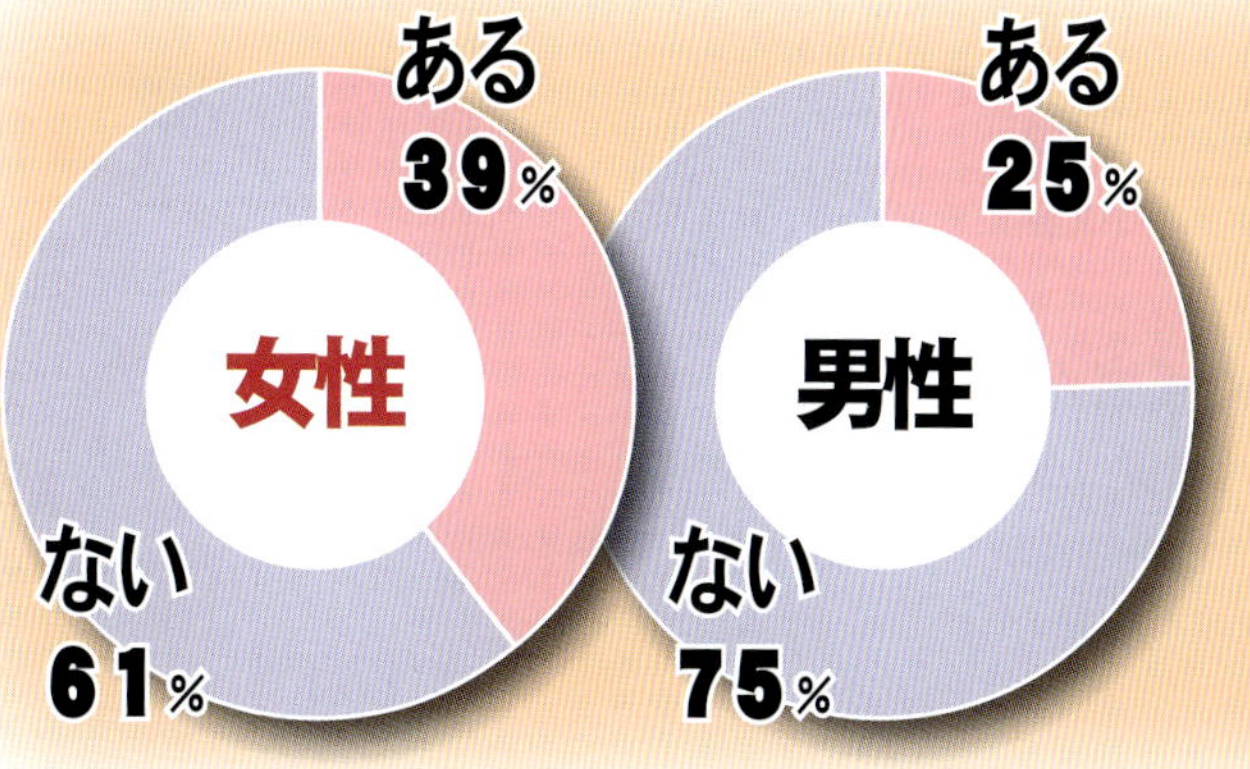

『おれんじドア』副代表の鈴木理（おさむ）さんと矢吹准教授。鈴木さんは認知症ですが、介護施設で勤務を続けています。

【読者アンケートより】「家族が認知症になり、当初は戸惑い、どうしたら…と暗い気持ちになりましたが、今はありのままに受け入れようと努力中」「職場時代のＯＢ会で、認知症にかかった上司の豹変ぶりにショックを受けた」「少し離れて見守る、そんな気持ちで接しています」「病気だと思ったら可愛いと思える」「長男がするのが当たり前の風習があり、一族からいろいろクレームがついて、全くその労苦に対してねぎらいはない。介護の費用、その他も知らぬ顔でした」

仙台市を共生社会の先進地へ

東北福祉大学ステーションキャンパスで開催されている認知症カフェで、２０１９年９月、認知症の当事者の方が講話。認知症の症状が出始めた頃の辛い思いや周りに助けられたことなどを本人の口から聞ける貴重な機会とあって、たくさんの方が会場を訪れていました。

話していたのは、『おれんじドア（※認知症の当事者が認知症の相談に対応する組織）』の鈴木理副代表。〝出張おれんじドア〟と称して仙台市内の認知症カフェに出向き、同様の講話をこれから予定しており、今回はその船出となる日。

仕掛け人でもある東北福祉大学の矢吹知之准教授は「仙台市が本当の意味で認知症に理解ある地域に変わっていくきっかけを、認知症ご本人たちの力で作っていきたい」と意気込みを話していました。

国も認知症対策を強化

政府が出した認知症対策を強化するための新大綱では、『共生』と『予防』が柱とされています。しかし残念ながら、科学的根拠のある予防法はまだありません。『（公社）認知症の人と家族の会』の若生栄子代表は「認知症になっても、心が元気ならちゃんと暮らして行けます。『予防』という言葉の使い方は、認知症になっても元気で暮らして行けるための『備えとしての予防』であれば良いと思います」と、認知症と長年関わってきた方ならではの考え方を話していました。

一方、『共生』という面においては、仙台市が養成した認知症サポーターが約８万人を突破。さらに、『仙台市認知症の人の見守りネットワーク事業』を２０１８年３月にスタートさせて、認知症の人が行方不明になった場合に24時間３６５日、家族等からの電話を受け付け、協力者に電子メールを配信して協力を依頼する取り組みを開始。登録者は１０１人、協力者は７２３人（７月末現在）に達しています。

認知症 ＝《イコール》 終わりではない

さて、私たちは認知症をどこまで理解できているのでしょう？「認知症になったら絶望」と思ってはいないでしょうか。

「地域の中にはいろいろな障害者の方がいます。認知症の人もその一人、普通の人間にだって完全無欠の人はいません。私たちの会のメンバーも、初めは顔も名前も出したくないという人がほとんどでしたが、同じ仲間と出会うことで『恥ずかしくない、堂々と名前を出して意見を言うよ』というようになっていきました。社会全体がそうなっていかない限り、変わってはいかないですよね。認知症の人よ街へ出よ！ですね」（若生さん）

東北福祉大の認知症カフェには、おれんじドアのメンバーが他にも数人参加。それぞれの自己紹介に、会場の方々が熱心に耳を傾け、温かい拍手を送っていました。

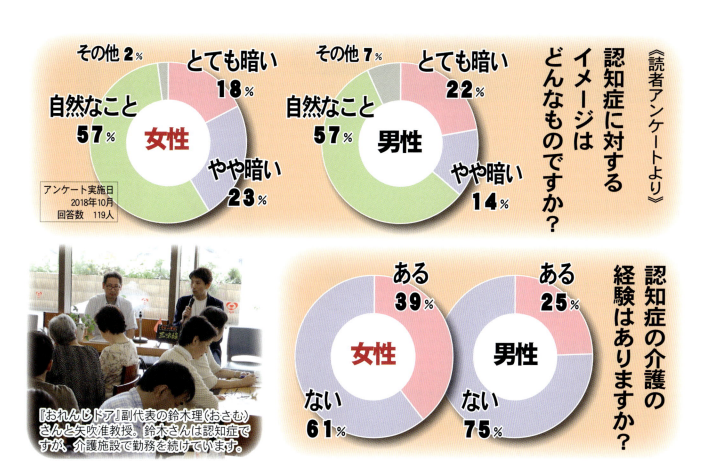

認知症の予防

脳の働きを活発にする方法

①適度な運動
ウォーキングがお勧めですが、水泳、ダンス、ヨガ、太極拳、ゲートボールなど何でもOKです。

②外出を積極的に
日常的な散歩や買い物のほか、コンサートに出かけたり、旅行などもお勧めです。

③人と会話をする
聞いたり、話したりは脳にとても大事です。

④趣味をたくさん持つ
絵画、書道、音楽、陶芸、料理、園芸、囲碁、将棋など何でもOK。特に手を使って、何かを創り上げる作業がお勧めです。

⑤生活習慣病の予防も
高血圧、糖尿病、高脂血症などは、結果的に脳の健康に不利益となります。ですから、そうした生活習慣病にもならないようにご注意ください。

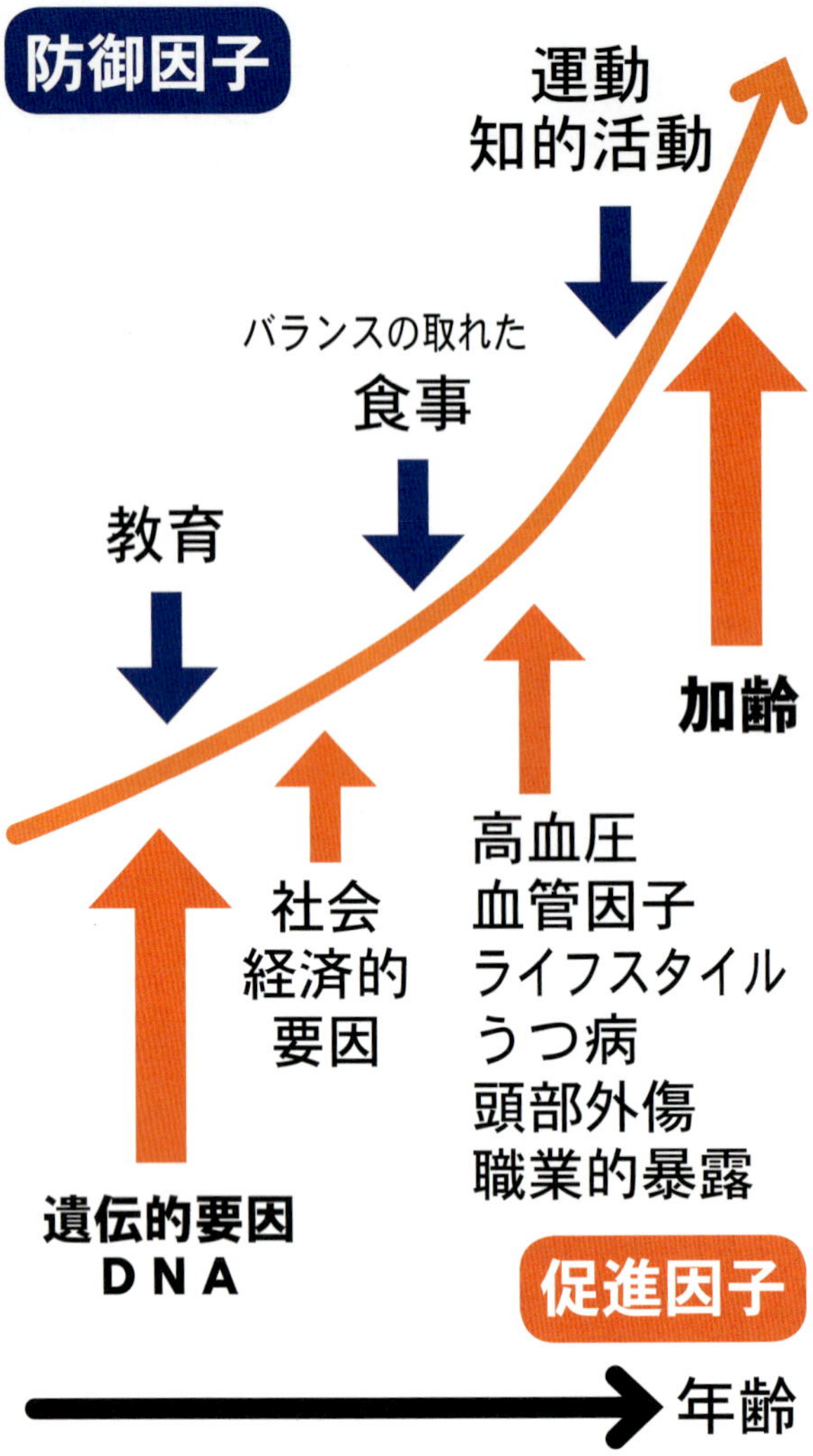

予防法は、運動、学び、社会参加

認知症にならない方法は、残念ながらまだ解明されていません。しかし認知症にどうすればなりにくいかということは、近年の研究で少しずつわかってきています。趣味を持ち、友人の多い方は、認知症になりにくいと言われています。どんな職業に就いていたのか、認知症になりやすい職業、なりにくい職業があるとも言われています。

また、認知症になりやすい町、なりにくい町というのもあるようです。なりにくいのは規模の大きな町。移動を車に頼る地方等では歩く距離も短くなりますが、公共交通機関を使う都市部では駅やバス停まで歩いたり乗り換えたりと、体と頭を同時に使うケースが増えることが影響していると考えられています。

アルツハイマー型認知症には、上記のように『防御因子』と『促進因子』が大きく影響します。促進因子が誰にでもあることを意識しながら、運動や食事といった防御因子になるものを積極的に取り入れて、促進因子を押さえ込んでください。

次に挙げるのは、認知症の予防に良いとされているものです。予防のための、ヒントにしてください。

体を使う
・1日30分の有酸素運動
（65歳以上は1週間に150分以上）
・コグニサイズ（※計算しながら歩くなど頭を使いながら運動する）
・手を使う（文字を書く、切り絵、けん玉）

頭を使う
・音読
・合唱（カラオケ）
・脳トレ（計算・麻雀・川柳・ナンプレ等）

食生活
・野菜や果物を食べる
・魚を食べる（※特にサバ、イワシ、アジ）
・海藻を食べる
・赤ワインを飲む
・楽しく食べる　・料理をする

睡眠・他
・1日30分以内の昼寝の習慣（良質な眠り）
・生きがいを作る　・おしゃれを楽しむ
・強いストレスを避け、楽しい生活
・新たな仲間と創造的活動（好奇心を持つ）
・歯を丈夫に（虫歯、歯周病の予防、義歯の活用）
・難聴をカバー（補聴器を使う）
・孤立しない　・笑う　・禁煙

脳トレ

脳トレ

東北大学の脳科学研究をもとに 週1回、みんなで脳トレ

くもん 脳の健康教室

東北大学・川島隆太教授による脳科学研究をもとに、KUMONが共同開発したプログラムを使った『脳の健康教室』が人気となっています。

公共施設やNPOなど仙台市内6カ所でも開催され(※内容は同じでも教室の名称は異なります)、簡単な計算や読み書きなどを週1回程度実施。教室のない日には自宅で毎日10分ほどでできる脳トレーニング教材も提供されます。通い始めて13年目になる87歳の男性は「計算する時間や解答率は以前と変わっていません。友人は減ってしまったが、ここでのお付き合いが楽しみ」と。KUMON学習療法アドバイザーの高橋睦子さんは「10年以上続けている方も珍しくありません。そういった方々は脳の健康を維持されている方が多い」と話していました。

各テーブルにサポーターが1名付いてフォロー

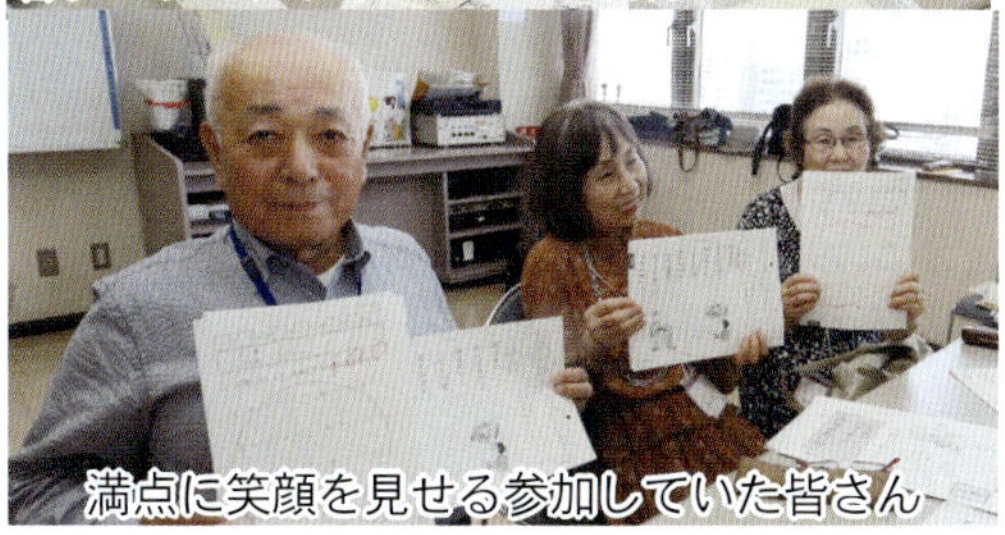
満点に笑顔を見せる参加していた皆さん

くもん 脳の健康教室

- 時間　2時間(週1回、学習期間は5～6カ月間)
- 定員　20～30人ほど(教室による)　※随時募集
- 会費　3,000円程度／月(独自に開発した教材費等含)

問／学習療法センター　☎03-6836-0050

運動

脳の健康づくりを始めよう！ 「運動」「栄養」「休養」で脳の健康維持

いきいき脳活 健幸教室

自宅で受講後も続けられる「運動」「栄養」「休養」で脳の健康維持を図る『いきいき脳活健幸教室』も、シニア世代の受講生でにぎわっています。

脳を活性化させて認知機能の低下予防に効果的と言われる有酸素運動を中心に、栄養面や快眠のコツなども伝授。主催する(公財)仙台市健康福祉事業団の運動指導員、保健師、管理栄養士がチームを組みながら取り組んでいます。老人会などのグループへの、脳に関する『出前講座』も実施中。

参加者の方々は「運動は苦手だが、しっかり覚えて自宅でも続けたい」(78歳の女性)、「めんどうで買ってきたものばかり食べていたが、一品は作るようになった」(75歳の女性)と、明るい表情で話していました。

いきいき脳活　健幸教室

- 対象　認知機能の低下予防に興味があり市内在住か市内にお勤めの満65歳以上の運動可能な方
- 定員　各20人(定員を超えた場合は抽選・再受講は不可)
- 会場　仙台市シルバーセンター・仙台市健康増進センター
- 時間　1時間45分(週1回)　※各会場年4回募集
- 費用　1コース 4,080円(全8回)

問／仙台市シルバーセンター 運動支援係　☎022-215-3194
　　仙台市健康増進センター 運動支援係　☎022-374-6661

運動＋脳刺激

ウォーキングをしながら しりとりや計算、川柳を

コグニサイズ

コグニサイズとは、国立長寿医療研究センターが開発した運動と認知課題(計算、しりとりなど)を組み合わせた、認知症予防を目的とした取り組みの総称を表した造語です。英語のcognition(認知)とexercise(運動)を組み合わせてcognicise(コグニサイズ)と言います。

たとえば、ウォーキングや踏み台をしながら、同時に「100から7ずつ引いていく」「目についたものを逆さ言葉にして言う」「しりとり」「川柳を考える」等をするものです。特に「経度認知障害(MCI)」の方の認知機能の維持、向上に役立つプログラムとして注目を集めています。お1人でもいいですが、ご夫婦や仲間と一緒に課題を考えたり、間違えて笑ったりと楽しみながらやることが長続きさせるコツです。

認知症と物忘れの違い・ＭＣＩ

	加齢による物忘れ	認知症による物忘れ
原因	老化	病気
体験した事	一部を忘れる	全てを忘れる
判断力	低下しない	低下する
自覚	（もの忘れの自覚）あり	（もの忘れの自覚）なし
日常生活	支障はない	支障がある
症状の進行	あまり進行しない	だんだん進行する

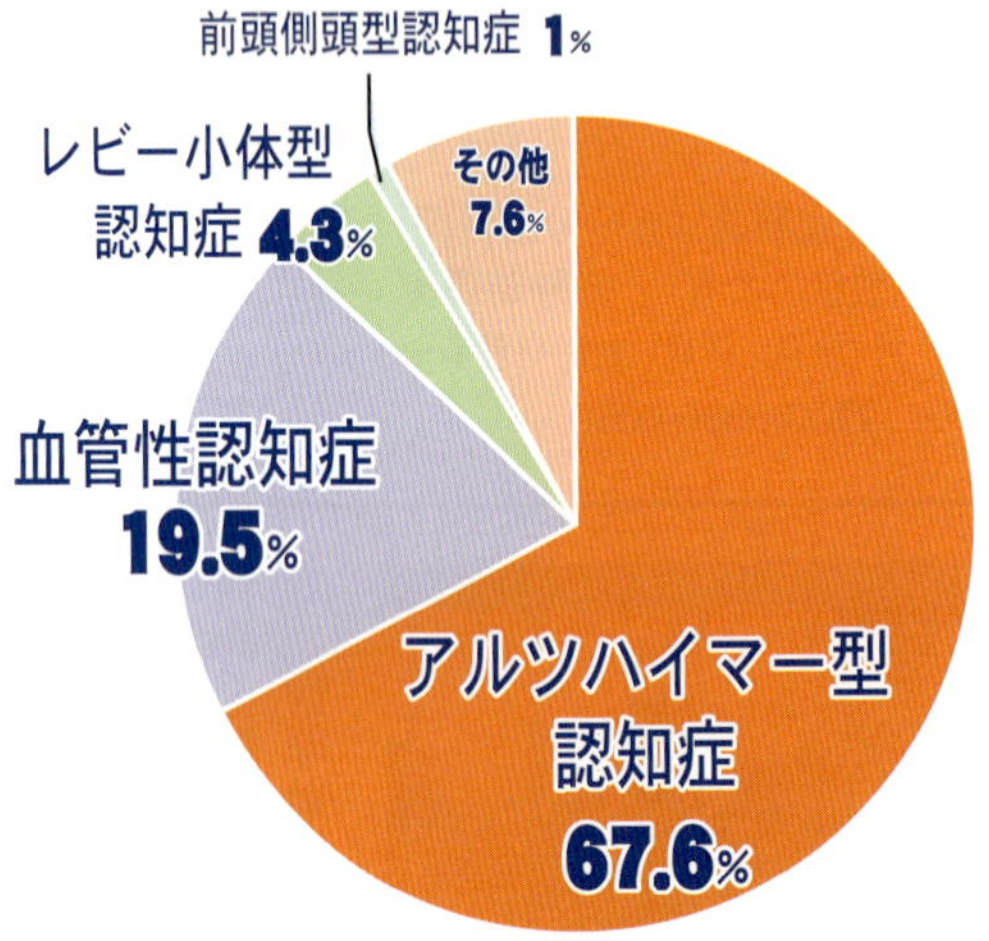

※データは厚生労働省ホームページより

家族が気づいた認知症の初発症状

- ✓ 同じ事を言ったり訊ねたりする
- ✓ 物の名前が出てこなくなった
- ✓ 置き忘れやしまい忘れが目立つようになった
- ✓ 以前はあった関心や興味が失われた
- ✓ 日課をしなくなった　だらしなくなった
- ✓ 料理のミスが多発するようになった
- ✓ 時間や場所の感覚が不確かになった
- ✓ 馴れているところで道に迷った
- ✓ 財布を盗まれたと言う
- ✓ 計算の間違いが多くなった
- ✓ 些細なことで怒りっぽくなった
- ✓ 複雑なテレビドラマが理解できない
- ✓ 蛇口やガス栓の閉め忘れが目立った
- ✓ 処方薬の管理ができなくなった

（※東京都老人総合研究所　精神科医学部門研究所部長 本間昭先生）

認知症の人が各年代に占める有病率は、75～79歳で10％、80～84歳で22％、85～89歳で44％、90代以上で64％という国の調査機関による調査結果もあります。

軽度認知障害（ＭＣＩ）

認知症はある日突然発症するわけではありません。まだ認知症にはなっていないけれど、年相応のレベルより認知機能が低下している時期というものがあります。これが軽度認知障害（ＭＣＩ）と言われる段階で、「認知症の一歩手前の状態」とも言われます。物忘れのような記憶障害があるものの症状はまだ軽く、自立した生活ができると言われています。

軽度認知障害であるうちに症状に気づき、早めに対策を行うことで改善が見られたり、発症を遅らせられる可能性があります。

《軽度認知障害の具体的な症状や兆候》

●同じ会話をすることが多くなった
●同じ質問を繰り返す
●段取りが悪くなり、家事や炊事がスムーズに行えない
●外出時に服装や髪型に気を使わなくなった
●最近会った人や仲の良い人の名前を思い出せない
●物の置き忘れやしまい忘れが増える
●道に迷う

該当するものがある場合は、対策を行うことをお勧めします。

自分が認知症かも…と思った時

《読者アンケートより》

男性

●行事をメモしないと忘れる。82
●玄関のカギを開けられなかった。88
●運転でハッとさせられた。77
●物を取りに行って忘れる。73
●地下鉄からデパートに入り、街に出て方角が分からなくなりしばらく茫然としていた。92
●知人の名前忘れ。78
●日程、時間の思い違い。77
●その場所に何をしに来たのか忘れる。78
●タレントの名前が出てこない。76

女性

●鍋こがし。82
●紛失、携帯の番号を覚えられない。78
●同じ薬を飲んだり、買ったコロッケがどこかに。81 ●同じ事を言う。75
●何処に何を置いたか忘れる。82
●あれ今日は何日だっけ。86
●方向が分からなくなった時、人の話が理解しにくくなった時。78
●夕べ食べたおかずを思い出せない時。82
●前日の行動で思い出せないことがある時。73
●何を取りに来たのか忘れる、しまい忘れる、買い物をメモしながら忘れる。73

アルツハイマー型認知症の症状と進行

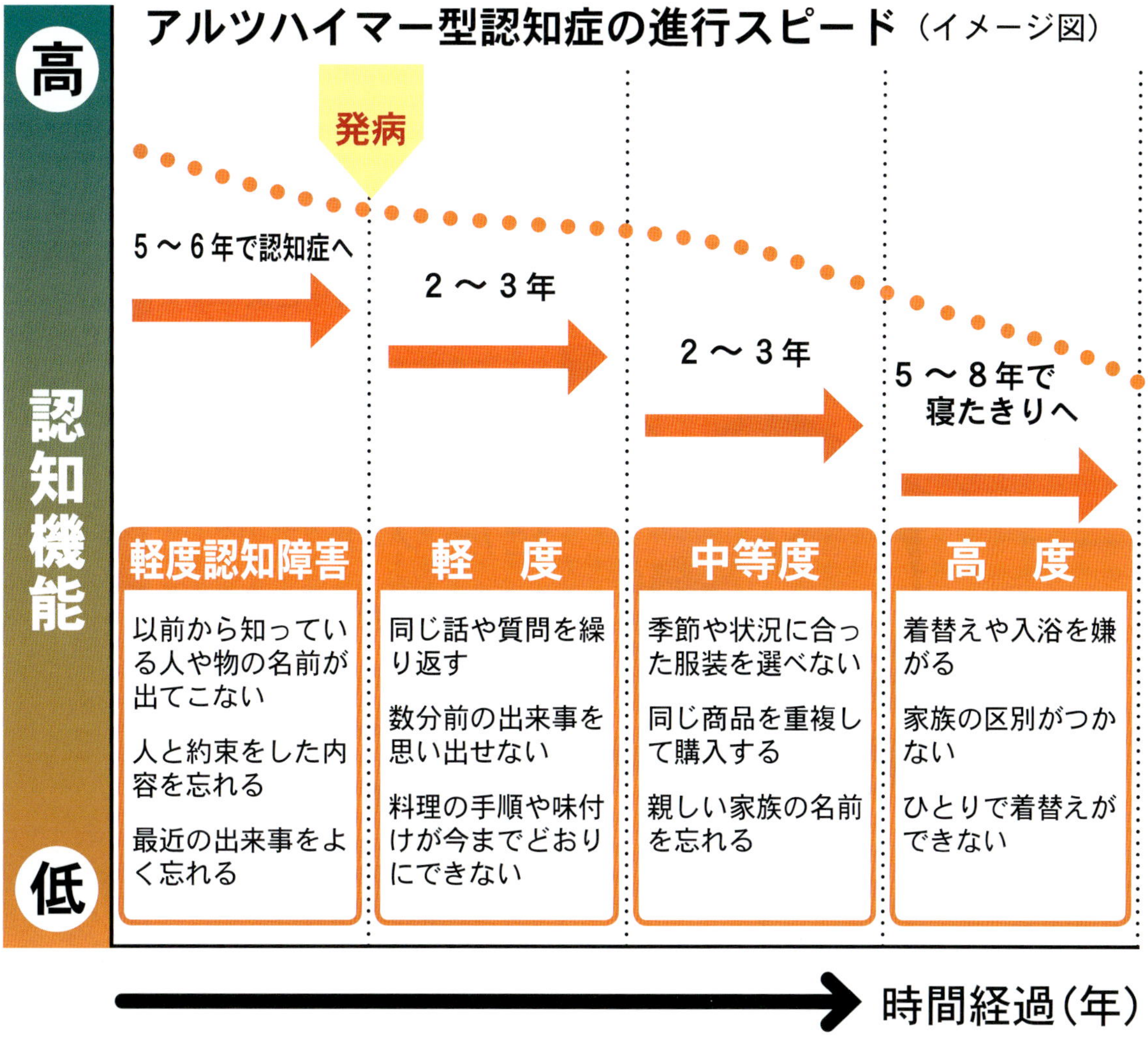

個人差もあるがゆるやかに進行

発症後の進行スピードは個人差がありますが、発病から4～6年の歳月をかけてゆるやかに進行していくのが一般的です。脳の変性の広がりに応じて様々な症状が現れ、進行するほど日常生活に支障をきたす影響度も大きくなります。

初期に見られる症状

初期は、身近な人でなければ気づかないほど少しずつ出始めます。一番最初に異変に気づきやすいのは本人で、自分の認識と現実が噛みあわない状態がストレスとなり、不安やうつ状態を最も引き起こしやすい段階でもあります。

中等度で見られる症状

「アルツハイマー型認知症は中等度が最も大変」と言う人が少なくありません。足腰は元気なまま、徘徊と呼ばれる一人歩きをしたり、暴れたりするBPSD（行動・心理症状）が最も出やすい時期であることが大きな理由です。この段階では、側頭葉から頭頂葉へと変性が広がり、見当識障害も一歩進みます。現在の時間に加えて今いる場所も分からなくなるため、本人の混乱が一層大きくなる時期でもあります。介護者のケア次第で、心の落ち着きを取り戻すことは可能です。

高度で見られる症状

高度のアルツハイマー型認知症は、人物の見当識障害も進み、寝たきりの状態へと移行する段階。徐々に脳内の大脳皮質の機能が広い範囲で失われていきます。最終的には「失外套症候群《しつがいとうしょうこうぐん》」と呼ばれる状態に。これは眼は動かすが、まぶたは閉じず、身動きひとつせず、言葉も発さない状態で、この状態になる前に肺炎や心不全等で亡くなることも。

アルツハイマー型認知症の治療法

アルツハイマー型認知症には、中核症状に働きかける抗認知症薬での治療が認められています。認知症を根本的に治療することはできませんが、認知症の症状の進行を遅らせることができます。遅らせる期間は、半年から数年程度と言われます。抗認知症薬は、次の4つです。

◎アリセプト（ドネペジル塩酸塩）
◎リバスタッチパッチ（リバスチグミン）
◎メマリー（メマンチン）
◎レミニール（ガランタミン）

薬を使わない治療法もあります。ご本人の残っている認知機能を活かして脳を活性化させるリハビリです。運動療法や回想法、芸術療法、アロマセラピー等、数々の非薬物療法があります。

認知症になったら…

まずは専門の医療機関へ

「母が認知症かも…」などとなったら、かかりつけ医がいれば、その先生に相談して、適切な医療機関（専門医）を紹介してもらいましょう。認知症サポート医は、かかりつけ医の認知症診断等に関する相談役等の役割を担うもので、仙台市では56人が養成されています。

認知症専門外来には、CT、MRIなどが備えられ、大きな病院とも連携。また、仙台市内には認知症の診断と治療を専門に行う認知症疾患医療センターとして、4つの医療機関が指定を受けています。

本人が病院に行きたがらない時は、本人が納得して受診できるよう関係機関と相談したり、在宅医療や往診を使って自宅で診てもらう方法もあります。

『認知症初期集中支援チーム』は、チーム（医師や専門職）が家庭を訪問して、本人が住み慣れた地域で暮らし続けるためのサポートを行います。受診や診断に関する相談を受けるほか、介護保険の手続きや本人に合わせた介護サービス・地域のインフォーマルサービス（※NPOやボランティア団体、民生委員等が行う援助活動）を提案。ケアについてのアドバイスや介護者のサポートも行います。支援を受けられる期間は最長6カ月、その後は地域包括支援センターや介護支援専門員等へと引き継がれます。

相談先・情報収集・介護講座

主な相談先としては次のようなものが挙げられます。

地域包括支援センター（16頁）
認知症の人と家族の会（30頁）
認知症カフェ（27頁）
おれんじドア ☎070（5477）0718

仙台市では『認知症の方を介護する家族交流会』を各区主催で開催。認知症に関する情報を満載した冊子『全市版認知症ケアパス』『地域版認知症ケアパス』『個人版認知症ケアパス』は共にインターネットで閲覧できます。

各区役所で開催されている『認知症の介護講座と相談会』や仙台市シルバーセンターで開催されている『介護講座』なども役に立ちます。

当事者や専門職の意見を取り入れながら、見やすく、分かりやすくまとめられている『認知症ケアパス』と『個人版 認知症ケアパス』。区役所、地域包括支援センター等にて無料配布。ネットでの閲覧も可能です。

これからの日々を支えてくれるもの

元気な体を維持したい

仙台市の場合、認知症の方が元気な体でいるために活用できるサービスとして、次のようなものがあります。

《無料※・仲間と一緒》
・介護予防自主グループ
（※一部有料のグループもあります）
・介護予防教室
・元気応援教室

《無料・個別》
・個別指導

《有料（介護保険サービス）・仲間と一緒》
・デイサービス
・通所リハビリ

《有料（介護保険サービス）・個別》
・訪問リハビリ

※詳しくは、区役所・地域包括支援センターの窓口で配付している『シルバーライフ』『みんなで支える介護保険』に記載されています。

地域で相談できる人

民生委員がいます（民生委員には守秘義務があるので、プライバシーも守られます）。

自宅での生活が大変になったら

認知症と診断されても、住み慣れた自宅での生活が続けられるように支援するサービスがたくさんあります。

また、家事ができなくなるなどして自宅で暮らすことが大変になってきたら、日常生活の不自由な部分をサポートする仙台市のサービスがあります。

【SOSネットワーク】
行方が分からなくなったら
（事前に近くの交番や警察署に相談しておきましょう）

【寝具洗濯サービス】
布団等を丸洗い

【食の自立支援サービス】
栄養バランスの良い食事を1日1回お届け

【訪問理美容サービス】
理美容のために外出が難しくなったら

【介護用品の支給】
介護用品が必要になったら

【訪問型サービス】
介護予防・生活支援サービス事業

【訪問介護】
介護保険のサービスとしてホームヘルパーが家事や食事、入浴のサポート

自宅での生活を支援

上記の日常生活のサポートのほか、デイサービスで食事や入浴をしながら日中を過ごしたりなど、介護保険のサービスを利用してご自宅での生活を続けている方もたくさんいます。

【住宅改造費助成制度・住宅改修】
自宅内の段差を無くしたり、手すりを設置するなどの費用を助成

【福祉用具貸与・福祉用具購入】
自立した日常生活をサポート

【小規模多機能型居宅介護・看護小規模多機能型居宅介護】
生活環境に応じて、事業所への「通い」を中心に、随時「訪問」や事業所への「泊り」を組み合わせて利用できます。

お泊りデイサービス

お泊りデイサービスとは、昼間の通所介護（デイサービス）を利用しながら、そのまま夜間も引き続き、お泊りできるサービスです。介護保険対象外で自費利用ではありますが、家族に急用ができて外出するとき、夜間ひとりで不安な方におすすめです。

自宅以外での生活

自宅以外での生活を考える場合、次のような場所があります。

【グループホーム（認知症対応型共同生活介護）】
入浴や食事、日常生活の支援を受けながら少人数で共同生活ができます。

【特別養護老人ホーム・介護老人保健施設】
介護や機能訓練が受けられます。

介護保健サービス以外では、次のような住まいがあります。

【サービス付き高齢者向け住宅】

【有料老人ホーム】

ケアマネジャーに相談を

在宅での介護は、食事・排泄・入浴が1人でできるうちは、それほどの負担を感じることはないでしょう。しかし、どれかができなくなってくると、家族の負担は一気に増えることになります。

介護の仕方はさまざまありますから、頑張りすぎて疲れ切ってしまったりしないように、担当のケアマネジャーに早めに相談するようにしてください。

認知症の人への接し方・見守り方

認知症の人との接し方

**間違った接し方は
症状を悪化
させることもあります。**

①「自分は役に立っている」と思わせる
②もの忘れを責めない
③急がせない
④驚かせない（怒鳴るなど）
⑤話しを合わせる。共感する
⑥できることを取り上げない
⑦同じことを繰り返し聞かれても怒らない
⑧断られても無理強いしない
⑨孤独にしない
⑩心の通った会話と人との関わりを増やす
⑪相づちを打つ、ジェスチャー
⑫攻撃的になったら、落ち着くのを待つ

認知症の種類

アルツハイマー型認知症

代表的な症状

- 物忘れ
- 日時や場所がわからない
- 怒りっぽくなる

血管性認知症

代表的な症状

- 服の着方が分からないなど、日常上の実行機能の障害
- 思考や行動が緩慢

レビー小体型認知症

代表的な症状

- 幻視
- 動作が遅くなる
- 日によって、もの忘れなどの症状に変動がある

前頭側頭型認知症

代表的な症状

- 自分勝手な発言や行動が多い
- 他人の迷惑を考えない行動をとる
- 毎日決まった行動を繰り返す

家族が認知症になったら、どのように接したらいいのでしょう。ケースバイケースですが、一例をご紹介します。

●本人に告知すべきか？

自分に「最近ちょっとおかしい」といった違和感を持っている方は、告知されてモヤモヤが解消されることがあります。一方、本人が認知症だと思っていない場合は、特に告知する必要はありません。

●ご近所には伝えるべきか？

行方不明になりそうな状態になったら、ご近所に見守りをお願いすることも。初期で困っていない時は言わなくても良い。

●薬の管理が出来なくなったら？

複数の薬を『一包化』して飲みやすくしたり、飲んだかどうかが分かる『おくすりカレンダー』の活用もお勧めです。

●日時が分からなくなったら？

日めくりカレンダーを使ったり、カレンダーを目立つ場所に移動して過ぎた日に×印を付けるなどの工夫を。

●場所の見当がつかなくなったら？

トイレなら目印を付ける。外出時は、持ち物や服に連絡先を書き、GPS機能のあるスマホを持たせる。

●デイサービスに行きたがらない

興味のある事ができるデイを選ぶとか「招待されている」「友達が来ている」と。

ユマニチュード

フランス語で「人間らしさ」を意味する『ユマニチュード』は、新たな認知症ケアとして注目されているフランス発祥のケア技法です。ケアをする人はケアを受ける人に、反応がなくても「あなたを大切に思っています」というメッセージを発信し続けるというものです。

基本となる４つのアクション

《見　る》
水平に、正面から。近くから、長く。

《話　す》
ゆっくり、優しく、語りかけるように。

《触れる》
ゆっくり、包み込むように。

《立　つ》
可能なかぎり立つ（歩ける場合は歩行も）時間を作ることも重要（1日合計20分）。

これにより、ケアを受ける人に「自分が尊重されている」と感じてもらえることができ、言葉によるコミュニケーションが難しい人とポジティブな関係を築いていくのです。その結果、次のような効果がみられることがあります。

・攻撃的な方がケアを受け入れるように。
・言葉を発しなかった方が話すように。
・寝たきりの方が立ち上がり歩くように。

認知症カフェ
ー住民同士が支え合える拠点へー

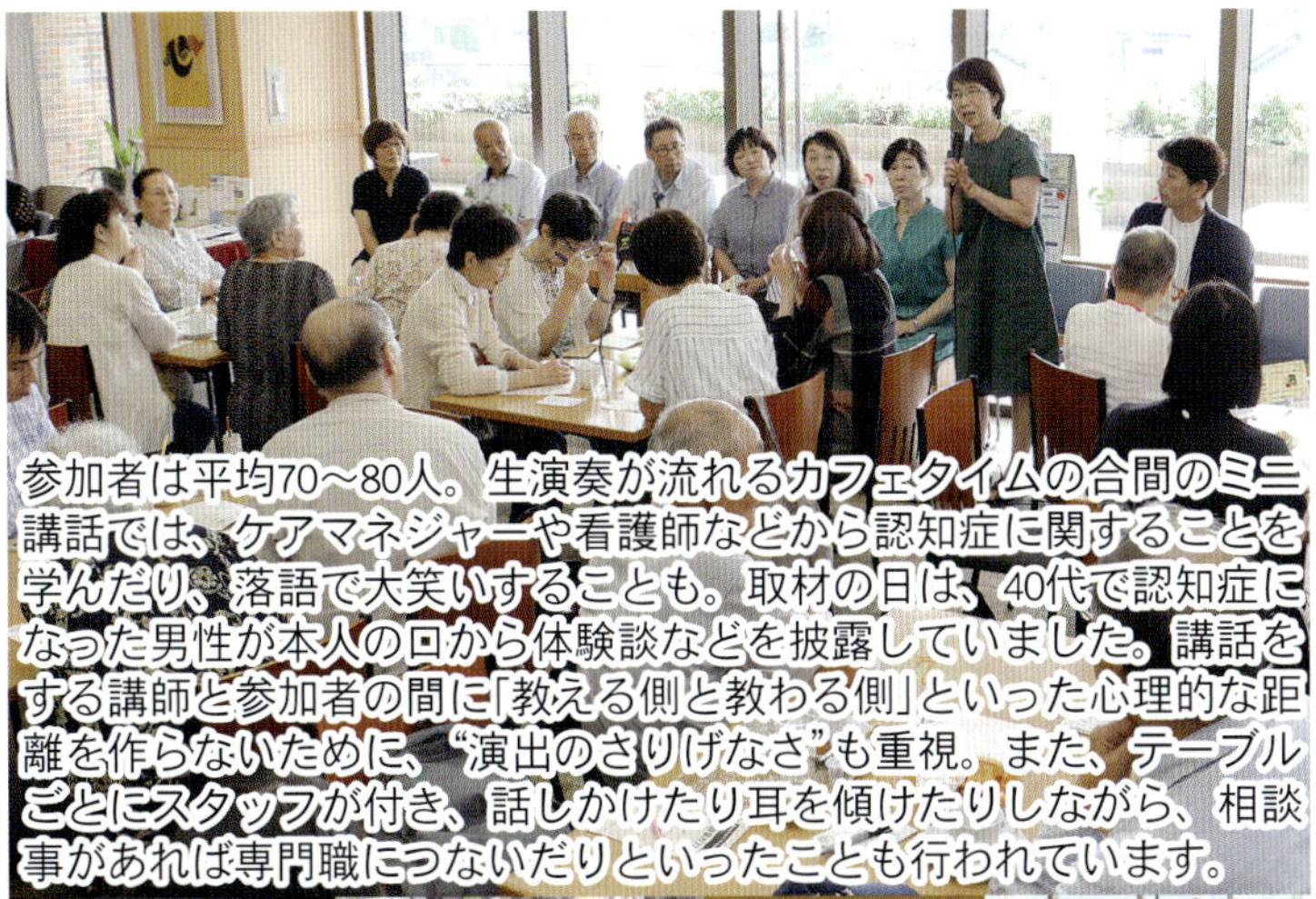

参加者は平均70～80人。生演奏が流れるカフェタイムの合間のミニ講話では、ケアマネジャーや看護師などから認知症に関することを学んだり、落語で大笑いすることも。取材の日は、40代で認知症になった男性が本人の口から体験談などを披露していました。講話をする講師と参加者の間に「教える側と教わる側」といった心理的な距離を作らないために、"演出のさりげなさ"も重視。また、テーブルごとにスタッフが付き、話しかけたり耳を傾けたりしながら、相談事があれば専門職につないだりといったことも行われています。

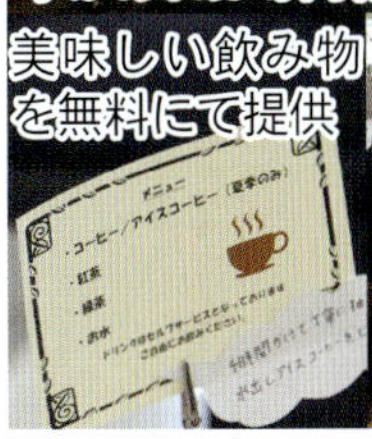

美味しい飲み物を無料にて提供

高知県から視察に来た方々と矢吹准教授

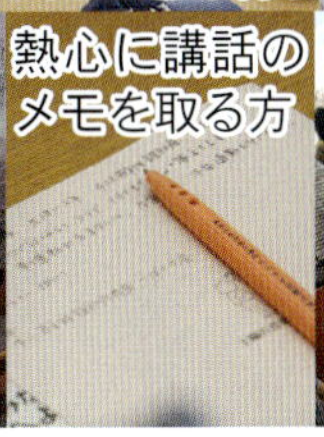

熱心に講話のメモを取る方

支えるボランティアの皆さん

会場を和ませていた三味線の音色。バイオリンや福祉大学の吹奏楽部など毎回違った生演奏が楽しめます。

終了後、後片付けを終えて集まったボランティアの皆さん。超ベテランもいれば初体験の学生もいて、地域を支える根が大きく太く伸び続けています。

土曜の音楽カフェ♪

日時　毎月第１土曜日（1月と8月は休み）
13：30～15：20

場所　東北福祉大学ステーションキャンパス３階
「ステーションカフェ」
※ＪＲ仙山線　東北福祉大学駅下車すぐ

参加　無料（申込、予約不要。誰でも参加可能）

問合せ　認知症介護研究・研修仙台センター　☎022（303）7550　平日9：00～17：30
国見地域包括支援センター　☎022（727）8923　平日9：00～17：30

《企　画》
国見地区連合町内会
国見地区社会福祉協議会
国見地区民生委員児童委員協議会
国見地域包括支援センター
エバーグリーンキタヤマ居宅介護支援事業所
東北福祉大学　仙台市
仙台傾聴の会　東北福祉会
認知症介護研究・研修仙台センター

駅の目の前にあるキャンパスの中に会場が設けられており、交通の便も抜群！

オランダで誕生

オランダで1997年に始まったスタイルを取り入れて、認知症の人とその家族を支援することを目的に2012年から国の認知症施策の一つとして普及が進められているのが『認知症カフェ』です。

利用者を限定せず、カフェという自由な雰囲気のなかで認知症の人や家族の悩みを共有しながら、支える人と支えられる人という分け隔てをなくして集まれる場所。認知症になっても安心して暮らせる場所をカフェの中で作りだし、地域全体に広がっていくことを目指しています。

運営しているのは、NPO法人、介護事業所、大学、行政、ボランティア団体、個人等。開催場所は、介護施設の一角や地域の集会所、商業施設の開放スペースなど。運営スタッフは、介護職や看護師等の専門職を中心に地域のボランティアがサポート。月1～2回ほど開催しているところが多いようです。

参加費は無料もしくは100～200円ほどで、介護保険のサービスではありません（※誰でも利用可能）。開催時間は90分ほどですが、長時間オープンしているところもあります。事前の申込は必要ないところがほとんどです。

仙台市内には87（2019年3月末現在）の認知症カフェがあり、『地域包括ケア』を担う拠点の一つとして増えて行くことが予想されています。地域包括支援センターなどに問い合わせれば、最寄りのカフェを教えてもらえます。インターネットでも、開催日時や場所をチェックすることができます。

全国が注目する国見のカフェ

2015年11月から開催されている『土曜の音楽カフェ♪』は、全国の認知症カフェから目標とされているカフェ。オランダのスタイルを堅持していることが一番の特徴で、これがなかなか難しいのです。「カフェをお年寄りの居場所作りにしてしまい、サロン化、サークル化しているところが多い。カフェから地域を変えていくという、本来の視点が抜け落ちてしまっています。一度限りのイベントでは無いですし、地域や人の意識を変えていくのには時間がかかります。継続していくことが大切。新しい参加者やスタッフも増やしていきたい」と東北福祉大学の矢吹知之准教授。

スタッフやボランティアは多くが地元の方々。積み重ねられた想いと経験が、根を伸ばしています。

成年後見制度・家族信託（その違い）

家族信託の基本的な仕組み

《家族信託の代表的な例》

母親の財産を息子が託されたケース

①母親が息子に所有するアパートを預ける。
②息子がそのアパートを管理・運用する。
③アパートから得られる家賃収入は
母親が取得する。

※②の部分に関しては、母親が認知症になればできませんから、息子に託しておくという仕組みです。

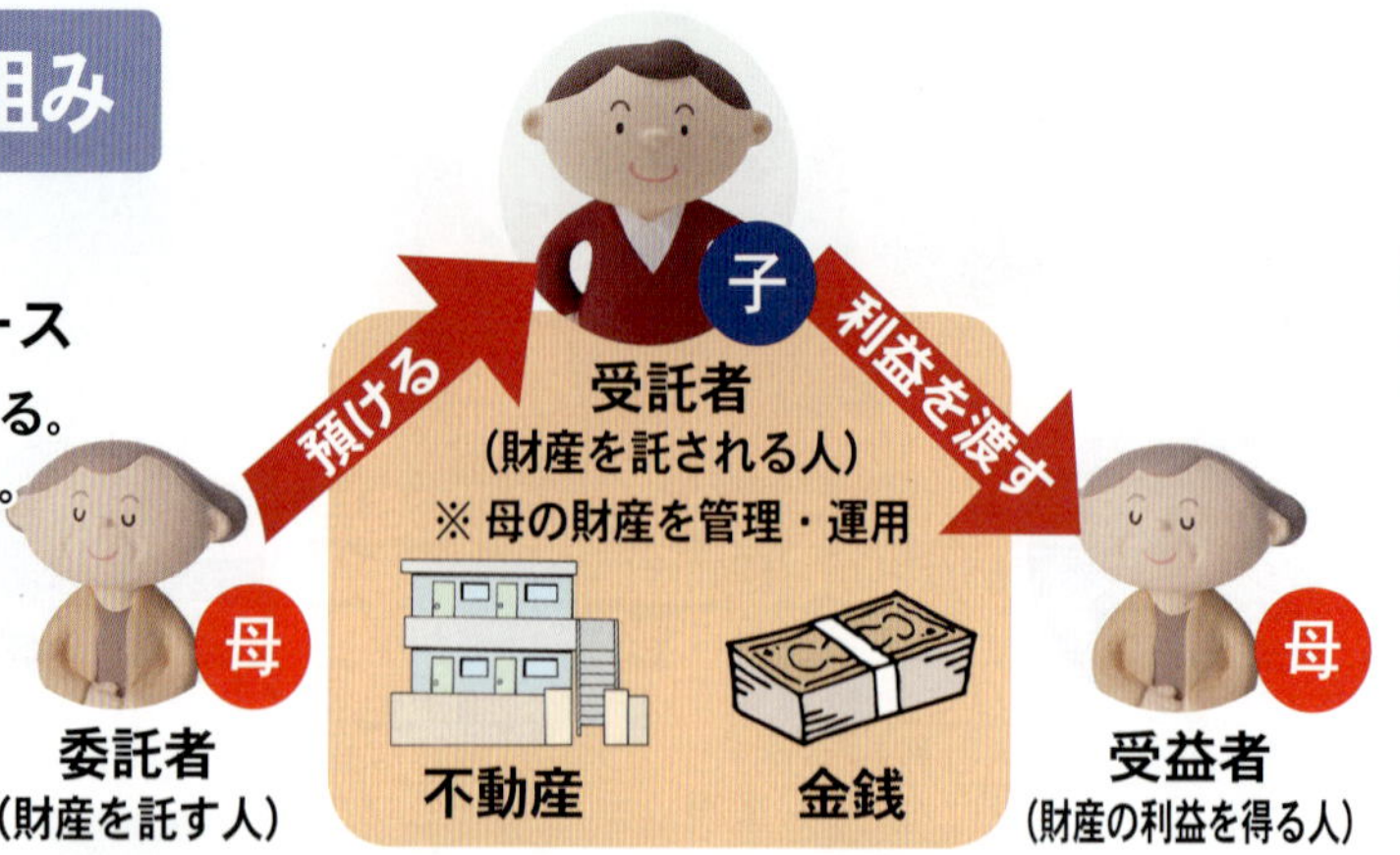

※生前贈与すれば「贈与税」が、売却すれば「譲渡所得税」がかかります。
家族信託なら、そうした心配もなくなります。

認知症になるなどして判断能力を失うと、次のようなことが起こります。

預貯金の引き出しや振込ができない
自宅の売却や建て替えができない
株式の売却ができない
消費者被害に遭う

成年後見制度 （※詳しくは１３８頁）

２０００年にできた『成年後見制度』は、認知症や知的障害等の精神上の疾患により判断能力が著しく低下した方の財産を保護するため、本人に代わって後見人が財産管理などを手がけるものです。

元気なうちに自分で後見人を選んでおく『任意後見制度』と、すでに認知症などにより判断能力が低下してしまった場合に裁判所に後見人などを選任してもらう『法定後見制度』の２つがあります。

任意後見制度は、自分で選んだ後見人予定者（受任者）と契約しておき、将来認知症等になったら、その契約に基づいて預貯金などの財産管理や医療・介護・その他の施設入所に関する手続などを行ってもらうというもの。受任者には制限がなく、身近にいる子や甥・姪などの親族（全体の約２割）、司法書士（同約３割）、弁護士（同約２割）、社会福祉士などの専門家にお願いするケースもあります。

家族信託（民事信託）

２００７年にできた『家族信託』の手続きをしておけば、認知症が進行した時でも家を売ったり、口座のお金を下ろしたりができます。次のようなケースの方も検討されることをお勧めします。

子供のいない夫婦の相続（要望等）
幼い孫に財産を遺したい
資産運用においても備えたい
不動産や自社株など資産が分けにくい
相続人同士が仲が悪い　ペットの将来が心配
中小企業の事業承継対策、等々

遺言では２代先・３代先の財産の承継を決めることができませんが、家族信託では可能です。

家族・親族に管理を託すので、高額な報酬が発生しない点も魅力です。手続きの費用は、専門家に信託契約の内容を設計してもらうための費用として信託財産の評価額の１％（一律ではありません）、それ以外に登録免許税等がかかります。

ただし、遺言や成年後見制度と比べて複雑な手続が必要となるため、精通している司法書士等に相談することが大切。

なお、『家族』とありますが、親子同然の他人や親戚など、家族のように付き合っている方も含まれます。

成年後見制度と家族信託の違い

成年後見制度においては、老親に必要性があれば（入院費の捻出等）不動産を売却することはできますが、売却代金を元に不動産を購入（買い換え）したり資産運用（投資信託・国債の購入等）は認められていません。

一方、家族信託では相続税対策を行ったり資産運用も可能になるなど、自由度の高い財産管理ができます。本人が亡くなった後の資産の承継等についても設定できます。

成年後見人は、本人の判断能力が低下した時点（そのように医師や裁判所が認めた時点）においてのみ職務を行うことができるのに対し、家族信託の場合は、本人に判断能力が十分ある場合でも第三者に財産の管理を委託することができます。

『身上監護権』は、任意後見人にはありますが、家族信託の受託者にはありません（※家族を除く）。入院手続きや施設への入所手続きを行ってもらうには、後見人を選任してもらう必要があります。よって、家族信託と後見制度を組み合わせた方がよいことがあります。

柔軟な財産管理がＯＫ　↓　家族信託
身上監護権がＯＫ　↓　後見制度

まもりーぶ仙台（日常生活自立支援事業）

認知症高齢者などの日常生活を支援

「まもりーぶ仙台」は、仙台市内在住の認知症・知的障害・精神障害があるなどで判断能力が十分でない方が、地域で福祉サービスを適切に利用し自立した生活を送れるよう手伝ってくれます。契約者数は402件（2019年10月末現在）です。

①相談受付

月～金曜の9時30分から16時まで。相談例は「福祉サービスの利用手続を支援してほしい」、「公共料金の支払いやお金の出し入れが不安」、「不要だと思われる商品を次々と購入させられてしまう」「定期預金通帳や証書などの大切なものを家に置いておくのが心配」など。

②利用援助サービス

⑴福祉サービス（例えばホームヘルプサービス、デイサービスなど）の利用に関する相談や情報提供、利用申し込みの援助。

⑵事業者から提供されているサービス内容を確認したり、苦情を言うときの手伝い。

⑶区役所などから送られてくる郵便物を確認し、手続の代行。

◎できないこと

施設への入所や入院の契約、身元保証人になること、不動産の契約。

③金銭管理サービス

⑴家賃や公共料金の支払いの手伝い。

⑵生活費を計画的におろして届ける。

⑶年金や福祉手当が入金されていることの確認。

◎できないこと

債務整理、買い物、不動産売買や預貯金の資産運用。

④あずかりサービス

契約している金融機関の貸金庫に、通帳などを保管するサービス。

◎預かれるもの

普通（定期）預金通帳、年金・保険証書、実印、印鑑登録証、不動産登記済証書など。

◎預かれないもの

株券や債権などの有価証券、遺言書、宝石、貴金属、絵画、彫刻など。

■利用について

電話や来所にて相談を受付。本人の利用意志の確認がとれたら、事業の説明を行い、まもりーぶ仙台と契約できるかどうか判断するための調査に来てくれます。契約可能となった場合には、本人の希望にもとづいて、支援計画を作成。今までの調査をもとに、本人と契約してもよいか、まもりーぶ仙台で会議が行われます。契約してよいか判断がつかない場合は、契約締結審査会で審査。判定会議で契約してもよいと判断された場合、契約を交わして支援が開始されます。

■サービスの利用料

基本料金として1カ月700円。さらに、②～③のサービスは500円（60分未満・※60分を越える場合、30分ごとに500円加算）、④は保管料として1カ月200円（※預貯金残高500万円以上の方は500円）、出入手数料として1回当たり500円（※同1000円）。但し、生活保護を受給している方は全額免除。市民税非課税の方は半額免除（但し、あずかりサービスを除く）されます。

（その他サービス実施に伴う費用は実費負担）

◎仙台市権利擁護センター（まもりーぶ仙台） ☎022（217）1610

（公社）成年後見センター・リーガルサポート宮城支部

後見人を紹介・相談業務も実施

◎成年後見人になってくれる信頼できる方を紹介してもらえないだろうか？
◎後見人の申し立ての手続が大変そうなので、代行してもらえないかな…。
◎成年後見制度について詳しく聞きたい。

会員が100％司法書士の『（公社）成年後見センター・リーガルサポート』は、高齢者・障害者の権利を擁護することを目的に司法書士を正会員として設立された全国組織で、成年後見制度等を利用しながら高齢者・障害者等の権利を護る活動を展開しています。

電話での成年後見に関する無料相談にも対応しています。

後見人を監督

残念なことではありますが、「高齢者の財産管理や身上監護といった世話をすべきはずの後見人が、被後見人である高齢者の財産を私的に流用する」といった事件が後を絶ちません。そんな中、リーガルサポートでは紹介した後見人を監督したり、研修を受けてもらったり、報告書の提出を義務付けてチェックするなどして不正を未然に防ぐ努力もしています。

◎（公社）成年後見センター・リーガルサポート宮城支部 ☎022（263）6786

遺言書は？

認知症の方が書いた遺言書は有効ですか無効ですか？

回答者　弁護士　小田嶋章宏

認知症がかなり進んでいる方でも、「諸々のいきさつから言って、こういう遺言書を書くことは自然なことだ」と裁判所が判断すれば有効になる場合もあります。

逆に軽度の認知症であっても、「こんな遺言を書くはずがない」となれば無効になることもあります。認知症のレベルだけでは一概に言えない、遺言書作成前後の経緯（だましたり、ご本人を囲い込んだりしていないか）や、内容の合理性も踏まえて判断されます。

認知症の度合いを証明するには、カルテがあればできます。また、公正証書遺言であれば、公証人がご本人に直接会い、認知症の程度を会話等で確認した上で作成するので、有効と扱われる可能性が高いです。

後で遺言書でもめるのは、遺言書の内容が気に食わない人がいるからもめるのであって、「こういう遺言書にしようと想っている」と、親族の間である程度話し合っておいてもいいかも知れません。

◎大町法律事務所 ☎022（355）5676

認知症の人と家族の会

『電話相談』
電話相談に対応するため、事務所で待機中の若生代表

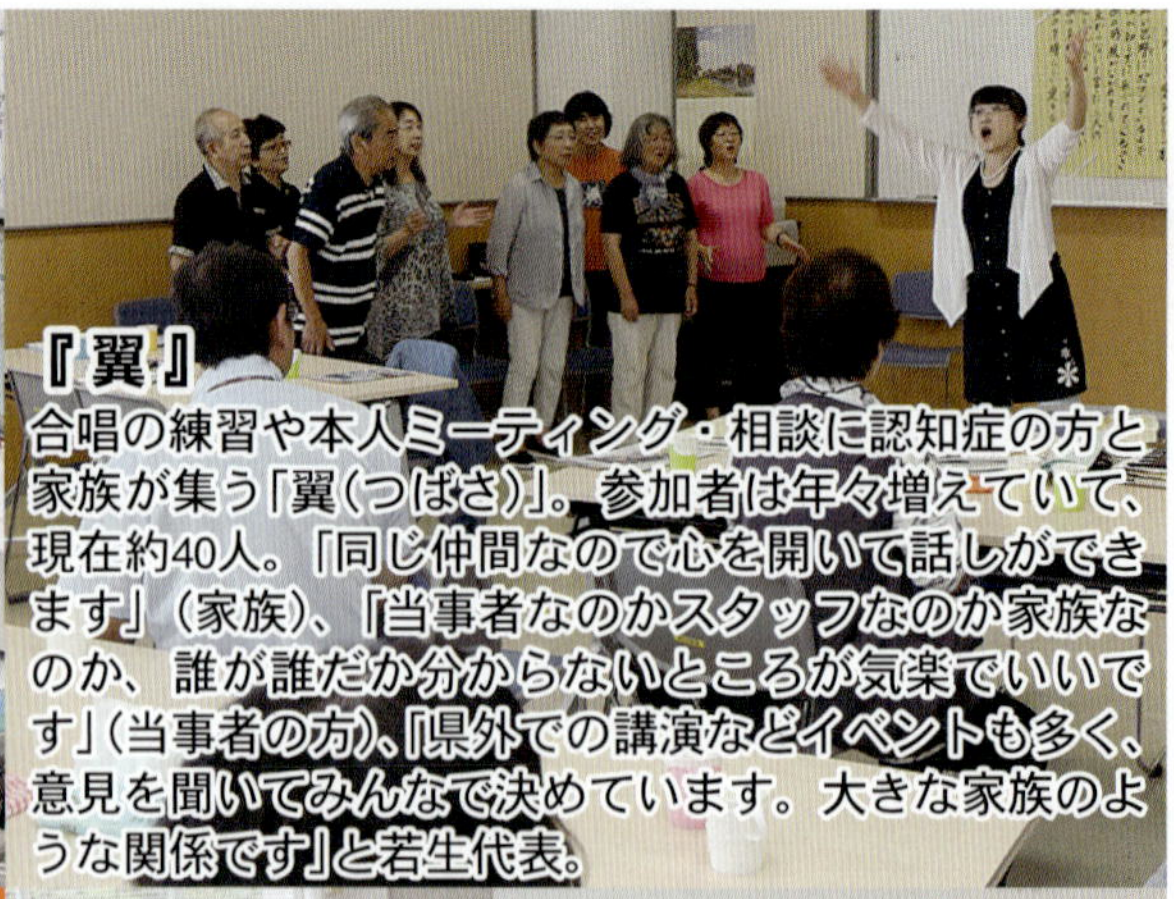

『翼』
合唱の練習や本人ミーティング・相談に認知症の方と家族が集う「翼（つばさ）」。参加者は年々増えていて、現在約40人。「同じ仲間なので心を開いて話しができます」（家族）、「当事者なのかスタッフなのか家族なのか、誰が誰だか分からないところが気楽でいいです」（当事者の方）、「県外での講演などイベントも多く、意見を聞いてみんなで決めています。大きな家族のような関係です」と若生代表。

『こうさてん』
約２時間、自己紹介と雑談をしながら、介護の経験談や介護サービスに関する情報交換、いろんな雑談で盛り上がることも。「介護をした後には後悔も残ります。一生懸命やったけど、もっとやれたんじゃないかと…。話せるのは、そういう経験を持った人の前だけという人が多い。そこまで出来たんだからいいんじゃないと自分を認めて欲しいんです。介護の日々をもう一度思い出し、懐かしみ、癒されたいんです。そういう場を作っておきたいと思いました」と同会の柳沼芳美さん。

公益社団法人
認知症の人と家族の会 宮城県支部
仙台市青葉区本町3-7-4　宮城県社会福祉会館２階

●電話相談　☎022（263）5091　（※秘密厳守）
日時　月曜～金曜日　9：00～16：00

●介護家族の語り合いの場「つどい」
日時　毎月 第３土曜日　13：00～15：00
場所　みやぎＮＰＯプラザ　参加費100円
※事前申込の必要なし、どなたでも参加できます。

●本人・若年認知症のつどい「翼（つばさ）」
日時　毎月 第１・３木曜日 10：30～15：00
場所　南光台市民センター　参加費100円（昼食代500円）

●認知症で身近な方を看取った方の交流会「こうさてん」
日時　年４回開催　13：00～15：00
場所　みやぎ婦人会館（みやぎＮＰＯプラザ）　参加費100円
※対象は認知症の介護家族で看取りを終えた方。

認知症のことで困ったら、また自分の思いを誰かに分かって欲しい…と思ったら、頼っていただきたいのが『認知症の人と家族の会　宮城県支部』。１９９５年に設立された同会の主な事業は、次のとおりです。

①つどい
毎月１回の開催で、情報交換や介護へのアドバイス、仲間づくり、本音での話し合いで介護への勇気が湧く家族の会ならではの交流の場です。

②相談
相談は電話、来所、手紙などを通じて、支部世話人や介護経験者が相談に乗っています。家族の心がわかる仲間どうしの相談で、秘密は固く守られます。

③会報発行
会員の方へは、介護保険情報、医療知識、会員の声、介護へのアドバイスなどを満載した会報誌が届けられます。

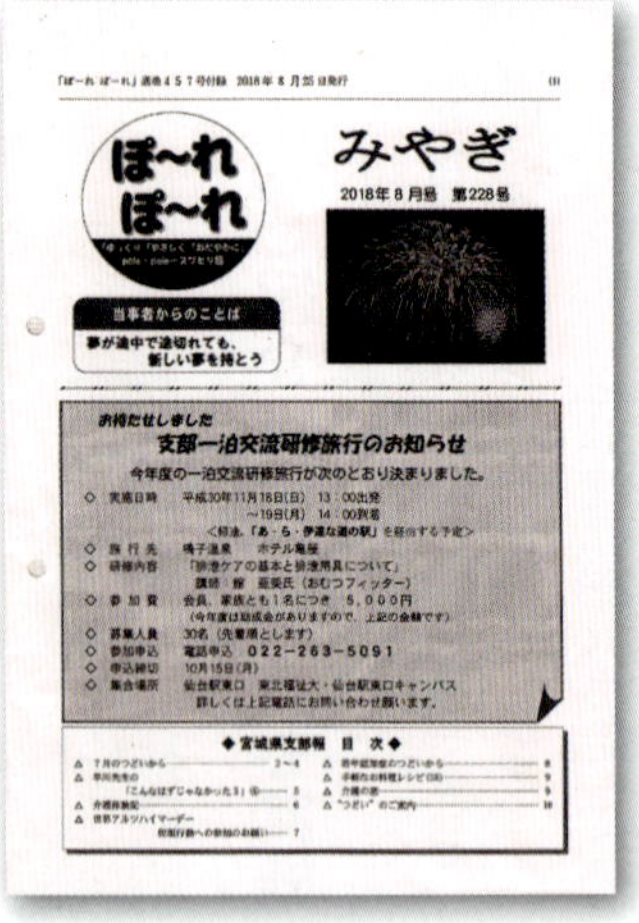

その他、若年認知症の方々が月２回集っている『翼』は全国的にも例が無く、先進的な取り組みとして注目を集めています。行政との連携にも積極的で、仙台市からの委託を受けて『認知症の介護講座と相談会』を各区で開催。宮城県からの委託を承けて『移動相談』を県内各市町村で実施しています。

２０１９年度から代表を引き継いだ若生栄子さんは「以前はお嫁さんからの相談が多かったですが、最近は子供が親のことを心配して相談されるケースが増えています。夫婦や独居暮らしをしている親にアドバイスをしても、『私たちだけでやるから構わないで』と言われたりして…。

認知症と診断されても、終わりではありません。長年家事をやってきた方なら、認知症になっても家事はできます。男性なら力仕事とか、できることを周りの人が探してあげることも大事。そして偏見は自分の中にもあります。認知症になった自分はダメ、変な人と見られている…と思うと前向きには進めません。自らも偏見を捨てることが大切、もちろん周りもです。決して何もできなくなった人じゃないことを分かって頂きたい。そのためには、社会の認知症を見る目を変えていかなくてはならないと思っています」と話していました。

読者アンケート

女性は予防に積極的、かつ半数が「自分が認知症かも」と思った経験を。

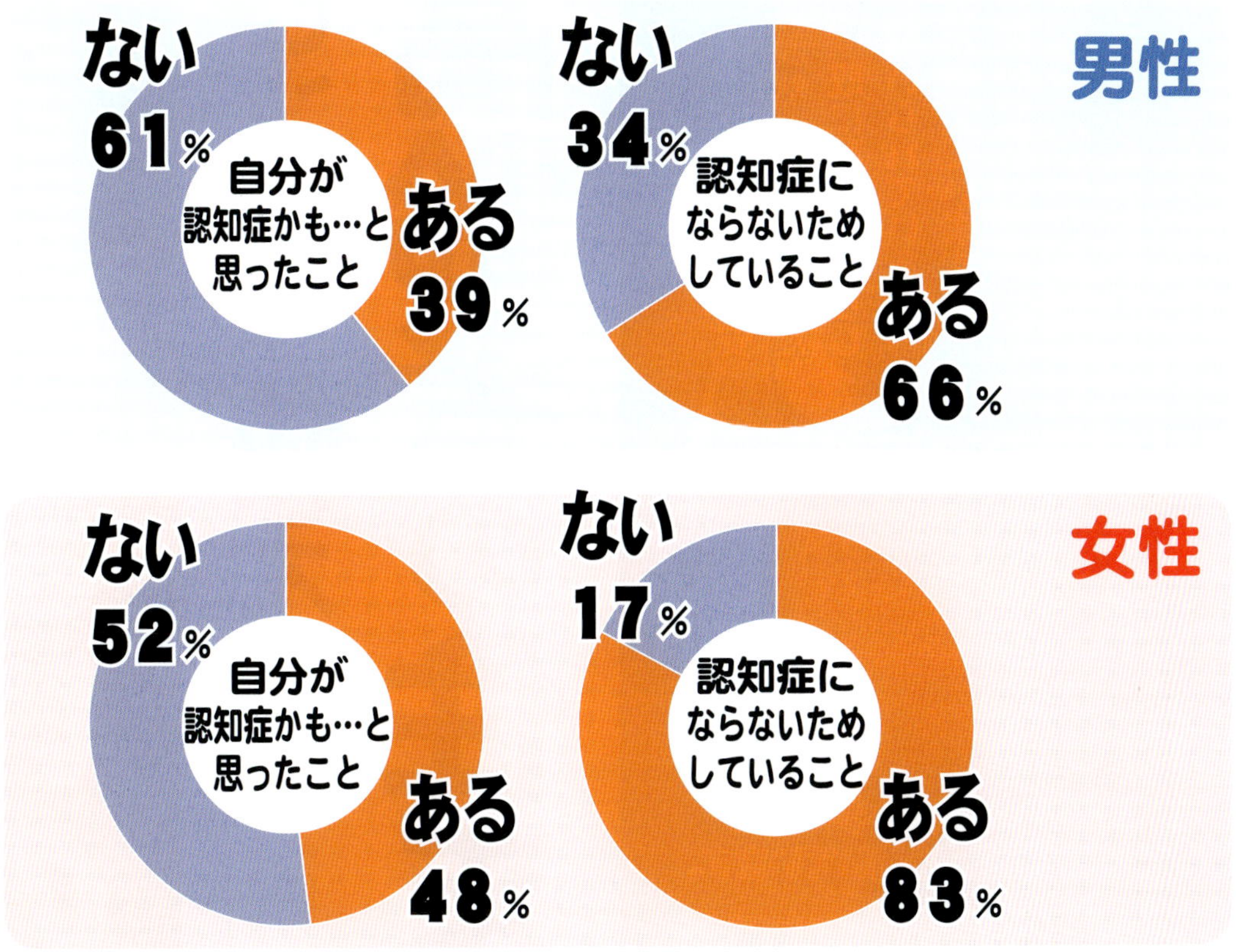

「自分が認知症かも…と思ったことがありますか？」という質問には、３番目の答えとして「既に認知症です」というものも用意していましたが、今回は男女共にゼロでした。そのような項目を用意したのは、以前、「私は軽い認知症ですが投稿を楽しんでいます」というお便りをいただいたことがあったからです。

アンケート実施日 2018年10月
回答数 119人

男性読者の予防法 （数字は年齢）

●各種ボランティア（森林整備、傾聴ボラ）。74
●出来るだけ外部の人と話す。75
●毎朝、歩くこと、ラジオ体操。77
●日記を書く。78 ●新聞と読書。77
●社会的孤立にならないよう極力好奇心を持ち、出掛けるようにしている。78
●散歩を兼ねたポスティング。79
●マージャン、種々役員、トレーニング。81
●歌を歌う、他人と話す。73
●考えを書く。79 ●カラオケ、歩く。84
●脳トレ。88 ●脳トレとウォーキング。89
●クイズや脳トレ。84 ●作文、講演。82
●多くの人と触れあう。80
●多くの人と話し、前向きに生きる。89
●マージャン、川柳、数独、漢字の書き取り。80
●ウォーキング、オカリナ演奏、川柳、エッセイ、老人クラブ会長継続。80
●週に3回、3人の人にハガキを書く。81
●洗濯、台所で食事の仕度をする。87
●釣りと釣りの仕掛け作り。68
●良く動き、シル川の投句で喜ぶ。76
●散歩。80 ●ウォーキング。65
●毎日1万歩、パソコン、友人と会食。71
●対話、口喧嘩。75 ●合唱。77
●市民センター主催の講座、川柳。80
●介護体操、野菜作り、運転、買い物。89
●囲碁、将棋の詰め問題、ハーモニカ、シニアの卓球。76 ●ナンプレ。78
●出番を多く持つ。72
（※「川柳」という方は多数のため割愛）

女性読者の予防法 （数字は年齢）

●風呂で手遊び、なるべく一人でいない。78
●クロスワードパズル、オカリナ練習。73
●毎日台所に立ち美味しく食べる。84
●コミュニケーション、各会での役員。71
●読み書き、お裁縫。76 ●料理。77
●歌、音読、塗り絵。78 ●菜園。81
●動いている、1日のことを書く。83
●ベッドで数字を足したり引いたり。86
●健康番組を見て体に良い食べ物を。73
●カラオケ、町内の集まりに出る。81
●パソコンで毎日ゲーム、週1～2回ランチ&おしゃべり。82 ●麻雀。82
●いつも出掛けている（太極拳、絵、いきいき体操）。71 ●音読、ラジオ体操。79
●歩く、卓球、手仕事の趣味を続ける（編み物、パッチワーク）、川柳、絵手紙。74
●社会貢献のボランティアに参加と、家事をしっかりやる（特に料理）。76
●ウォーキング、健康ノート、絵手紙、カルチャー参加、一番は川柳。78
●新聞や雑誌を読む、会話を大事に、塗り絵、ハガキで知人に手紙を出す。75
●歩く、栄養に気を付ける、2歳の孫と楽しむ、趣味を楽しむ。68
●アンテナを立てよくシャベリ、趣味を持つ。67 ●川柳を自由に作る。75
●日刊紙を隅から隅まで読む、シルバーネットへの投稿、日記。78
●脳細胞を使う、100より7を引いていく。75 ●毎日ラジオ体操。90

2 住まいの不安

老人ホームに入りたいけれど、選び方が難しそう。移ったら我が家は空き家に？アパートも良いけど、高齢者でもOK？

ピンチを救え！高齢者の住まい

住まいに関する不安を漠然と抱いていたり、既に我慢の暮らしを強いられている高齢者が増えています。介護が必要になったら？認知症になったら？リフォームを決断できない、子供とは微妙な関係…。

高齢者の住まいで心配されることや、新たな動きを取材してきました。

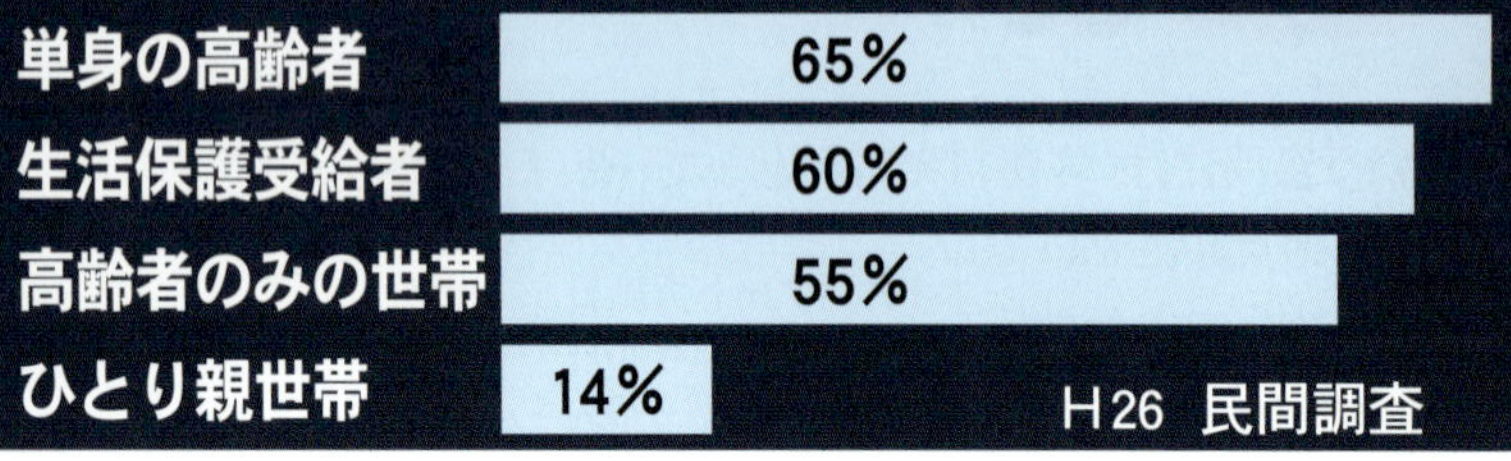
大家の入居拒否感
家賃滞納、孤独死、事故、騒音等への不安から、住宅確保要配慮者に対して大家は拒否感を抱いています。

家の中のちょっとした段差や急な階段とかが、高齢になると〝宿敵〟に見えてきたりしますね。驚くことに家庭内の不慮の事故による死者数は、交通事故の約2・4倍。高齢者は溺死などの風呂での事故が最多となるなど、家の中と言えども安全ではないのです。

そうした住まいのバリア（段差等の障害）とどう折り合うかとか、認知症になっても自宅に住み続けられるのか、老人ホームに入居する上での資金面の不安などを感じている方が増えています。小紙読者の皆さんも、身の置き場所に不安を抱く方が少なくありません。

●年齢的には、いつ何が起きても不思議では無い。一人暮らしですが、ケセラセラの心境にはなれない。認知症になったらグループホームに入りたい。（男性76）

●不安。特に同居の娘と意見が合わない時。（男性85）

●老妻と二人の暮らし、色々な非常事態が発生した時、不安は一杯ある」（男性87）

●親類も少なく、妻より早く死ぬしかない。（男性70）

●いずれは施設にと思っているが、年金だけでは入れない。（男性64）

●施設もいっぱい。下流老人になってしまった場合はどうしよう。（女性73）

●一人娘は長男の嫁で頼れない。施設入居に備えた貯蓄も年金では不安。（女性67）

●家族の中で浮いていて不安。（女性75）

※『身の置き場所に不安がありますか』という小紙アンケートより。

高齢者の住まい探しは複雑なケースが増加傾向

いざ転居！となれば、住まい探しはスムーズに行かないケースが増えています。老人ホーム等の紹介で実績のあるウチシルベの鈴木大樹さんは「２０１８年の住まいに関する相談のうち、約1割が保証人なしという方から。お子さんが居ない、居ても疎遠、関係性が悪いというケースが多いです。そのうち約半分は一般のアパートを希望。高齢者の住まい探しは家族間の問題、収入の問題、身体の問題等々、多様化しています」と話していました。

残念ながら、高齢者、それも一人暮らしとなると、アパートへの入居も難しくなります。なぜなら、孤独死の不安があるから。万一のことが現実に起きれば、後片付けやリフォーム工事などを大家や管理会社がせざるを得なくなるからです。加えて保証人が居ない方や生活保護を受給している方であれば、住まい探しはいっそう厳しくなってしまいます。

行政の新たな支援体制

頼りにしたい公営住宅も、総人口が減少していく中で増やしていくことは難しいのが現状。しかし一方で、民間の空き家・空き室などは増えていく傾向にあり、そうしたものを活用して要配慮者の方向けの住宅として活用できないかと、２０１４年1月に『宮城県居住支援協議会』が設立され、住宅の確保に配慮の必要な方々への支援に行政も本腰を入れています。

２０１７年10月には、『住宅セーフティネット法』が大幅に改正され、次の３つが実施されています。

①住宅確保要配慮者向けの賃貸住宅の登録制度
②登録住宅への経済的支援
③入居者の居住支援

①の賃貸住宅の登録制度に関しては、ホームページから物件を見ることができます（※「セーフティネット住宅」で検索すると閲覧可能）。ただし、宮城県内で登録されている戸数は２９８戸（２０１９年12月4日現在）、思うようには増えていません。理由は、大家にメリットを感じてもらえないことや周知がまだ十分ではないこと。

②の登録住宅への経済的支援とは、登録住宅の改修に対して一定の補助が受けられるというもの。「戸建ての住宅を登録することも可能です」（宮城県土木部）とのことですので、介護施設に入居するなどして自宅が空き家になる場合等は検討されてみてはいかがでしょうか。

③の入居者の居住支援とは、都道府県が指定する居住支援法人等から入居相談、生活相談、見守りサービスなどのサポートを受けられるというものです。

その他、連帯保証人を立てられない場合、国に登録している業者から家賃債務保証サービスを受けられたり、家賃や保証料の減免・補助が受けられる場合もあります。

要配慮者の入居を拒まない住宅（登録住宅）

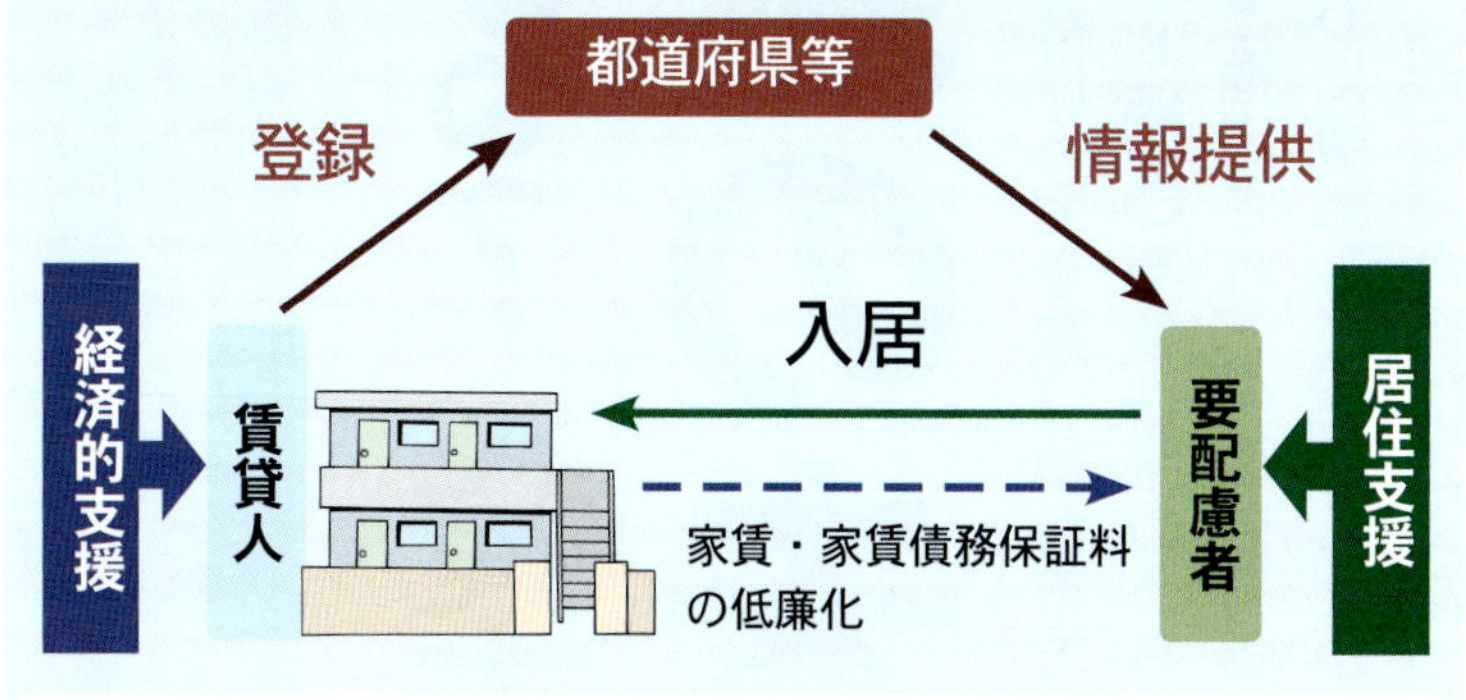

住宅の確保に配慮を要する方々

●高齢者
●低所得者（概ね月収 158,000 円以下）　●障害者　●被災者（発災 3 年以内）
●子育て世帯（高校生相当までの子供を養育する世帯）
●外国人　●児童虐待を受けた者　●ＤＶ被害者　●犯罪被害者　●矯正施設退所者
●生活困窮者　●東日本大震災の被災者　●地方公共団体が地域の実情に応じて定める者 等

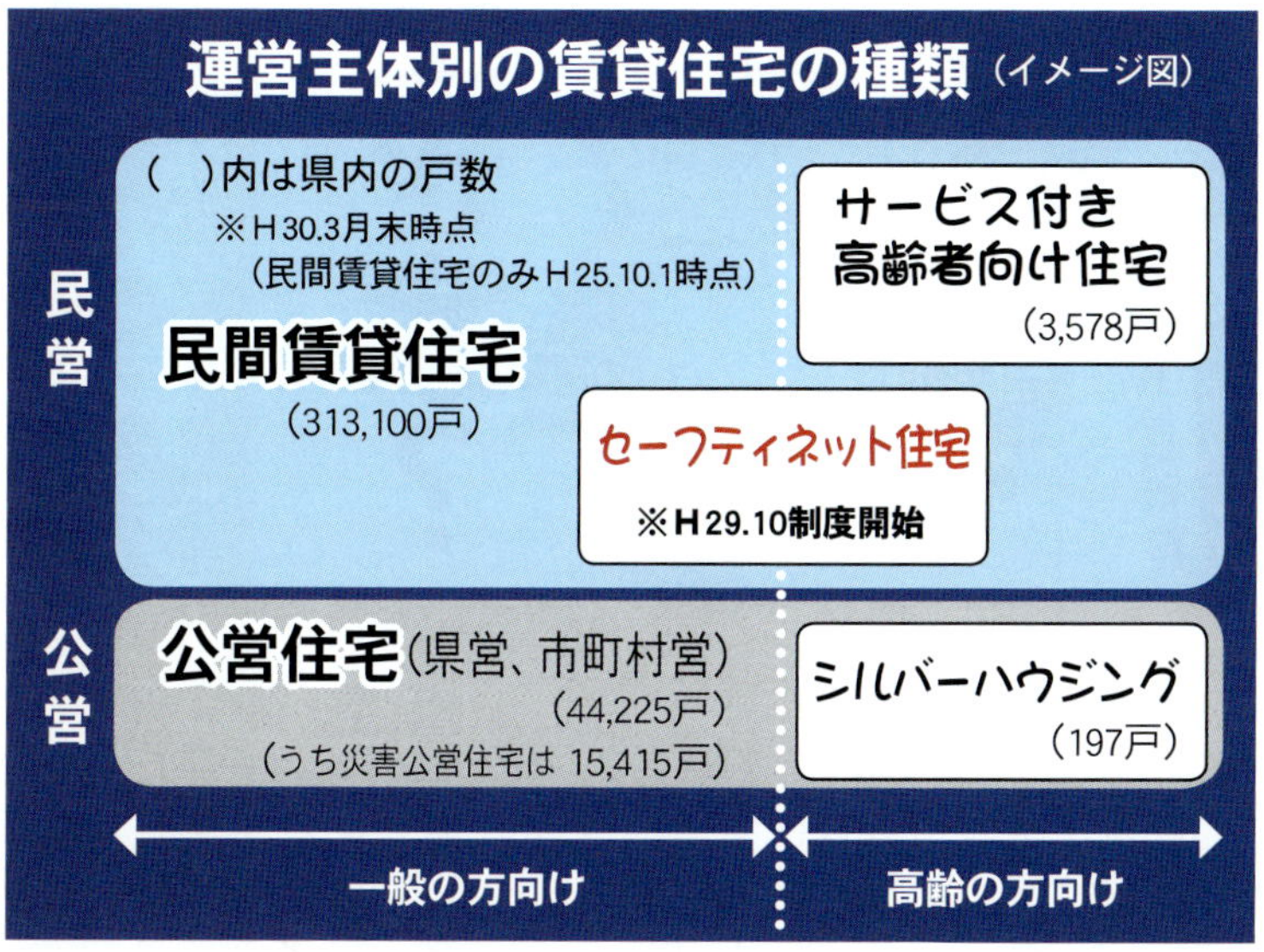

民間から新しいタイプが登場

民間から、独居でも保証人なしでも、生活保護を受けている方でも入居できる『見守り付高齢者向け賃貸住宅』というものも誕生しています。間取り1K（約20㎡）で交通面や設備面で高齢者が生活しやすい物件を市内各地で事前に押さえておき、月1回の見守り（※面談して健康状態等をチェック）を行うことで孤独死の心配も和らげるというもの。家賃は月3万7000円に統一され、敷金1カ月、礼金2カ月。万一のための損害保険料として1万8000円（2年分）。既に地域包括支援センターや役所等を通じて18人の方が入居しています。

この住宅に入居した82歳の女性は生活保護を受けていた方で、住んでいたアパートが古くて床が抜けそうな状態。エアコンも設置してもらえなかったそうです。他に、何十年も住んでいたアパートから退去を迫られたものの、契約当時の保証人（兄弟）は高齢になって頼めず、大家も代替わりしていたという方。ＤＶを繰り返すなどして家族から同居を拒否された方、火事で焼け出された方なども。

この住宅の事業主体となる一般社団法人シルバーパートナーズ（以後ＳＰ）は、居住支援法人として県の指定を受けている団体。ＳＰには高齢者向けのサービスを請け負う45社が所属（２０１９年11月末現在）。「中古の家財道具を格安で用意してもらえた。引っ越し作業がスムーズにできた」（同賃貸住宅の担当者）と、サービスを素早く受けられるメリットもあり期待を集めています。

【関連情報】県土木部住宅課では『将来（高齢期）を見据えた住まい方』に関する出前講座を無料で実施。内容は、①高齢者の住まいの現状　②自宅に住み続けるための改修事例や支えるサービス等　③住み替え先の種類（老人ホーム等）と費用負担等。

◎取材先資料
宮城県土木部住宅課☎０２２（２１１）３２５６
ウチシルベ　☎０２２（７３８）９８７２
シルバーパートナーズ☎０１２０（２６０）４２８

空き家問題・住み替え・マイホーム借り上げ制度

売る？ 貸す？ 空き家？ 家の未来

増え続ける空き家。仙台市でも約57万戸（２０１８年度）ある住宅のうち１割程度が空き家と推定され、今後も高齢化が進む団地を中心に増加していくことが見込まれています。そこで今回は古くなった家を貸したり売ったりできないのか？空き家になったらどうすれば良いのか？調べてきました。

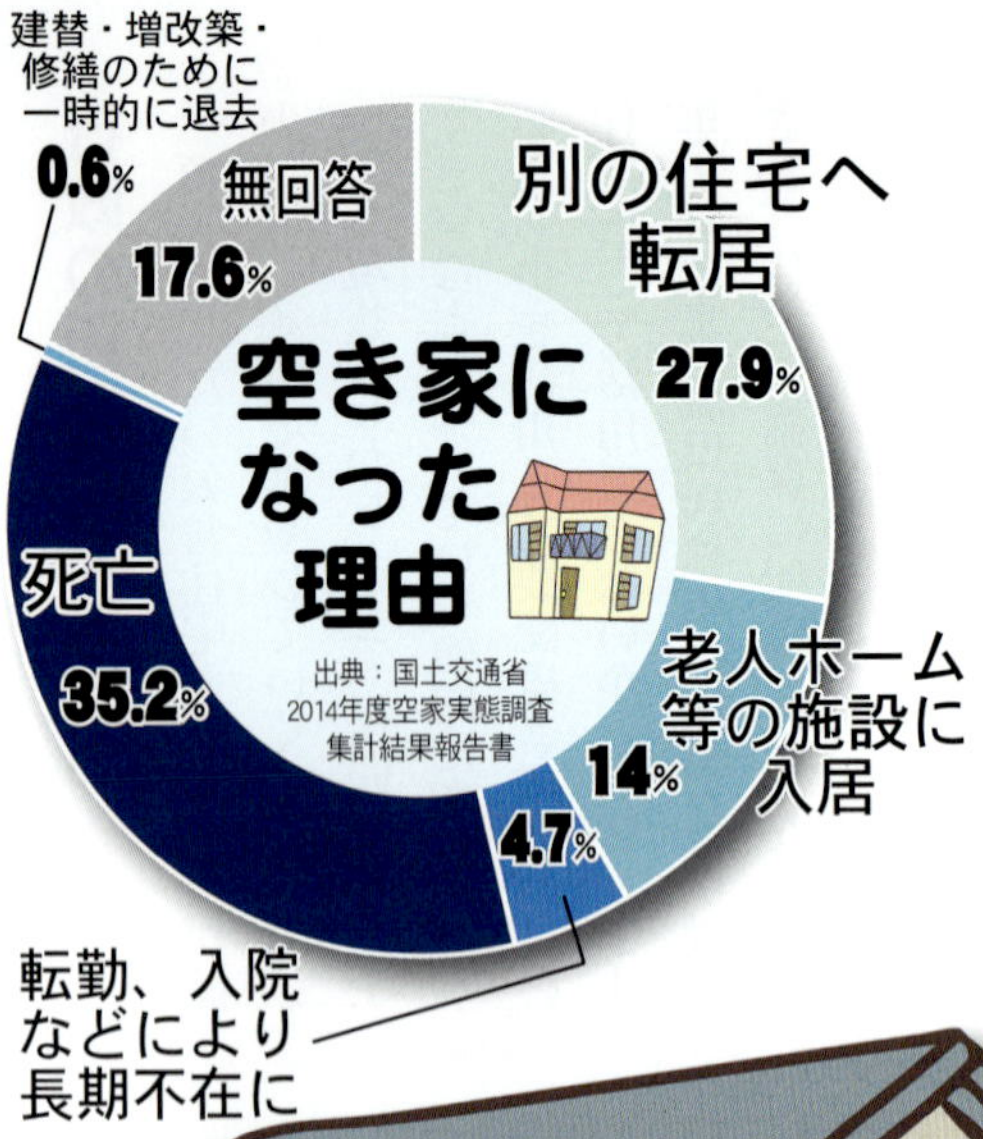

空き家の売却・賃貸等の相談窓口を仙台市が開設

仙台市は空き家に関する相談に迅速に対応するため、関係9団体と協定を結んで『住宅活用相談』を２０１８年４月から実施しています。「老人ホームに入居するため、自宅が空き家になる」とか、「子供の所へ引っ越すため、自宅を手放したい」等といったさまざまな相談に対し、不動産・法務・建築の専門団体の無料相談窓口を紹介。必要に応じて、市役所での個別相談にも対応しています。

また、隔月で『空き家総合相談会』を市役所上杉分庁舎で開催（※市ホームページに概要を随時掲載）、要望のあった地域へ担当者が出向く『住宅活用セミナー＆相談会』も実施。開催したセミナーには地域の住民の方々が参加して熱心に耳を傾けていたそうです。

住み替えの資料として『サポートブック』を制作

一方、住み替えをする時の参考資料として『サービス付き高齢者向け住宅 住み替え安心サポートブック』を制作。有料老人ホームや特別養護老人ホームなどとサービス付き高齢者向け住宅の違いや、住み替え時のアドバイス等を満載。また、市内だけでサービス付き高齢者向け住宅は50件以上もあるため、選ぶのが大変です。そこで、サポートブックには各施設の入居費用や月額料金、職員体制、入居者の要介護度等の状況まで詳しく記載されているため比較しながら検討することができます。

希望される方には、市役所・各区役所・地域包括支援センターで配付。インターネットでも見ることができます。

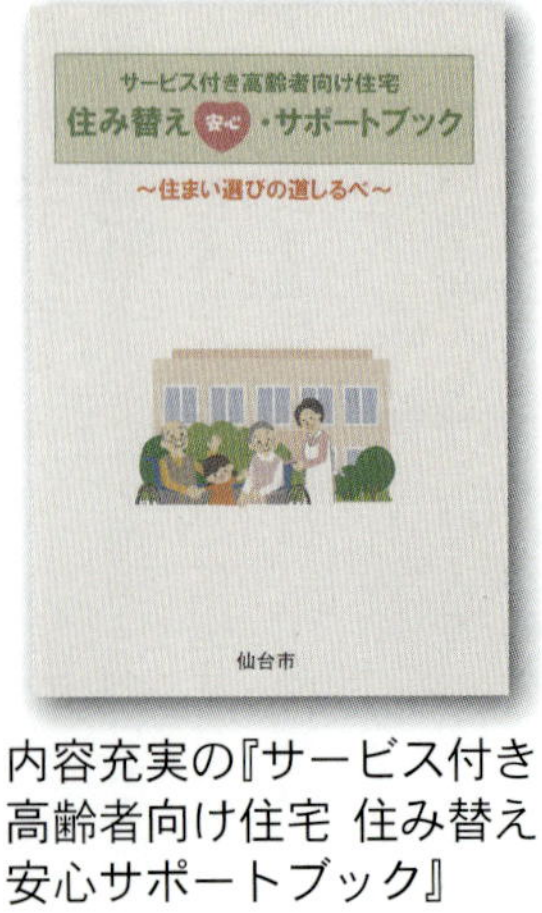

内容充実の『サービス付き高齢者向け住宅 住み替え安心サポートブック』

魅力の割に利用が少ない『マイホーム借上げ制度』

２００６年にスタートした『マイホーム借上《かりあ》げ制度』も、自宅を貸したいというシニア世代にとって魅力のあるもの。50歳以上の方だけを対象に、政府の第三者機関であるＪＴＩ（一般社団法人 移住・住みかえ支援機構）がマイホームを借上げ、安定した賃料収入を保証するというもの。大きな魅力は次の3つ。

①賃料の保証

空室が発生しても規定の賃料が保証されるため(※ただし、1人目の入居者が決定以降)、安定した賃料収入が見込めます。

②明け渡しもスムーズ

『定期借家契約』を活用しているため、「東京の息子が仙台に帰ってくることになったので、明け渡して欲しい」などといった場合、定期借家契約の終了時に、マイホームへスムーズに戻ることができます(※一般賃貸の場合は、こちらの都合で出ていって欲しいとなっても、簡単にはできません)。

③国の基金がある安心感

万が一に備え、国の予算において、(一財)高齢者住宅財団に債務保証基金が設定されており、JTIは基金の登録事業者になっています。

その他にも、オーナーが入居者と直接関わる必要がないというメリットもあります。なお、オーナーの手取りは家賃の85%(※残りの5%は管理会社、同10%は空室になった時のためのストックに充てられます)。

制度のデメリットとしては、空室になることを避けるため、通常の賃貸相場よりも10~20%低い家賃に設定されてきたこと。この点について青葉区、名取市、七ヶ浜等で同制度を活用した物件を手掛けるなど制度に詳しい(株)エービーコンサルティングの鈴木健彦代表は「仙台の実情を東京のJTIに説明して交渉することで、2018年7月から相場と変わらない家賃に設定できるようになりました」と話しています。

建物に一定の耐震性を求められたり、都心から離れた物件は不利な面があることから、宮城県内での制度利用はわずか7件(2019年11月5日現在)、登録は45件(同)に留まっていますが、これからは徐々に増えて行くのではないでしょうか。

アイデア次第で魅力物件に!

もちろん制度を利用せずに、一般の賃貸住宅として貸し出した方が収益性が上がるケースもあります。借り手を見つけにくい物件でも「ペットと同居可能!」とした り「公園が近い!」「豊かな自然環境」等とメリットを積極的にPRするなど、工夫次第で自宅が魅力あふれる物件になることも。若い世帯が入居すれば、地域にとっても何よりのこととなります。

◎取材先資料

(株)エービーコンサルティング
☎022(341)9651

JTI(移住・住みかえ支援機構)
☎03(5211)0757

空き家や住宅の活用法に関する仙台市の取り組み

『住宅活用(売却・賃貸等)相談』

将来、使われなくなる、または既に使われていない住宅の活用について、市職員が話しを聞き、内容に応じて不動産・法務・建築の専門団体の無料相談窓口を紹介。主な対象者は、市内にある住宅の売却・賃貸等の活用を考えているものの「どこに相談したら…、何から始めたらよいか…」といった不安を持つ所有者やその親族、管理者。

■関係9団体=宮城県司法書士会、宮城県行政書士会、宮城県宅地建物取引業協会、全日本不動産協会宮城県本部、全国賃貸住宅経営者協会連合会宮城県支部、宮城県不動産鑑定士協会、日本建築家協会東北支部宮城地域会、宮城県建築士会仙台支部、宮城県建築士会事務所協会

『住宅活用相談　相談事業者制度』

空き家の所有者のみ対象で、空き家を売りたい、貸したいという意向が固まっている場合は、いわゆる不動産屋に直接相談できる制度を一定の期間試行しています。ご希望する場合は、仙台市住宅政策課へご相談下さい。

『住宅活用セミナー&相談会』

住宅に関する講話や個別の相談会を地域に出向いて行うもの。興味を持つ町内会や老人会等で、要望があれば対応可能。ご相談下さい(参加人数の目安は10人~20人ほど)。

問/仙台市都市整備局住宅政策課　☎022(214)8330

「マイホーム借上げ制度」のしくみ

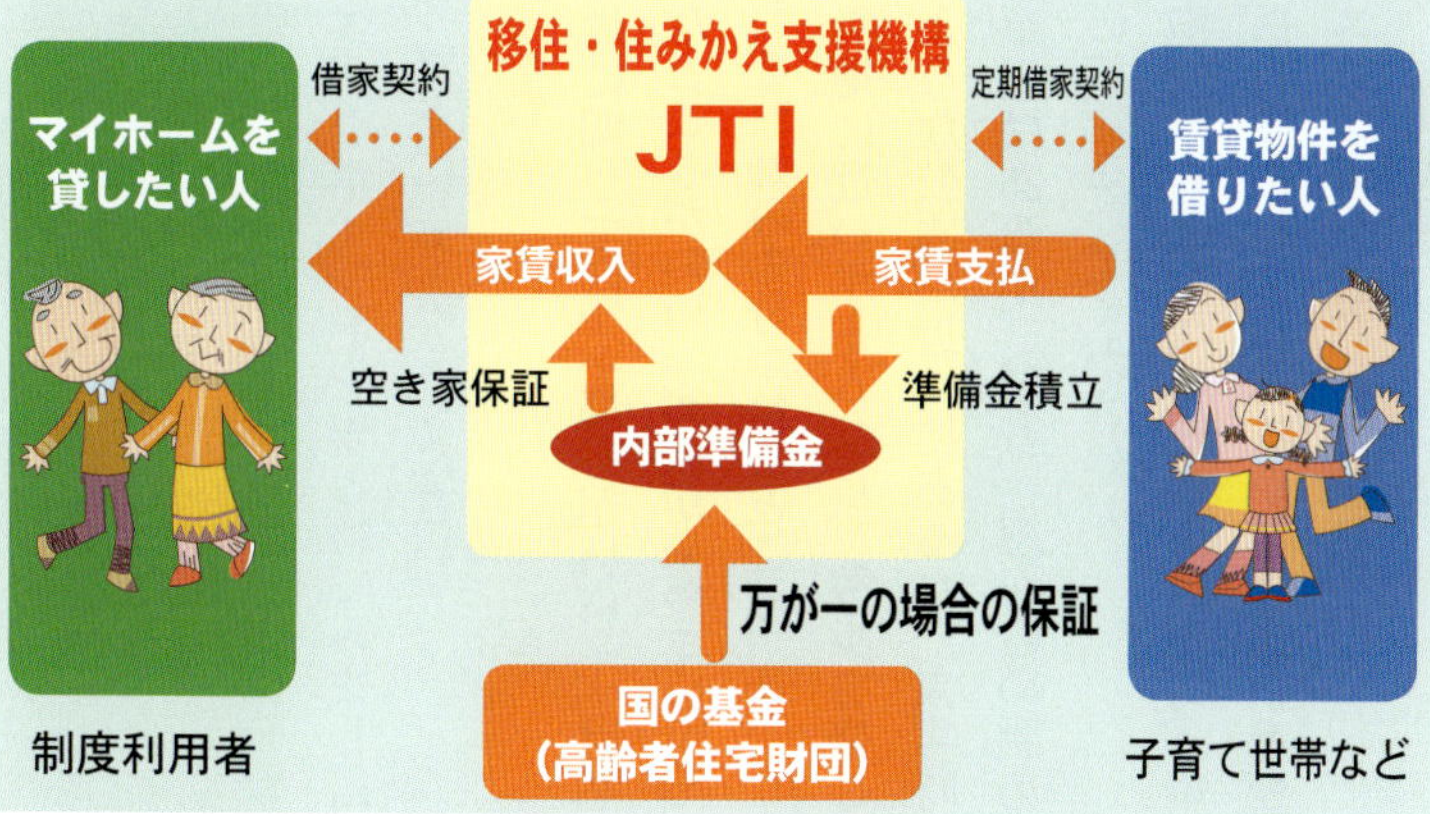

老人ホームの選び方

見学に行こう!

老人ホームは種類もさまざま、数もたくさんあって選ぶのが大変。破綻した老人ホームのことがニュースになったりもしますので、後悔しないように選びたいですね。お勧めは、やはり「見学」。何度か見学を重ねていると、ホームを見る眼が養われていきますよ。

老人ホームの入居までの流れ

ホームに何を求めたいのか 自分の気持ちを整理する

↓ 老後の生き方、健康面での不安などを考えながら理想のホームを自分なりにイメージしてみる

有料老人ホームについて勉強する

↓ 有料老人ホームに関する書籍やホームページ等を参考にしながら後悔しないように知識を習得する

パンフレット等の資料を請求

↓ 費用、ホームの規模や居室の間取り、立地条件、介護体制、協力病院の医療体制などをチェック!

現地見学・体験入居

↓ 体験入居の申込をして、自分の目で確かめてみる。入居者の話を聞いたりしながら住み心地を調べる

資金計画を立てる

↓ 入居時には大金が必要になる。食事、介護などの負担金、返還金の有無などについても調べてみる

契約

↓ 契約書にはパンフレットに書かれていない重要なことがたくさん書かれているので熟読してサイン

入居

チェックポイントをまとめてみましたので、参考にしてみてください。

立地条件

立地に関しては、「都心がいい」「自然豊かなところがいい」「家族が来やすい」と、人それぞれ好みも分かれるところです。

市街地に近いホームなら、散歩を楽しめるような公園が近くにあるか、来客時の駐車場はあるか、騒音、窓からの眺めなどの確認をしてください。

市街地から離れているホームなら、車での送迎サービスがあるかないかが重要なチェックポイントとなります。

掃除・清潔感

エントランスや駐車場、そして玄関が汚れているようなホームは論外ですね。共用スペースやトイレなどもチェックを。

運営会社・経営者・施設長・従業員

運営会社の運営姿勢もホームページやカタログなどでチェックしておきましょう。倒産リスクを見破るのは難しいですが、危険度のチェックもお忘れなく。

経営者や運営者の経歴も大切です(介護経験があるのかどうか)。どんな考えを持っているのか、会って話してみることもお勧めしたいです。また、働いている方たちの勤続年数も、長い方が安心材料となります。

重要事項説明書にはホーム概要やサービス内容・料金、スタッフ体制などが記載されています。月額利用料内のサービス範囲やオプションサービスについても確認しましょう。

居室

今はどこのホームもバリアフリー設計や緊急通報システムが完備されています。最新のホームでは消臭機能や転倒時のための柔らかい床など、さらに付加価値を高めたものも見受けられます。介護付のホームであれば、食堂などの共用スペースに部屋から移動しやすいか、複数の人からも介護されやすいようにベッドの周りに余裕があるかどうかも確認ください。

食事

食事はホーム同士が競い合う象徴的なものです。入居者からの意見を取り入れたり、美味しい物を出そうと努力しているかが大切。試食もさせてもらいましょう。医療食・介護食への対応ができているかどうかもポイントとなります。

介護

介護に関わる職員の体制はどうなっているのか、1人の介護職員が何人の世話をしているのかということは大切なチェックポイントです。認知症や重度の要介護状態になった場合でも住み続けられるの

✓ 施設見学のチェックポイント

- ☐ 掃除・清潔感（駐車場、花壇、玄関、廊下、匂い、貼り紙等の掲示物）
- ☐ 雰囲気（職員の対応、施設長の人柄、職員の何気ない表情、入居者の様子）
- ☐ 共用スペース（広さ、混雑具合、用途、テレビ等の機器類、書籍類の種類）
- ☐ 安全（出入りの管理、廊下の広さ、共用の風呂トイレ、事故の発生状況と対策）
- ☐ 居室（明るさ、間取り、広さ、床の材質、空調、眺め、緊急時対応の機器）
- ☐ 食事（1カ月の献立、美味しいか、食事介助は丁寧か、楽しそうに食べているか）
- ☐ 行事（年間にどんな行事があるか、出掛けることがあるか、買い物の送迎等は）
- ☐ 質問（お金のことや職員数、その他の細かな質問を行い、質問に対する対応は）

■入居一時金について

入居一時金は前払い家賃という位置づけで、数年分（想定入居期間）の家賃を最初にまとめて徴収することで、その分月額費用を安く抑えるというもの。逆に、入居一時金を低額または0円にして、その分月々の利用料を高く設定するプランもあります。長期入所になった場合は、初期費用を高く、月額費用を低く設定したほうがトータルでは安くなります。

入居一時金には返還金制度、初期償却にはクーリングオフ制度

想定入居期間を償却期間とし、償却期間内に退去した場合は、未償却分が返還されます。住んでいる期間が長くなるほど、入居一時金は償却され、退去時に返還される金額は少なくなっていきます。償却方法は、契約時に一定額が償却される「初期償却」の有無とその割合、償却が月ごとか年ごとかで、施設によって異なります。初期償却にはクーリングオフがあり、90日以内の退居・退出であれば返金されます。

入居一時金が300万円で、償却期間5年の場合の未償却分（返還金）

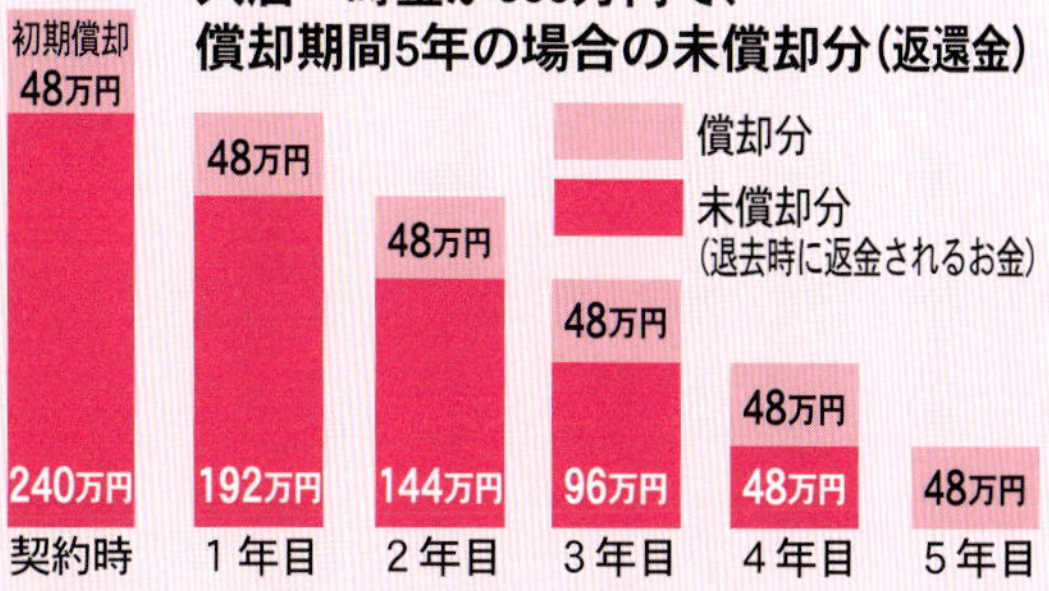

返還金の計算方法

入居一時金×（1－初期償却率）÷償却月数×（償却月数－入居月数）

例）15カ月で退去した場合

300万円 ×（1－20%）÷ 60 ×（60－15）＝ 180万円

かといったことも、説明を聞いて納得しておいた方がいいでしょう。

医療機関との連携

「協力病院」は24時間対応なのか、緊急時の対応や日常の健康管理サービス、通院介助の料金はいくらか、入院が必要になったときの対応、認知症になった時の対応等も必ず確認してください。

レクリエーション・サークル活動

年間にどんなレクリエーションが予定されているのか。サークル活動にはどんなものがあるのか、楽しさや刺激を与えてくれるものにどんなものがあるのかも聞いておきましょう。

共用スペース

談話室、麻雀ルーム、大きな共同風呂、映画鑑賞室、新聞の閲覧コーナー、図書コーナーなども、有るにこしたことはありません。そうしたゆとりのスペースがあるかないかも、日々の暮らしに大きく影響します。

お金のこと

注意したいのが、パンフレットに書いてある料金では収まらないことが多いこと。電気料は家賃に含まれているのか？ 配膳してもらう時に追加料金はかかるのか？ その他の雑費、医療費、介護保険の負担等をプラスして、トータルでいくらなの？ というところまで確認して、予算内に収まるようにしてください。

見学、体験入居を

施設のパンフレットにはきれいな写真が並び、良いことばかりが書かれています。何度読み返しても分かりにくい部分もあります。見学や体験入居をして施設の雰囲気、入居者やスタッフの表情から何かを感じ取ることも大切です。職員数といった表面上の数値だけではなく、現場の雰囲気を感じ取ることが肝心。

お勧めなのが、お昼時間の見学。食事介護は、ホームの介護レベルが分かりやすいからです。食器はどんなものが使われているのか。食事の試食もさせてもらいましょう。

また、自費になりますが1泊から1週間程度、宿泊してみればさらにホームのことがよく分かります。入居している人から、話も聞いてみましょう。

見学のマナー

予約してから行きましょう。欲しい書類（重要事項説明書、財務諸表など）は事前に伝えておきましょう。何をチェックするのか、まとめておきましょう。2〜3人で行くこともお勧め。1人では気づかないことに気づけたりします。

ホームを探す手段

①インターネットや書籍

ホームの情報を入手できます。

②役所や地域包括支援センター

近隣の老人ホーム一覧などを用意していることがあります。

③担当のケアマネジャー

横のつながりもあり、表に出てこない情報を持っている場合もあります。

住まい選びのフローチャート

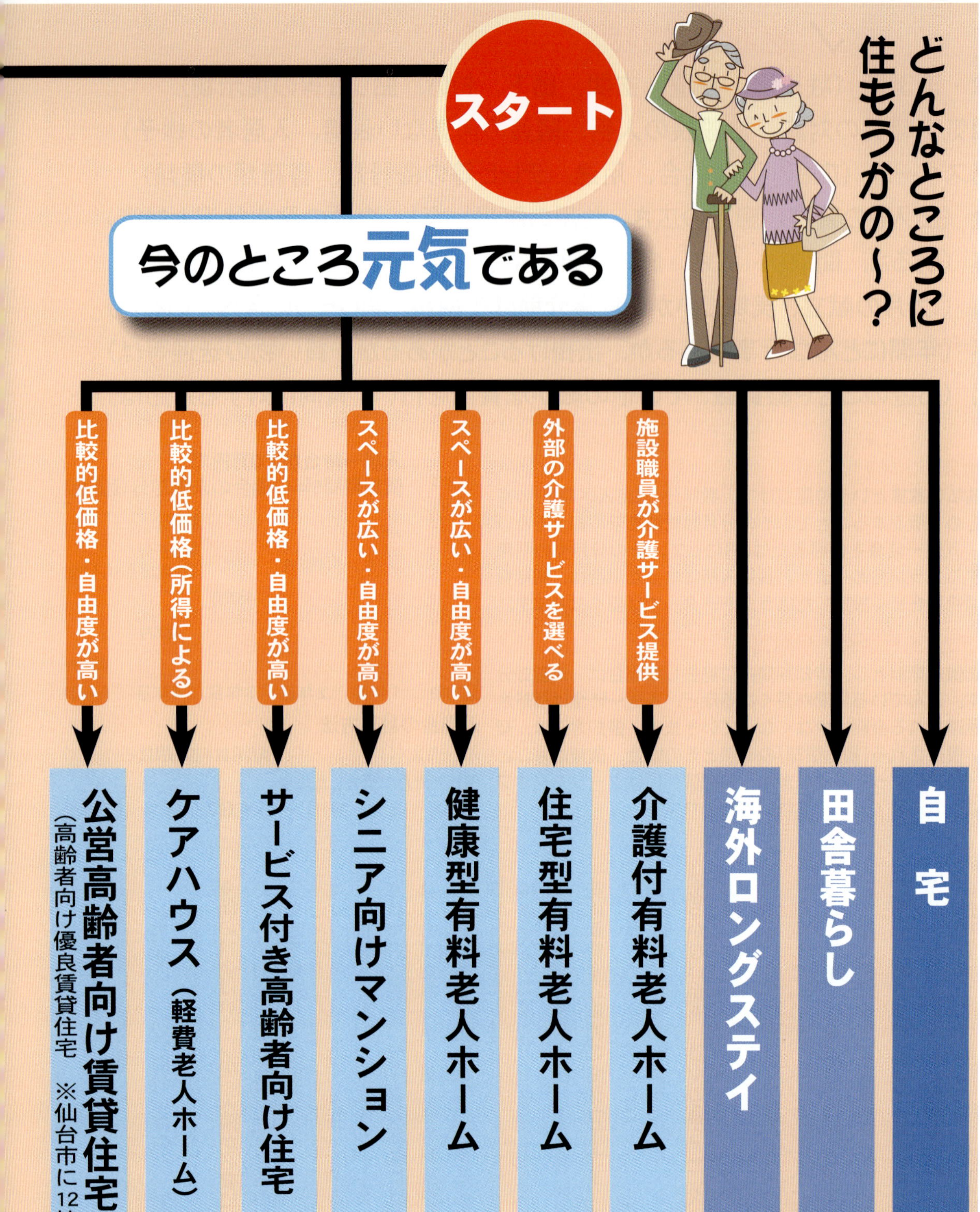

古民家をきれいにリフォームして、田舎暮らしを満喫…。元気なうちは、そんなセカンドライフに憧れたりしますね。東南アジアなどに1カ月ほど滞在する海外ロングステイも昔ほどマスコミなどから取り上げられていませんが、物価の安さや気候の暖かさ、ゴルフ三昧とけっこう楽しんでいる方がいるようです。

最近はありがたいことに、いろんなタイプの高齢者向け住宅が登場して、物件の数も増えています。そして、以前は高齢者の住み替えといえば「要介護度が上がって自宅では面倒が見きれなくなったり、入院後に移るための住まいのため」という方が多かったのですが、最近は「安心や快適を求めて」「環境を変えて人生をリフレッシュしたい」「新しい仲間をいっぱい作って、趣味に明け暮れたい」などと、元気なうちからシニア向けの住まいに移り住む方も増えています。

どんな住まいがあり、自分にはどんな物件が向いているのか、まずはフローチャートで試してみてはいかがでしょうか。ポイントは「介護が必要かどうか」、「自宅での介護が可能かどうか」という点。物件の特長は40～41頁をご参照ください。

住まい探しのおまかなポイントを、4つのステップにまとめてみました。

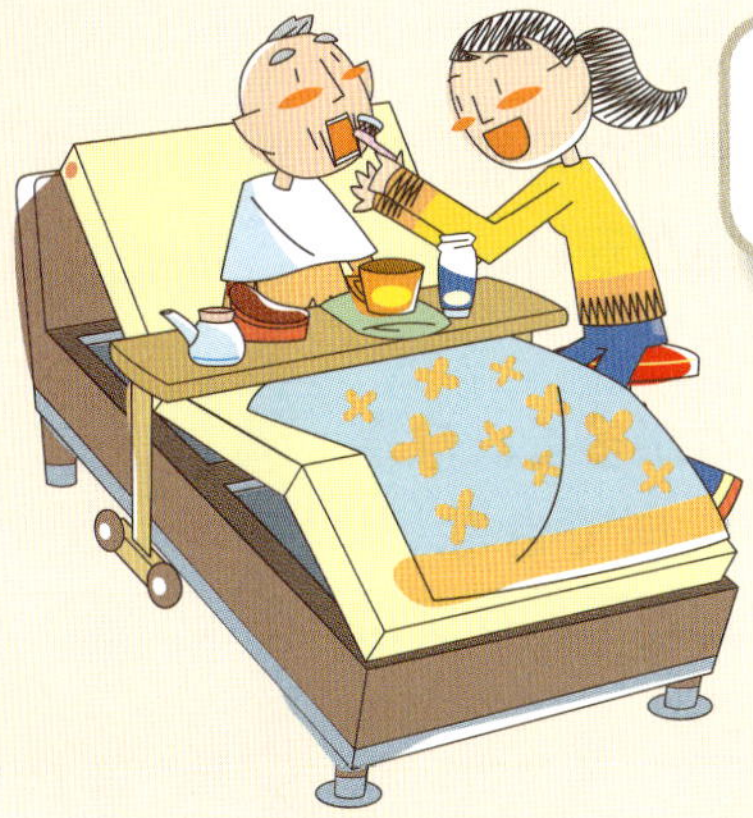

介護が必要になった

自宅での介護が可能

Yes →

自　宅

自宅で受けられる主なサービス

〈地域密着型サービス〉
小規模多機能型居宅介護

〈出かけて利用〉
デイサービス・デイケア

〈短期間の入所〉
ショートステイ

〈訪問してくます〉
在宅医療・訪問介護
訪問看護・訪問入浴介護
訪問リハビリテーション
居宅療養管理指導
定期巡回

〈そ の 他〉
福祉用具貸与
福祉用具購入
住宅改修

※詳細は役所等にお問い合わせください。

No →

条件	住まい
重度の要介護者	介護付き有料老人ホーム
外部の介護サービスを選べる	住宅型有料老人ホーム
軽・中度の要介護者	サービス付き高齢者向け住宅
認知症対応・少人数で家庭的	グループホーム
入居に一定の条件あり	ケアハウス（軽費老人ホーム）
重度の要介護者	特別養護老人ホーム
機能訓練のための介護施設	介護老人保健施設（老健）
	療養病床（介護医療院）

介護保険３施設（特別養護老人ホーム、介護老人保健施設（老健）、療養病床（介護医療院））

〈ステップ１〉　住まいの種類を知る

多種多様なタイプ別の住まいの特長を良く知り、長所と短所をそれぞれ比較しながら検討することからスタートです。

〈ステップ２〉　誰と暮らすかを考える

「ご近所さんと離れたくないから近くに」「子供のいる他県へ」と、エリアを絞り込んでいきます。便利な都会か自然豊かな田舎か、温かい南か…と、生き方や考え方も大切な要素となります。

〈ステップ３〉　希望する介護サービスは

既に認知症であれば、それに対応できる施設へ。少人数のアットホームな施設がいいのか、手厚い介護が期待できるところがいいのか、人気のある施設の空きを待てるのか、家族は疲れ切っていないのか等々、いろいろ考えなければなりません。取りあえず空いている施設の世話になり、本命としている施設の空きを待つという道を選ぶ方もいます。

〈ステップ４〉　資金計画を立てる

２０１７年の厚生労働省簡易生命表によると、今80歳の方の平均余命は男性8・95年、女性11・84年。つまり、80歳まで生きた男性は88・95歳まで、女性は91・84歳まで平均で生きるということです。

こうした統計や現在の健康状態などから何年間入居するのかを推測し、年金などの収入、預貯金、子供からの援助、資金が足りない時は自宅の売却や賃貸、自宅を担保にしての借金、制度を利用した賃貸なども検討してみましょう。

タイプ別の高齢者向け住宅

介護保険施設　特別養護老人ホーム

重度の要介護者が暮らしています。食事や排泄の介助などの介護サービスを中心に提供。様々な身体の介護や生活の援助とともに、各種レクリエーションなども提供。入居一時金が必要ないものの、入所基準は高い。医学管理下でのケアは限定的ですが、入所した人の多くはそこで残りの余生を過ごすため、重度の要介護者にとって「終の棲家」的存在です。

〈長所〉
長期入所が可能。利用料が安い。

〈短所〉
待機者が多く、なかなか入居できない。医学管理下のケアは限定的。

介護保険施設　介護老人保健施設

主に医療ケアやリハビリを必要とする重度の要介護状態の高齢者を受け入れています。介護老人保健施設でのサービスはあくまでも在宅復帰を目的としたもので、提供されるのは自宅などに戻るためのケアです。特別養護老人ホームのように終身制ではなく、入所期間である3カ月ごとに退所あるいは入所継続の判定が行われ、退所可能であると判断された場合には、退所しなくてはなりません。

〈長所〉
安い費用で入所でき機能訓練も受けられる。

〈短所〉
原則、入居は6カ月までで長期入居はできない。

介護保険施設　療養病床　（介護医療院）

特別養護老人ホームや老人保健施設よりも重度の要介護者などを受け入れ。食事や排泄の介助などの介護サービスは提供されるものの、介護療養型医療施設はあくまでも医療機関で、提供されるのは本来、急性疾患からの回復期にある寝たきり患者に対する医学的管理下のケアが中心。そのため、特別養護老人ホームのように終身制ではなく、状態が改善してきた場合には退所を求められることもあります。

〈長所〉
医療ケア、機能訓練が充実。利用料が比較的安い。入居一時金が必要ない。

〈短所〉
入居難易度が高い。多床室がほとんど。

その他　グループホーム

主に軽度の認知症高齢者を受け入れ、5～9人のユニット単位で共同で自立した生活を送ることで症状の改善を図ります。認知症の症状が進み、着替え・食事摂取・排泄ができなくなったり、日常的な医療ケアが必要になるなどすると、退居しなくてはならないことがあります。

その他　ケアハウス

身寄りがない、または家庭環境や経済状況などの理由で家族との同居が困難な高齢者が、自治体の助成を受けて有料老人ホームより比較的低い費用で利用できる施設です。介護型は要介護度が上がっても住み続けられ、一般型は介護・医療サービスが限定的です。

有料老人ホーム 介護付き有料老人ホーム

要介護者を受け入れて施設内のスタッフが介護する「介護専用型」、要介護者と健常者を受け入れて主に施設内のスタッフが対応する「混合型」、外部事業者による介護サービスを利用する「外部サービス利用型」といった種類があります。受け入れる高齢者の要介護度の幅と提供するサービスの幅がきわめて広く、施設によって異なります。選択肢の多い介護付有料老人ホームの選択にあたっては、施設側の対応をきちんと確認する必要があります。

〈長所〉
重度の介護状態でも住み続けられる施設も。介護サービス費用は基本的に定額。
〈短所〉
費用がだいぶかかる施設も多い。

有料老人ホーム 住宅型有料老人ホーム

介護付有料老人ホームよりも軽度の要介護者や、自立・要支援状態の高齢者を受け入れています。介護が必要なときには訪問介護や通所介護などの在宅サービスを利用することで、要介護の状態になっても施設に住み続けられます。ただし、「特定施設入居者生活介護」を受けていないため、利用するサービスが増えると介護付有料老人ホームよりも料金が高くなり、また要介護度が高くなると退去しなくてはならないこともあります。

〈長所〉介護付きよりも利用料が割安。外部サービスを利用することで、軽度の要介護状態に対応可。
〈短所〉重度の介護状態では、基本的に住み続けられない。

高齢者向け賃貸住宅 サービス付き高齢者向け住宅

民間事業者などによって運営され、都道府県単位で認可・登録された賃貸住宅であり、主に自立あるいは軽度の要介護状態の高齢者を受け入れています。一般的な賃貸住宅よりも高齢者が住みやすく、借りやすく、賃貸借方式の施設が多いので、入居時に支払う敷金の返還を受けやすいなどの点で、入居者の権利が守られています。入居者にとっては、他の介護施設と比較して選択肢が豊富なサービス付き高齢者向け住宅を選ぶことで、住み慣れた地域に住み続けやすくなるというメリットもあります。

〈長所〉
契約しやすい。入居者の権利が守られている。選択肢が多い。
〈短所〉
連帯保証人を求められる。重度の介護状態では住み続けられないケースもあり。

リフォーム

笑顔と自由のある我が家が一番

住み慣れた我が家で暮らし続けるには、身体の衰えに合わせたリフォームが欠かせません。手すりの設置、段差を解消してバリアフリー、老いた我が身にも介護する家族にも負担の無いようにしたいものです。

髙橋栄治さんはデイサービスの日だったため、息子さんに乗っていただきました。

階段が楽になる「いす式階段昇降機」が人気！

座ったままで階段を昇ったり降りたりできる、『いす式階段昇降機』が人気です。狭くて急な階段はもちろん屋外にある階段にも設置でき、エレベータを取り付ける時のような大工事も必要ないからです。

仙台市若林区六十人町で電気店を営む髙橋さん宅でも、階段昇降機『楽ちん号』が大活躍。84歳になる栄治さんの足腰がここ1年ほどで急に弱くなり、階段から転げ落ちて3カ月も入院。医師からも「原因は加齢です。階段昇降機を早く付けなさい」と、アドバイスされたそうです。

13年前に建てた自宅は1階が店舗と駐車場のため、2階が居室。週3回のデイサービスや顔馴染みが訪ねて来た時、そして店番をしている奥さんに話しがある時などに昇降機を使って降りて来られるそうです。

「とても喜んでいます。シートベルトも肘掛けもあるので安心ですね。操作もすぐに慣れ、お米などの重い荷物がある時には、私も使っています（笑）」と息子さん。

奥さんも「親戚がみんな歳を取っているので、勧めると喜んで乗っていきます。あんばい、いい！って。椅子が折りたためて、邪魔にならない点も助かりますね」と笑顔をこぼされていました。

◎菱光《りょうこう》リフト東北（株）　☎022（378）5733

仙台市の住宅改造費の助成制度

◎制度の概要

高齢者世帯がお住まいの住宅の改造費用を一定の範囲内で助成します。

※介護保険制度による住宅改修の利用が優先となります（同時申請可能）。※必ず工事着工前にご相談ください。

◎対象者

次の①～④すべてに該当する方

①世帯全員が65歳以上　②世帯全員が所得税非課税

③市税の滞納がないこと

④介護保険の要支援以上の認定を受けている方で、身体機能の低下などのために日常生活を営むのに支障があり、居宅の改造が必要な高齢の方

◎助成対象工事

玄関、廊下、トイレ、浴室、居室、階段等に高齢者の日常生活上の安全または便宜を図るための改造を行うもの（調査により必要性を判断します。）

（例）手すりの取り付け、床や浴室の段差解消、和式便器から洋式便器への交換、引き戸などへの扉の取り替え等

※新築・増築、または購入に際して行う工事を除きます。

◎助成金額

①助成対象工事に要する費用の4分の3の額（限度額60万円）

②介護保険の住宅改修費の支給を受ける場合は、全体工事費から保険給付対象工事費（上限20万円）を差し引いた金額を助成対象工事費とします。

■問／各区役所の障害高齢課・地域包括支援センター

介護が必要になっても自宅に住み続けるためのリフォームのポイント

①訪問サービスの方が入りやすくする

玄関とは別に出入口を設けるなどの工夫を

②居室でのサービス提供をしやすくする

介護用ベッドの使用が想定されるため広めにする

③通所サービスに行きやすい工夫

送迎車に乗りやすいようにスロープを設ける

④トイレ・洗面の工夫

居室近くにトイレや洗面所を集約、手すりを設置

⑤介助者がサポートしやすい工夫

排泄・入浴、住宅・敷地内の移動をしやすく

⑥高齢者の視力・聴覚機能の変化への対応

たとえば、ゴミの種類に応じてゴミ箱を色分けする

⑦他　ＬＥＤ…長持ち（蛍光灯の交換手間が省ける）

浴室や玄関での転倒防止 → 滑らない素材や加工

着衣着火の予防　→ ＩＨ

夜間の転倒防止　→　人感センサー

部分的な掃除がしやすい　→　タイルカーペット等

3 お墓の不安

今日の日本で、最も変化が激しいものの一つがお墓なのかも知れません。ビルの中にあるお墓、「お墓は要らない」という方まで。

少子化で激変するお墓

団塊の世代が70歳を越してお墓に関心を持つようになり、お墓事情はいっそう激しく変化しています。「子や孫に負担をかけたくない。継承者がいない。お墓はシンプルで良い」といった方が増えているのです。一方で改葬（墓じまい）の数が年間10万件を突破（２０１７年）する中、新しいタイプのお墓や供養法が誕生。さまざまな事情や考え方に、対応していこうという努力が繰り広げられています。

自分にピッタリなお墓が…

次々と見学者が訪れていたのは、２０１５年に誕生した松島樹木葬。植栽された木々の中にプレート状の墓標が並ぶガーデン風の墓地。縦横30センチほどの墓標には、花や動物のイラスト、遺影、震災で失われた故郷の航空写真など、想いの詰まったものが数多く見受けられます。お手頃な価格も人気の理由。墓地には洗練された美しさを求め、区画に大きさは求めず、墓標には工夫を凝らすというのが今の３大トレンド。購入者のハートをつかめた、成功例と言えそうです。

継承者はいないけど、お墓は持ちたいという方もいます。２０１５年にスタートした『墓託』は、みやぎ霊園に建てたお墓を使用者に代わって最長30年まで霊園が管理。期間満了後は墓石を解体整理して、遺骨は園内の永代供養墓に合祀改葬してくれるというもの。お墓を持ちたいという夢を継承者が居なくても叶えることができる画期的なサービスです。問合せが年間３００件以上もあるなど、大きな関心を集めています。

２０年で激変したお墓事情

20年前の20世紀末、見ず知らずの方々と一緒に埋葬される共同墓には抵抗を感じるという方が大半でしたが、今は共同墓が大人気。散骨や手元供養も珍しいものではなくなっています。お墓なしの考え方も、受け入れられつつあります。

もちろん、子や孫に負担をかけないということも大事なことですが、御先祖様を大切にすることは尊い守るべきもの。何もかもが変わって行く世の中で、新たな求めに応えられるお墓、サービス、仏具等が必要とされ、生まれてきています。供養の行い方は、変わっていくのです。

夏のある日、次々と見学者が訪れていたのは、2015年に誕生した松島樹木葬。植栽された木々の中にプレート状の墓標が並ぶガーデン風の墓地。縦横30センチほどの墓標には、花のイラスト、遺影、手形等、デザインに凝ったものが目立ちます。

2015年に誕生した『有期限墓地』は、一般墓地と同じようにお参りすることができ、希望した使用期間を過ぎると永代供養墓へ改葬してもらえる"墓じまい付きの墓地"。40区画は直ぐに完売、その後、この墓地をモデルにしたと思われるものが全国各地に誕生。自治体からの視察も多いそうです。現在は第四期の貸し出しを実施中。

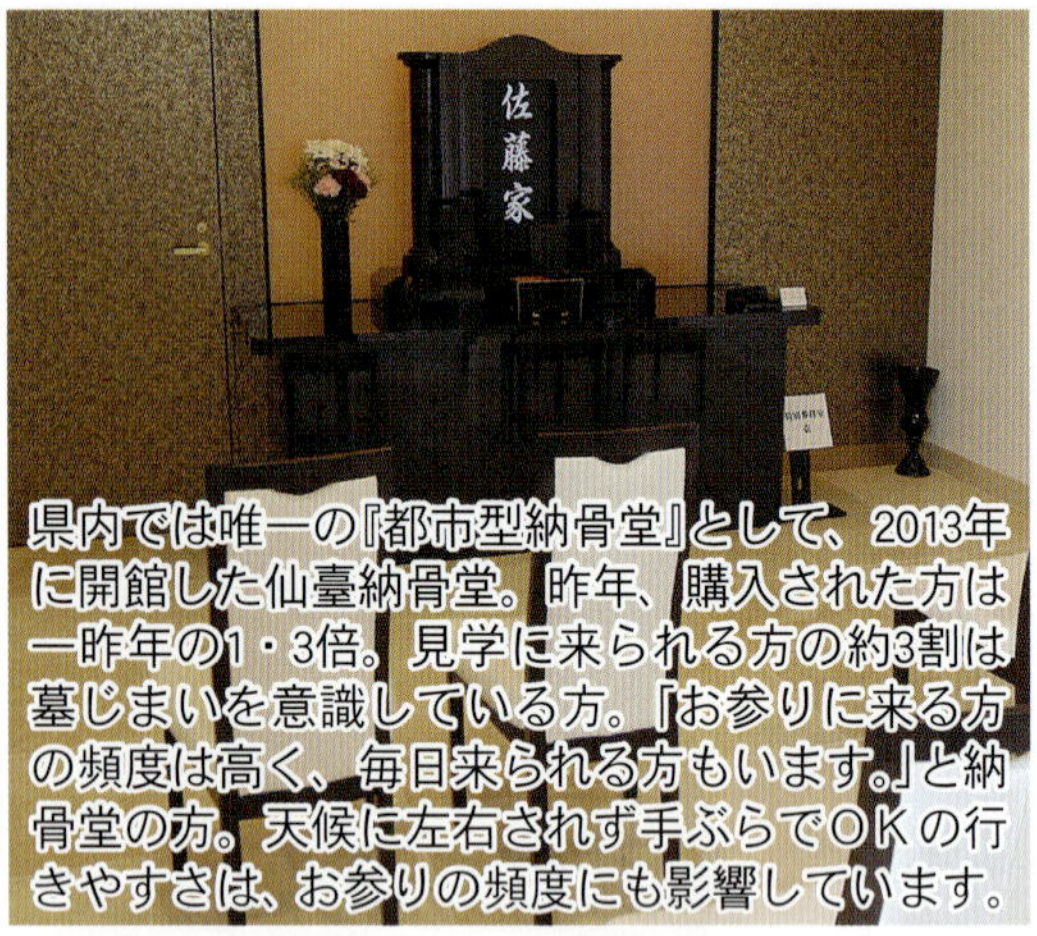

県内では唯一の『都市型納骨堂』として、2013年に開館した仙臺納骨堂。昨年、購入された方は一昨年の1・3倍。見学に来られる方の約3割は墓じまいを意識している方。「お参りに来る方の頻度は高く、毎日来られる方もいます。」と納骨堂の方。天候に左右されず手ぶらでＯＫの行きやすさは、お参りの頻度にも影響しています。

仏壇の下のスペースに遺骨を入れられるため、夫婦が一緒にお墓に入るまで遺骨を安置しておく方、「お墓はいらない、これで充分」という方も（写真左）。狭い部屋にも置ける、コンパクトで引き戸タイプの仏壇（写真上）
撮影協力：（株）ごんきや多賀城店

お墓 ワンポイントアドバイス

お墓は「買う」の？ 要らなくなったら売れるの？

「お墓を買う」とよく言いますが、正確には「墓地使用権」を取得するのであって、土地を買うのではありません。ですから、墓地を転売したり、借金の担保にすることはできません。また、いらなくなったからといって、買い取ってもらうこともできません。

墓地の使用権は、「永代使用料」と「管理料」を支払うことで得ることができます。さらに寺院墓地では、檀家になるための入檀料（10万円前後）や護持費なども必要になります。

永代使用料（墓地使用料）

「永代使用料」とは、永代に渡る墓地の使用料のこと。公営墓地は民営墓地に比べて安くなります。また、利便性が高く人気のある墓地ほど高い傾向にあります。

管理料

「管理料」とは、墓地内の設備管理、水道、休憩所などの共用部分の維持管理に充当するお金。年1回あるいは3年分まとめてなど、墓地によって支払い方法は違います。

管理料を払わないと、永代使用権は取り消させることもありますから、注意が必要です。申込時に、猶予期間が何年あるのか、必ず契約書で確認しておいてください。

外柵

外柵とは、お墓の周りを囲う枠の部分のことです。お墓を作るのに必須というものではありませんが、外柵があることでお墓に重厚感や安心感を与えてくれます。最近増えてきている芝生墓地では、外柵を設置しないケースが多いようです。

墓地の総費用

約150〜300万円

内訳		
	墓石代	約80〜170万円
	永代使用料	約40〜120万円
	お布施（開眼法要）	3〜5万円
	外柵工事代	約20〜70万円

※開眼法要と納骨式を併せて行う場合は、5万円〜10万円。
この他に管理費も必要となります。

※墓地の広さは全国平均が約1.5㎡で、年々狭くなる傾向に。

新しいタイプのお墓は、価格面も魅力

賢聖院の永代供養墓

法楽寺の「自然墓」

一般的な墓地
必要な費用…墓石代＋永代使用料＋管理費

共同墓（永代供養墓）・樹木葬
必要な費用…~~墓石代~~＋永代使用料＋管理費

海洋散骨・手元供養
必要な費用…~~墓石代~~＋~~永代使用料~~＋~~管理費~~

※共同墓でも名前を刻むプレート代等がかかるタイプがあります。
樹木葬でも小さな墓石を設置するタイプがあります。

海洋散骨は船のチャーター代等が必要となります。

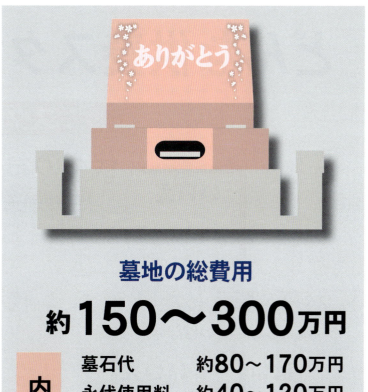

どんな供養スタイルに？

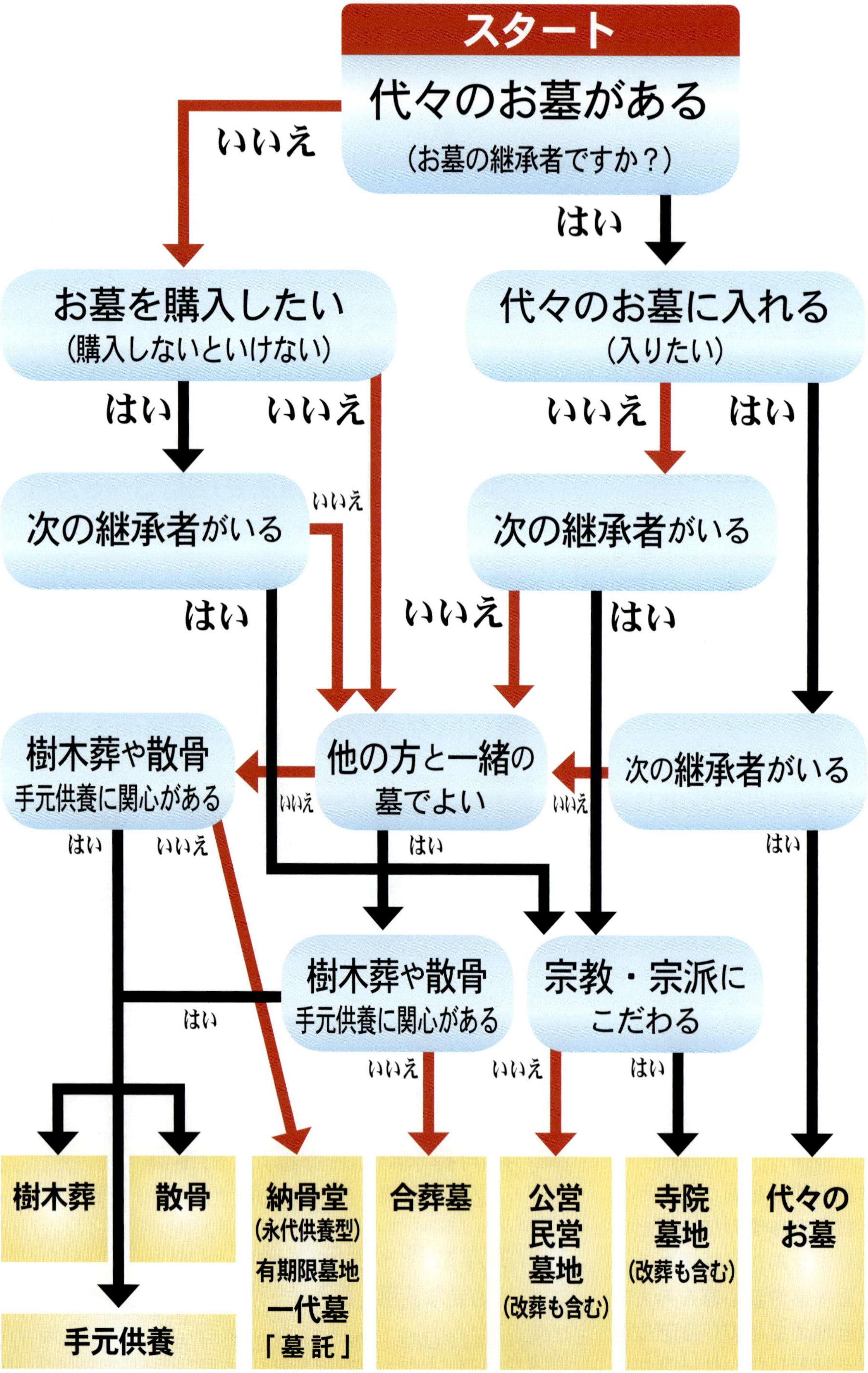

※このチャートはあくまでも判断の目安としてお考えください。

私にピッタリのお墓は？

読者アンケート

お墓の悩みは「継承者がいない」「墓地まで遠い」

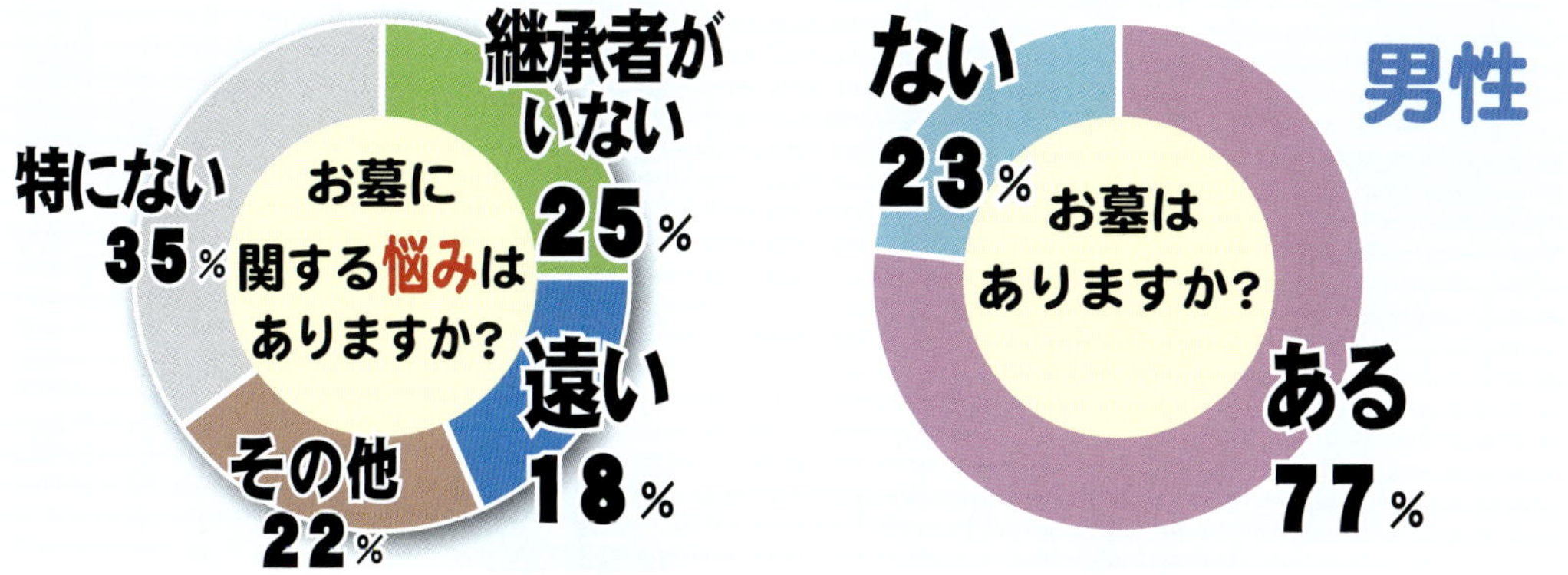

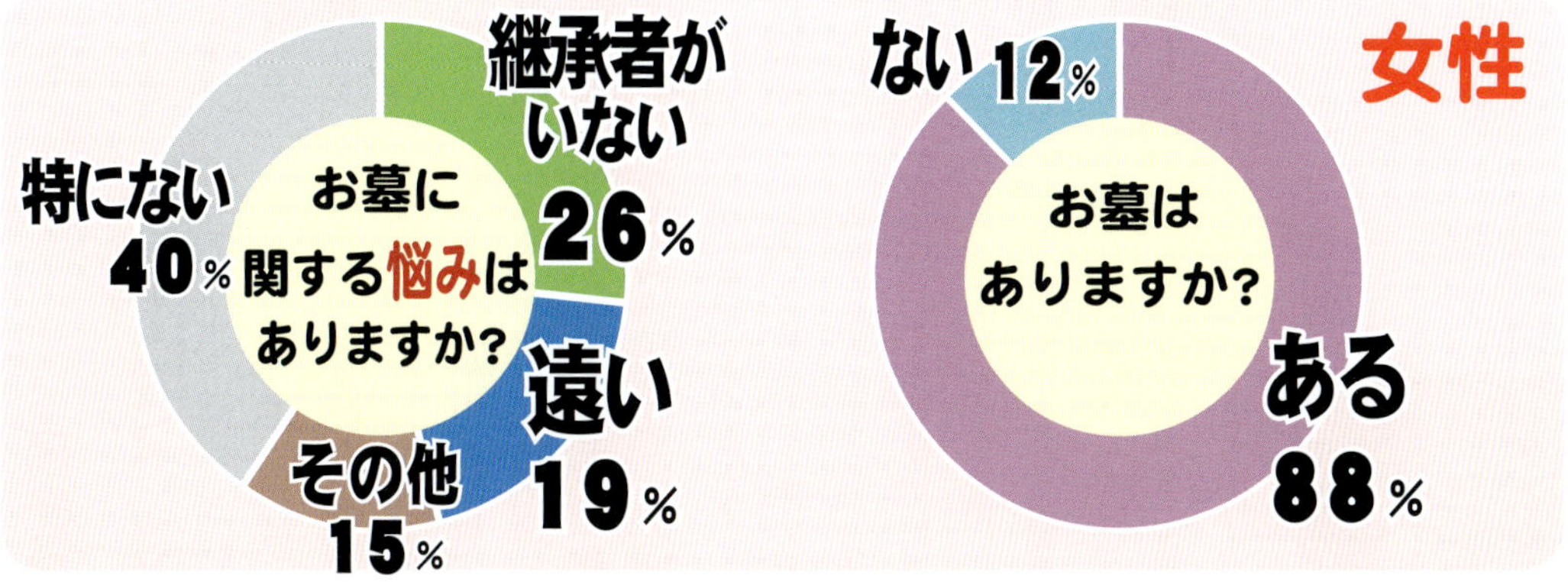

【悩みの内容】「どんなデザインにするか」「購入後のお寺との付き合い」「墓は無いが土地だけある（市営墓地）」「今までは気付かなかったが、廃車にしたら遠い」「先代の兄弟間代表権でごたついた」「今の寺は何かと大変なので、息子は別のところと考えている」「お墓あるけど寺は決まっていない」「独身。生前に約束しておけるのか」「兄名義の墓があり、将来、自分が入れてもらうには、どんな手続きが必要か」

アンケート実施日　2018年8月
回答数　111人

公営墓地

公営墓地とは、都道府県や市町村などが管理・運営する墓地。永代使用料や管理料が比較的安く、宗教宗派も問われません。仙台市の場合は、『いずみ墓園』『葛岡墓園』『北山霊園』があります。

いずみ墓園は約5万基（266ヘクタール）の計画基数を誇ります。申込時の抽選はありませんが、場所の抽選はあります。募集は公平性を保つため、春と秋に一斉に行われます。料金は、『一般墓所』（4㎡）の永代使用料が45万円、管理費が3600円（年間）、『芝生墓所』は同38万円、同5760円（年間）、『個別集合墓所』は同21万円、同8万8800円（永代）。

葛岡霊園と北山霊園は新規貸出を終了しましたが、返還された墓所を再整備し再貸出の募集を過去に実施。返還墓所がある程度まとまった段階で、また実施する予定です。

仙台市いずみ墓園
仙台市泉区朴沢字九の森 1-1
☎ 022（379）7252

民営墓地

民営墓地とは、財団法人や宗教法人などが管理・運営している墓地。宗教宗派を問わないことがほとんどで、公営墓地にありがちな制約が少ないことも魅力。送迎サービスや相談対応等、利便性向上のための努力を続けている所が多く、申込条件も寺院墓地や公営墓地に比べてゆるくなっています。お墓のデザインや大きさなども自由に選択でき、「入壇」などの条件もありません。

約6500区画の墓地を有する（公財）みやぎ霊園は、仙台圏唯一の民営墓地。一区画の永代使用料は40万円から、管理料は1万4625円から（3年分・税込）。『ペットと入れるお墓』『有期限墓地』など、さまざまなタイプのお墓があります。運転免許証返納者を対象に、『お参り送迎サービス』（※諸条件あり）も始めています。

（公財）みやぎ霊園
仙台市青葉区郷六字大森 2-1
☎ 022（226）2440

寺院墓地

寺院墓地とは、お寺が主体となって管理運営する墓地です。墓地はお寺の境内にあり、墓参りをしながら池の鯉を愛でたり、本堂の仏像に手を合わせたり、時には住職に相談したり出来ることも寺院ならでは魅力。写経や御詠歌などのサークル活動に熱心なところもあります。

ただし、お寺の宗派や格式を検討する必要があり、檀家になればお寺を支援するのが一般的です（※檀家になる際に必要な入壇料は、約10万円〜30万円が相場とされています）。住職の考え方や人柄が合うことも大切なこととなります。

大和町の『法楽寺』は、今では当たり前となった共同墓をいち早く建立。さまざまな相談に向き合ってきた結果、お墓のタイプも豊富にあります。ホームページ等で価格などの情報公開にも積極的です。

法楽寺
大和町宮床字兎野 1－11－1
☎ 022（346）2106

納骨堂

納骨堂とは、建物の中にたくさんの納骨スペースを備えているもので、仏壇式、ロッカー式、機械式などいろんなタイプがあります。広大な土地を必要としないため価格が安く、また遺骨の引っ越しがしやすいというメリットも。お参りも天候に左右されず、多くは掃除が行き届き、トイレはバリアフリーで、線香とお花もあり、手ぶらで参拝ができます。

2013年に開館した『仙臺納骨堂』は、マンションタイプの納骨堂。2階建ての納骨堂には、写真のような墓石が合計8基。専用のカードをかざすと、墓石中央の液晶画面に家名や故人の遺影、戒名などが映し出されて参拝ができるというものです。料金は46万円（夫婦90万円）から。毎日8時30分から17時30分まで参拝することができます。

仙臺納骨堂　（経王寺　室内御廟）
仙台市宮城野区福室 3-1-2
☎ 022（353）7996

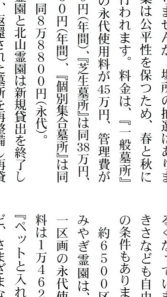

樹木葬

樹木葬は1999年に岩手県で生まれた新しい供養スタイルで、急速な広がりを見せています。人工的に整備された『霊園タイプ』と、自然そのままを活かした『里山タイプ』があります。大きな樹木を墓標として周りに合同で埋葬するタイプ、プレート状の墓標が並ぶガーデンタイプなど様々な様式が登場しています。基本的には後継ぎを必要としない永代供養で、合祀タイプ、個別埋葬タイプとがあり、一般的なお墓よりも費用が安く抑えられます。

『松島樹木葬』は、プレート状の御影石を墓標としたガーデン風の区画(写真)、シンボルツリーの周りに個別埋葬する区画、ペットが一緒に入れる区画、合祀タイプがあります。永代使用料が5万円から。自然豊かな立地も魅力なっています。

松島樹木葬(宗)西光院
宮城郡松島町幡谷字観音52
☎022(352)2624

散骨

散骨とは、遺骨を細かく砕き粉状にして、海や山などに撒く葬送方式です。『海洋散骨』は海が好きな方、自由やロマンを愛する方などが生前から希望するケースが一般的です。海への散骨は違法行為ではありませんが、海水浴場の近くや海産物の養殖を行っているところは避けるなどのマナーが必要となります。ある程度、沖に出てから散骨する必要があるため、船の手配は不可欠。遺族だけで海洋散骨を行うというのは、お勧めできません。

『ごんきや』の海洋散骨は、松島から出航し、湾外航路と漁場のエリア外で行われています。船1艘《そう》を貸し切るタイプ、複数の家族と一緒に散骨を行うタイプ、散骨を代行してもらうタイプがあります。散骨後、船上で献花・献酒、全員で黙とうを行い、『散骨証明書』が発行されます。

散骨証明書

(株)ごんきや
仙台市青葉区五橋2-8-13
☎022(716)5555

有期限墓地・一代墓

「跡継ぎはいないけど、共同墓はイヤ。夫婦だけのお墓、自分だけのお墓が欲しい」。そんな声に応えたお墓があります。

みやぎ霊園の『有期限墓地』は一般墓地と同じようにお参りができ、希望した使用期間を過ぎると永代供養墓へ改葬してもらえます。墓じまいがセットになったお墓といった感じです。使用料(墓地・墓石・管理料)は10年で42・3万円～。墓じまいの費用(墓石解体整理料・永代供養墓改葬料)も含まれています。期間終了後に希望があれば、更新も可能(別途料金)。

法楽寺の『一代墓』は一代限りのお墓で、やはり一般墓地と同じようにお参りができ、一定期間を過ぎると墓石を寺が解体して、お骨は合祀墓に埋葬されます。

賃貸墓

法楽寺の『賃貸墓』は、お墓を一定期間、貸すというもの。「親が亡くなったけど転勤族のため、お墓を建てられない」「お墓を建てる余裕が無いので、一定期間だけお墓を借りたい」、事情でお墓に収められずにお寺が預かっているお骨を「知り合いや親戚にお参りして貰えるようにお墓に収めたい」といった要望に応えたものです。お骨を共同墓に収めてしまうと、後でその方のお骨だけを取り出すことが難しくもなります。実際の運営は、石材店がお寺から土地を借りて行っています。

自然墓・福祉墓

法楽寺の『自然墓』は墓標を設けず、墓でありながら、自然そのものであるかのようにしたもの。お骨を散骨する『自然葬』とは違い、お骨を木綿の布袋に入れて背後にある扉から納めるため、お骨を粉になるまで砕く必要もありません。戒名や俗名なども自由。永代供養料10万円、年間管理費なし(納骨費用1万円)。1人用の自然墓、本当にお困りの方にも手を差し伸べたいと『福祉墓』も用意されています。

手元供養・自宅墓

『手元供養』とは、遺骨ペンダントやミニ骨壷など、分骨したお骨を手元に残して供養すること。お墓や仏壇を持たない方の増加や供養スタイルの多様化が背景にあります。次のようなタイプがあります。

①遺骨を粉骨化して小さな壺に入れる。
②お骨の一部をロケットペンダントに入れて身に着ける。③遺骨(遺灰)を加工してプレート、指輪やペンダント、ブローチにする。

『自宅墓』は、仏壇下のスペースなどに骨壷を納めて供養するもの。自宅の庭にお墓をつくって埋めることは違法となりますが、遺骨を自宅に置いて供養することは法律上、問題ありません。

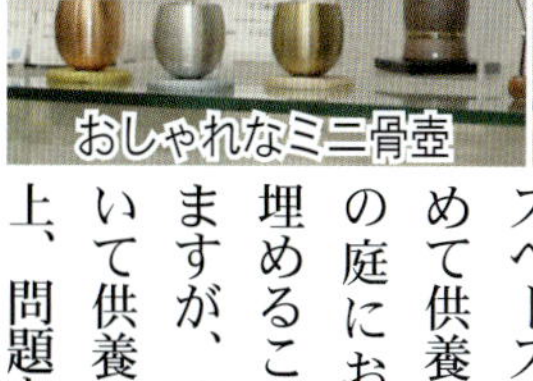

おしゃれなミニ骨壷

お骨が入るフォトフレーム

老いても墓参しやすいか？
子や孫の負担にならないか？

墓選び 4 つのポイント

宗派は？ペットは？

　自分の宗派は何なのかを確認して、同じ宗派か宗派不問のお寺を選ぶ必要があります。

　ペットと一緒に入りたいという方は、可能かどうかを確認してください。お寺では「不可」のところが多いようです。

場所は？

　若いうちは気にならなくても、高齢になると「行きやすさ」がとても重要になります。また、子どもや親類の住む街から離れていると、墓参りが途絶えてしまう可能性があります。後々のために、場所はとても重要です。

価格は？維持費は？

　建ててからも毎年かかる「管理費」はいくらなのか？　子供の代以降で払わなかったり、払えなくなったらどうなるのか？　無縁墓になったらどうなるのか？　合祀されるのか？　といったことも確認が必要です。

管理運営、設備は？

　きちんと管理が行われていないと、墓地も荒れていきます。運営組織が信頼できるか調べてください。駐車場から墓地までの行きやすさ、お参りのための水道等の整備、ゴミ箱、雑草の管理、トイレのチェックなども。

お墓を建てるタイミングは？

　最近は生前中に墓地を購入して、墓石まで一緒に建てる方が増えています。子供たちに負担をかけたくないと思う方が多いようです。

　お墓は『祭祀財産』のため、生前に買っておいても相続税の課税対象にはなりません。お墓一式で140〜300万円ほどかかりますから節税対策にもなります。

お墓の値段は何で決まる？

　まずは立地条件が大きく影響します。次に区画の大きさに比例して高くなります。墓地・霊園の区画面積は、永代使用料・墓石代・管理料すべてに関係してきます。

　寺院の場合は、格式も関わってきます。仙台市で言えば、新寺のお寺さんとか北山五山のお寺さんといった由緒あるお寺は、それなりのお値段になります。

指定石材店制度

　民営墓地や寺院墓地では石材店を指定される場合があります。これは、墓地の造成など墓地運営に石材店が関わっていることがよくあるからです。契約の際には必ず確認しておきましょう。予定していた石材店が不可ということもあります。

墓じまいを済ませておける制度

墓守り後見制度『墓託《はかたく》』

「継ぐ人がいないので墓を建てられない。子供に負担をかけたくない…」といった相談が数多く寄せられていたみやぎ霊園では、そうした方々にもお墓を建てていただきたいと、墓守り後見制度『墓託《はかたく》』を2014年にスタートさせています。

【事例】お墓を建てたAさんご夫妻は、同時に『墓託』を依頼。期間は30年間、追加のサービスとして年3回の献花と清掃も依頼。やがて、ご夫婦が亡くなられてお墓に埋葬されると申し込まれた通り献花や清掃を定期的に実施。30年を過ぎると、Aさんご夫妻の遺骨は霊園内の合祀墓に移されて永代供養され、同時にAさんの墓石は解体されて整理されるというもの。

料金は、登録料5万円。年間管理費は通常の1・3倍を期間分。プラス、墓石解体整理料となります。追加サービスとして、墓の清掃、焚香・供花、春彼岸とお盆の読経供養、塔婆供養も依頼できます。期間は最長30年。料金は一括で支払うことになります。

通常、お墓が無縁墓になるなどして年間管理費が未納になると、使用権が消滅。改葬されたり、整理されたりしますが、墓託を利用すれば自分たちが亡くなった後も希望する期間はお墓を維持することができるようになります。

『永代供養』とは永遠？

『永代供養』とは、墓参りのできない人に代わって、また墓参りをしてくれる人がいなくても、寺や霊園が永代にわたって供養と管理をしてくれるというものです。なお、公営墓地は行っていないことが多いようです。

ただ、「永代」といっても「永遠」という意味ではなく、遺骨の安置期間には一定の期限が設けられています。33回忌までとしているところが多いですが、17回忌、33回忌、50回忌、または相談で決めるなど寺院や霊園によって違うため事前に確認することが大切です。

永代供養の期間が過ぎた遺骨は、合祀タイプの永代供養墓などに移されて他の遺骨と共に供養が行われます。しかし決まりはなく、遺骨を土に埋葬する、遺骨の一部だけを骨壺に入れて残りは土に埋葬するなど、さまざまな方法があるので確認が必要となります。

似たような言葉で『永代使用』というものがありますが、こちらは「永代使用料を払ってお墓の権利を取得し、その土地を永代にわたって使用する」ということです。言葉は似ていますが、意味は違いますので注意が必要です。

墓石の流行やデザイン

鮮やかな彫刻が流行

◆墓石の価格

墓石の価格は石の使用量に比例します。大きな区画に大きな墓石を建てれば、費用が高くなります。さらに、使用する石の種類、凝ったデザインで特別加工が必要となれば価格も割増しとなります。仙台市内では、80万円～200万円くらいの墓石が良く売れているそうです。

今では9割以上の墓石が海外(中国・韓国・南アフリカ・インド等)からの輸入です。なお、現地での価格が上がっていることや人経費が上昇傾向にあるため、墓石の価格は値上がり傾向にあります。

◆良い墓石とは・地震対策

石は100種類以上あるといわれています。品質の良い石は、キズやムラがなく、硬度が高く、キメが細かく、水を吸いにくい石です。外国産が安いからといって、品質が劣るということはありません。

また、地震対策も重要です。対策が施されていないお墓は、震度4以上の揺れで倒壊する危険性があります。

◆石材店の選び方

石材店とは長い付き合いになります。新たに亡くなった人がいれば、50キロ以上もある石を動かして埋葬したり、墓誌も刻まなければなりません。地震の多い宮城県では、倒れたりズレたりしたお墓を修復してもらうことも必要になります。

石材店をチェックする上でのポイントは、次のようなことです。

- □ **経営状態はしっかりしているか?**
- □ **石を熟知しているか?**
- □ **伝統や実績があるか?**
- □ **料金体系が明瞭か?**
- □ **見積書を無料で出すか?**
- □ **メンテナンスも良さそうか?**
- □ **地震に対する配慮をしているか?**
- □ **外柵工事も信頼できそうか?**

墓石を買うときは、石の値段や形にばかり目が向いてしまいますが、外柵工事をしっかりやってくれそうかどうかも重要なポイントです。墓石は重さがかなりあるため、支える基礎部分をしっかり作ることがとても重要なことなのです。

◆墓石の形・大きさ

近年は横型の『洋型』が圧倒的に多くなっています。地震対策やデザインという面からも横型は支持されています。

ギターやゴルフといった故人の趣味や生き様などを連想させられる、個性豊かな『デザイン型』も増えています。お墓の大きさは、小さくなる傾向にあります。

◆墓碑名の決まり

墓石の表面に刻む文字は、一般的には単独墓なら故人の俗名か戒名、家族墓の場合は「○○家の墓」、「○○家代々之墓」と刻むことが多いようです。しかし、特に決まりはなく、亡くなった人が生前好きだった言葉や「絆」「希望」「感謝」などの言葉、四字熟語を刻んだ墓石も見られます。しかしお寺さんの中には、家名以外を認めないところもありますので注意が必要です。

◆墓石の色・書体・デザイン

墓石の色は、明るい色やグレーなどの中間色が人気。花のデザインと調和するピンクも新しい区画では増えています。

書体は、好きなものを選べます。自筆の手書きのものでも対応してもらえます。

レーザー彫刻に凝る方も増えています。サクラやコスモスといった花のデザイン、遺影や愛犬、趣味の愛用品や故郷の景色が彫られたものもあります。

お墓が完成するまでの流れ

①墓地を決める

事前におおよその予算をきめておき、立地条件や希望に合う墓地が見つかったら、申し込みをして永代使用権を入手。

▼

②石材店を決める

いくつかの石材店を見て回り、信頼できる石材店を探します。民営墓地では業者を指定される場合もあります。

▼

③石材店に注文をする

墓地の大きさ、石の種類を決めます。後悔しないため、実物大の見本を見てから決めることをお勧めします。管理のしやすさも重要です。

墓石に刻む文字(戒名・俗名・没年、墓碑名)は、あらかじめ書き出しておくと間違いを防ぐことになります。

▼

④墓石を設置する

墓地では外柵の工事が行われ、平行して石材店では墓石の加工が行われます。墓石の据え付けが終わるまでに1～2カ月かかります。

▼

⑤開眼《かいげん》供養をする

出来上がったら、魂を入れるため開眼供養を行います。

卒塔婆について

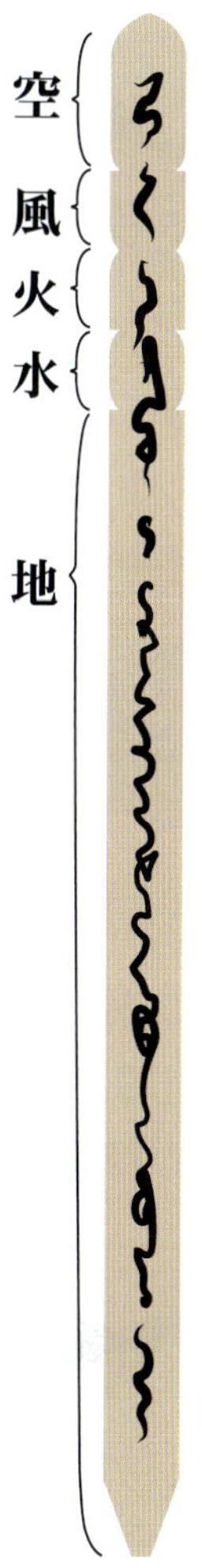

亡き人の供養のため

卒塔婆《そとば》とは1〜2mほどの細長い板で、略して「塔婆（とば・とうば）」と呼ぶこともあります。

真宗系統以外、亡き人の供養には必ずといってよいほど建てられます。納骨、年忌法要、お盆・お彼岸、施餓鬼《せがき》法要のときにお寺にお願いして用意してもらいます。卒塔婆には戒名・没年月日（命日）・経文・梵字・施主名・供養年月日が書かれます。宗派によって卒塔婆の裏に「バン」という梵字《ぼんじ》が書かれていることが多く、これは大日如来を表し、大日如来によって救われることを願うものです。

黄泉の国へのお手紙としても

立てる目的は、故人や先祖を供養する追善供養《ついぜんくよう》。生きている者が善い行いをして、その功徳を亡き人に振り向けるというものです。

いつ誰が立ててもよいので、御先祖様に報告したいことがある時などに卒塔婆を立てて、亡き人に思いを伝える手紙の代わりにするのも良いでしょう。

起源は釈迦の遺骨を納めた塔

卒塔婆は、釈迦の遺骨を納めた仏舎利塔「ストゥーバ（サンスクリット語）」を漢訳したもので、五重塔《ごじゅうのとう》の起源となりました。仏舎利の代わりに五重塔が建てられ、それが簡略化されて五輪塔《ごりんとう》となり、さらに簡略化されて卒塔婆となりました。卒塔婆のギザギザした部分は、五輪塔の5つの形の意味を受け継いでいる証です。五輪とは仏教で宇宙を構成する5つの要素である五大（空、風、火、水、地）を示しており、人間もこの五大によって生かされていると教えられています。

古くなったら処分するの？

金額の相場は2000円〜1万円。お布施の表書きには「卒塔婆代」「卒塔婆御布施」「お布施」などと記します。

古くなっても朽ちるまで立てておくか悩むところですが、立てられる期間というのは明確に決まっていません。かなり傷んできたらお寺でお焚き上げしてもらったり、霊園の管理事務所に処分をお願いすると良いでしょう。

お墓探訪

見晴らしの良い高台にあり、晴れた日には遠く泉ヶ岳が見える美しい眺望の明るい環境のもとで故人とゆっくり向き合うことのできる墓地。お墓が並んでいるところは平坦地となっており、明るく開放的な空間となっています。

お墓の継承問題にも対応。永代管理供養墓は、納骨堂内部が宗教ごとに区切られているタイプ（※神道、仏教、キリスト教、自由タイプの4つから選択）。シンボルツリーに見守られペットと一緒に入れる樹木葬墓地も誕生して、時代のニーズに応えられるようにしています。一般墓地、ペット用の墓地もあります。

宗教自由、寄付金等もなく、生前にお墓を建てる方も多くいるとのこと。施設内には、管理棟、休憩所、駐車場も完備。バリアフリー設計になっているため、お年寄りや車椅子をご利用の方でも安心です。

仙塩丘の上霊園
宮城県塩竈市向ヶ丘25-9
☎022（762）8656

改葬・墓じまい・廃墓

移転か、廃すか…。

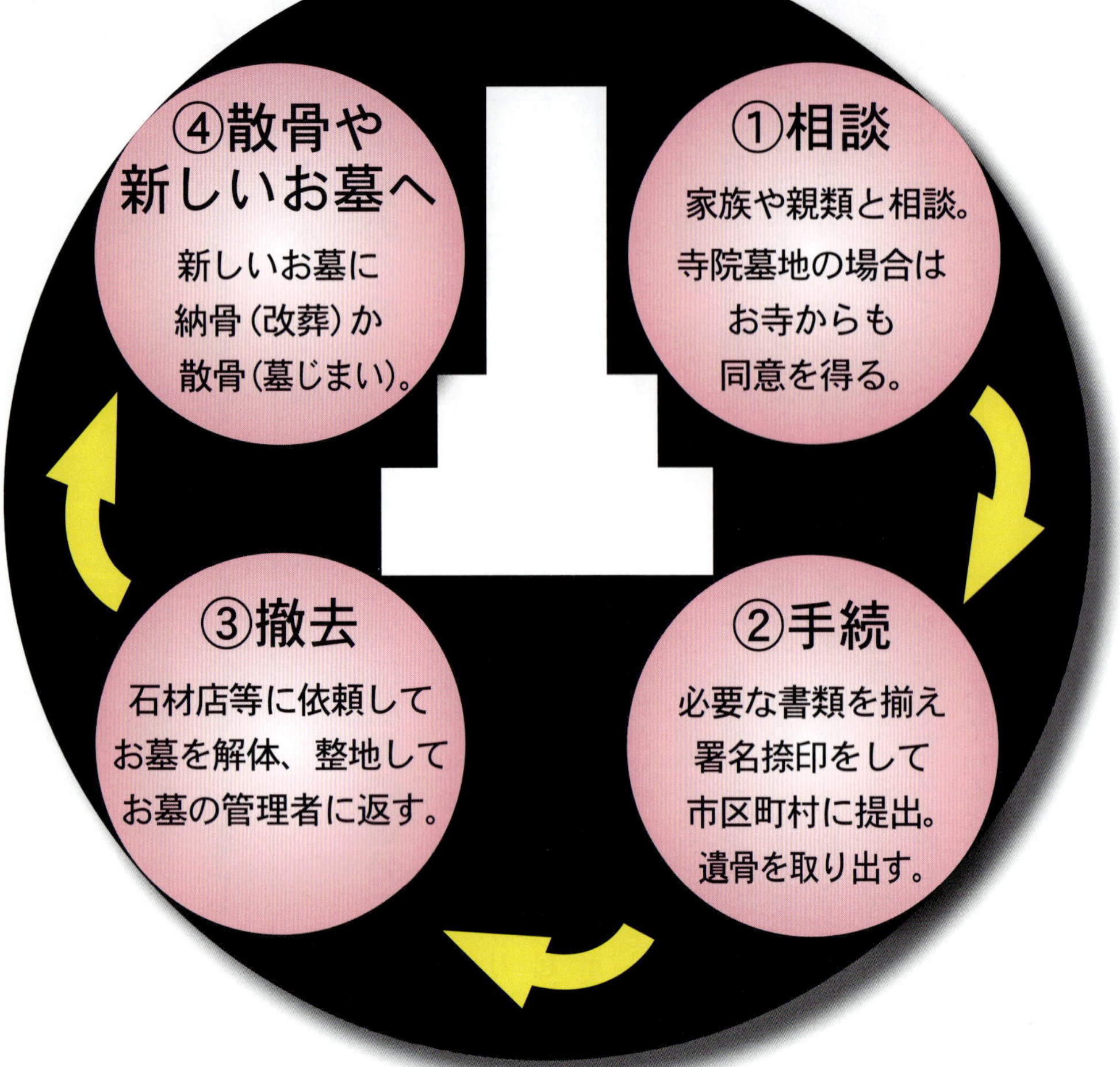
①相談
家族や親類と相談。寺院墓地の場合はお寺からも同意を得る。
②手続
必要な書類を揃え署名捺印をして市区町村に提出。遺骨を取り出す。
③撤去
石材店等に依頼してお墓を解体、整地してお墓の管理者に返す。
④散骨や新しいお墓へ
新しいお墓に納骨（改葬）か散骨（墓じまい）。

『改葬』や『墓じまい』に関心を持つ方、実際に行う方が増えています。

改葬とは、「お墓の引っ越し」のこと。多くは田舎にある実家のお墓をお参りしやすい都会の墓地へ移すとか、墓守をする跡継ぎが絶えそうだったり子供に負担をかけたくないからと永代供養墓などへ移すものです。

一方、墓じまい（廃墓）とは、「海や山に散骨したり自宅に遺骨の一部を置くなどして、お墓は無くすこと」を意味しています。お墓の維持や承継が難しいため、お墓を処分して現状や将来に最適なところへ遺骨を移すことです。

大切な住職とのコミュニケーション

お骨は、勝手に処分することも移動することも、『墓地、埋葬等に関する法律』で禁止されています。ですから、法律にのっとって行うことが必要となります。まずは、現在のお墓があるお寺の承諾を得ておくことが大切です。昨今、お寺さんとは疎遠になっている方が多いと思いますが、住職などに説明して事情を理解してもらってください。もちろん、家族や親戚からも理解を得てください。

また、移転先となる墓地には遺骨と一緒に今の墓石も引っ越せるのか、これまでのお墓にどれだけのご先祖が埋葬されているのか、移転先がその全員を受け入れられるのかも確認が必要となります。分からないことや、墓地の情報については、付き合いのある墓石店、葬儀社などに相談してみると良いでしょう。

工事費と離檀料で〇〇万円？

かかる費用は、お墓を撤去して更地に戻す工事代が10万円程度から（※１㎡あたり10万円程度。お墓の状況や墓石を持ち上げるクレーン車を入れられるかどうか、現状回復をどこまで要求されるかなどで変わります）。

お寺に対しての離檀料が10万円～20万円ほどと言われていますが、中にはゼロというお寺もあれば１００万円以上の金額を提示されるケースもあります。

加えて、閉眼供養のお布施、新しいお墓の費用と開眼法要のお布施が必要です。永代供養料は一霊に付き〇万円となり、その人数分が必要となることもあります。

代行サービスも登場しており、申請書の提出から墓石の解体撤去、お骨の郵送まで行うものもあります（※ただし、お寺との離檀交渉は自分でやることになります）。

※注意…墓じまいと改葬を同じものと捉えるケースも見受けられます。その辺はまだ定まっていないようです。

「墓なし」という選択

共同墓・納骨堂・樹木葬・手元供養

これまでのようなお墓を持たずに、共同墓、納骨堂、樹木葬、散骨、手元供養といった供養スタイルを選択する方が増えています。墓なしのメリット、デメリットについてまとめてみました。

墓なしのメリット

・継承者がいなくても大丈夫。
・手元供養であれば、自分で供養できる。
・自然葬なら、自然に還ることができる。
・安価であり維持費がかからない。
・時間に余裕ができる。
・納得のいく供養ができる。
・故人の遺志を尊重できる。
・子供に迷惑がかからない。
・永代供養墓なら、霊園や寺院が管理してくれる。合同葬なども行ってもらえる。

墓なしのデメリット

・合祀タイプのお墓は他のお骨と一緒になるので、後に遺骨の取り出しはできない。
・新しい埋葬文化のため、選択肢が少ない。
・海に散骨した場合、何処に手を合わせたらいいか分からないと思う方もいる。
・手元供養は、家族がいる間は管理できるが、最終的には埋葬しなければならない。
・宗教観を感じられないケースもあり、他人から理解されにくい。

■墓じまい(改葬)の手順

1. 遺骨の移転先となる墓地・霊園を決めて「使用(納骨)許可書」または「受入証明書」を発行してもらいます。
2. 現在の墓がある市区町村役場で「改葬許可申請書」をもらいます。　※ネットでダウンロードできる自治体もあります。
3. 「改葬許可申請書」に記入のうえ、現在の墓の管理者に署名・捺印してもらいます。
4. 現在の墓のある市区町村に署名捺印済の③の「改葬許可申請書」を提出し、「改葬許可証」をもらいます。
5. 現在の墓の管理者に④の「改葬許可証」を見せて、遺骨を取り出します。(※「閉眼供養」や「抜魂《ばっこん》供養」等を行います)
6. 古い墓を解体、さら地にして戻します。(※石材店などに依頼し、整地して墓の管理者に返す)
7. 移転先の墓地の管理者に「改葬許可証」を提出して遺骨を埋葬します。(※「納骨法要」「開眼供養」等を行います)

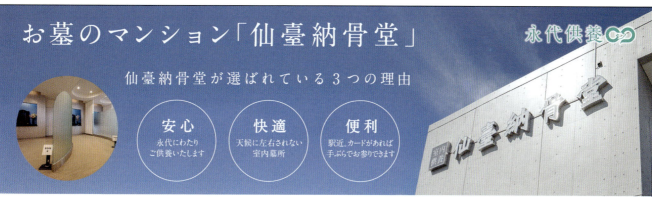

お墓のQ&A

Q 跡継ぎのないお墓は？

一人娘が嫁に行ってしまい、墓を継ぐ者がいません。承継者がいなくても墓は持てますか？

A 子供のいない夫婦、独身を通された方、少子化、核家族化が進んでおり、こうした悩みを抱える方が急増しています。お墓を持つことさえためらうことにもなり、深刻な問題となっています。

そうした中、宮城県内では次々と新しいお墓が誕生しています。みやぎ霊園の『有期限墓地』は一般墓地と同じようにお参りでき、希望した使用期間を過ぎると永代供養墓へ改葬してもらえるというもの。墓守り後見制度『墓託』は、自分たちが亡くなった後も希望する期間はお墓を維持することができ、期間を過ぎると遺骨は霊園内の合祀墓に移されて永代供養され、同時に墓石は解体されて整理されるというもの。法楽寺の『共同墓』や『一代墓』、経王寺の『仙臺納骨堂』、みやぎ霊園の『有期限墓地』なども、跡継ぎの悩みなどにいち早く対応したものです。

既に人気のある『永代供養墓』には、ほかの遺骨と一緒に納骨する合祀墓タイプ、夫婦だけのお墓を建てて納骨してから一定期間が経つと合祀墓に移すタイプなどがあります。ちなみに、永代供養というのは、故人の命日やお彼岸、お盆などに墓前で読経するなど、永続的な供養をしてもらえるというものです。永代供養料が必要となります。

墓地によっては、承継者がいない墓を建てられない場合もあります。民法では、お墓の承継については必ずしも親族が継承しなければならないとはしていません。法律上は他人であっても、自分が指定すれば承継者になれます。

ただし、菩提寺にお墓がある場合は、檀家との結びつきを重視するため、承継者として認められる範囲は限られます。

Q お墓は移転できるの？

青森の実家にあるお墓を仙台に移したいと思います。お墓を移動することはできますか？

A お墓を移転させることは可能です。お墓を違う場所に移すことを「改葬」といいます。改葬にはいろいろと手続が必要です。（※詳しくは54・55頁に掲載）

Q 分骨のやり方は？

遠くにあるお墓から遺骨の一部を分けてもらい、近くのお墓に納骨したいのですが、どうすればいいですか？

A『分骨』は、近くにお骨を移すことで供養しやすくなる上、改葬する時のような離檀料を支払う必要も無く、役所への公的な届け出も必要ないなどのメリットがあります。一方で、2カ所の墓地に管理費を負担しなければならないというデメリットが出てきます。

分骨の流れは、まず『分骨証明書』というものを寺等の墓地管理者に発行してもらいます。次に石材店に依頼して墓石を動かしてもらい、それぞれの住職にお経を上げてもらうことになります。

なお、先祖代々の墓でお骨が撒かれている場合は、遺骨の代わりにその場所の土で代用することがあります。

また、初めから分骨して小さな骨壺を手元に置いて供養するような場合は、葬儀社にその旨を伝えておくと、火葬の際に一般の骨壺の他に分骨用の骨壺に少量の遺骨を分けてもらえます。分骨証明書は火葬場で発行してもらえます。

Q 夫と一緒のお墓はイヤ。

夫とは仲が悪く形だけの夫婦で、互いに愛情のかけらもありません。お墓ぐらい別々にしたいと思うのですが、可能でしょうか？

A「夫の実家の墓には入りたくない」、「姑や夫と一緒はイヤ」、「誰よりも愛してくれた両親と…」という女性は多いようです。

まず、「実の両親と一緒に…」という希望は、両親や実家の兄弟などに遺言などで意思を伝えておく必要があります。しかし、法的な拘束力はありません。実家のお墓を守る人や遺族の気持ちが優先されます。

「夫の実家の墓はイヤ」、「夫と一緒はイヤ」というのは、自分だけのお墓を生前に建てておくことが一つの方法となるでしょう。しかしこの場合、お墓の継承者の問題が出てきますから、永代供養墓に入るのも良いかと思われます。

Q 墓地を買ったらすぐに墓石を建てるの？

そろそろ墓地を買っておこうかと思うのですが、墓石まで一緒に買うとなると予算が…。しばらく更地のままにしておいても、いいのですか？

A 仙台市営墓地の場合、昔は何年以内にお墓を建てることが募集時の条件となっていましたが、今は無いそうです。墓地によっては、外柵だけ建てるようにと要望しているところもあるようです。

また、お寺の場合、30～40代で墓地を早々と求めた方には、すぐに墓を作る必要性もないので当面はそのままにしてもらったり、年輩の方にはそれとなく促したりなど、ケースバイケース。街中のお寺の場合は、そもそも墓地に余裕が無いため、事前に購入するというのは難しくなっています。

Q 一人っ子同士の夫婦。両方の墓を一つには？

妻も私も一人っ子なのですが、お墓を一つにすることはできますか？

A 今後、こうしたケースが増えると思われますが、「両家墓」というのがあります。墓石に両方の家名を刻みます。墓地によっては許可しないところもありますから、必ず確認してください。みやぎ霊園の場合は、あくまでもお墓の名義人は1人ですが、両家の了解を得ているのであれば可能ということです。

Q 嫁に行った娘が実家のお墓を継承できるの？

東京に嫁いで行った一人娘に、お墓を継承してもらうことはできるのでしょうか？

A 女性だけの姉妹や一人っ子の方が両親のお墓を継承する場合、問題になるのが、墓石に嫁ぎ先の姓名を彫ってもよいかどうかということです。寺院墓地では、姓の変わった娘の継承を認めないところもあります。事情を話して、お寺に相談してみると良いでしょう。仙台市民墓地の場合は、特に制限はありません。

Q 遺骨は家に置けるの？

夫が亡くなったのですが、遺骨をとりあえず自宅に置いていますが、違法なのでしょうか？

A 身内の遺骨を自宅に置いておくのは、法的には問題ありません。そもそも遺骨は、お墓に入れなければいけないという法律はないのです。

Q お墓に入れる人数は？

1つのお墓にはいったい何人まで入れるの？

A 1つのお墓に入ることができる人数に決まりはありません。一般的にはお墓のスペースによるものと言えます。お墓にもよりますが、骨壺ごと納骨される場合が多いため、その骨壺がいくつ入るかによります。

また基準や時期はそれぞれですが、古い遺骨は骨壺から出されてお墓の中で自然に土に還すこともあります。他にも骨壺から出されて、袋に入れ替えられる場合もあります。何人まで入るという基準はなく、そのお墓に骨壷が入るだけの人数ということになります。

Q 継承の法的なルールは？

お墓を承継する場合の法的なルールや決まりはあるの？

A 一般的に、先祖代々のお墓は長男が承継する場合が多いのは事実です。お墓を承継した場合は、そのお墓に入ることが基本となるでしょう。

長女は結婚して家を出ている場合が多いため、嫁ぎ先のお墓に入ることが一般的になります。古い考え方になると、女性は他家にお嫁に行き、そこでお墓に入るものとされており、独身の女性でも実家のお墓には入れないなんてことも耳にすることがあります。

ただし、お墓の承継に関して法的なルールや決まりはありません。家庭によって状況は様々です。故人が意志表示をすれば、長男・長女以外がお墓を承継する場合もあります。必ず長男が実家のお墓を承継し、長女は嫁ぎ先のお墓に入らなければいけないという決まりもありません。状況に応じて、入るお墓を話し合いで決めることが大切だと言えるでしょう。

Q 生涯独身で子もいない…。

子供も居ないし結婚もしていないので、自分がいなくなったら永代供養と考えています。生前にきちんと約束しておくことが出来るのでしょうか？

A 死後事務委任契約という契約を締結しておくことで、亡くなったあとの手続きをしてもらうことができます。葬儀の手配から納骨まで死後事務委任契約を結んでおけば心配いりません。この契約があれば、「葬儀会社に代金を支払ってほしい」「亡くなったあとは両親の墓に入れてほしい」というような希望も叶えることができます。

Q 家の庭に遺骨を埋めてもいいのですか？

山の中にあるコンクリートのお墓に入るなんて考えられません。庭に埋葬してもらい、いつも家族と一緒にいることはできないのですか？

A 遺骨は都道府県知事に許可された墓地以外に埋葬することはできません。ですから、庭に埋葬することは不可能です。散骨というものがありますが、これは遺骨を埋めるのとは違います。灰状にして海や山などに撒くというものです。

Q 夫婦で宗教が違う場合

普段は気にもしないのですが、私と夫は信仰している宗派が違います。お墓は一緒に入れますか？

A ご夫婦で、同じ墓がいいのかどうか、じっくり話し合うことがまず先決です。寺院墓地では、宗教宗派の違う遺骨は拒否されることが一般的ですから、同じお墓に入ることを希望されるなら民間や公営の墓地が良いでしょう。別々のお墓でも良いのであれば、それぞれの菩提寺に事情を説明して、相談しておくことです。子供たちにも、親の考え方を理解してもらう必要があるでしょう。

Q 次男や三男が本家のお墓に入ることは？

本家の墓には長男しか入れないの？

A 本家にある先祖代々のお墓は、親族なら誰でも入れるものです。次男、三男に跡継ぎがいない場合、長男と相談してみましょう。理解してもらえれば、お嫁さんも一緒に入れてもらえるはずです。

Q 親も入れるお墓

親も入れるお墓を建てることは、できますか？

A 長男長女が新しく建てたお墓に、両親も納骨することができます。ただし、生前に自分が入るお墓を建てることを認めていない墓地や霊園も多く、一時的にでも「両親の名義」でお墓を建立し、後から自分が名義人になる必要がある場合もあります。事前に、自分が入るお墓を生前に建てることができるのか、確認をしておきましょう。

Q 『永代使用権』が消滅？

『永代使用権』は消滅するのですか？

A 永代使用権は「永代」とあるため、この権利は子々孫々、末代まで保証されたものと思われがちですが、そうとばかりは言えません。墓地ごとに使用規定があり、多くの場合、その中に使用権の取り消しについての条項が記載されています。墓地によって異なりますが、一般的には次のようなものがあります。

使用承認を受けてから何の連絡もなく、既定の年数以上放置した場合

使用名義人が住所不明になり、既定の年数以上経過した場合

使用名義人が死亡してから既定の年数が経過しても承継する者がいない場合

規定の年数以上管理料を納めなかった場合

規定の目的以外に使用した場合

無断で使用権を譲渡または転貸した場合

使用許可を得るときに偽りがあった場合

《寺院墓地の場合》

他の宗旨・宗派の方法で法要を行った場合

名義人が改宗した場合

消滅すると、永代使用料は戻りません。公示されたお墓に3～5年間承継者または縁故者が現れない場合は、無縁墓になります。

Q お墓は誰でも持てるの？

お墓は誰でも持てるのですか？

A お墓は、原則として誰でも持つことができます。代々のお墓があるから自分のお墓が持てないという制限や、家族構成による制限はありません。

実際には、「手元に遺骨があること」「承継者がいること」など、寺などの管理者が条件を定めているところもあります。

しかし、「一代限り」「未婚者」が購入できるお墓も、近年は増えてきています。

Q 建てるタイミングは？

お墓はいつ建てるのがいいのか？

A お墓は自分で買っておくべきか、自分の死後、家族が買うべきか、悩むところです。

生前にお墓を買うことを『寿陵《じゅりょう》』と言い、「長寿」「子孫繁栄」「家内円満」の3つの果報を招くとされてきました。

お墓は生前に買っておいても、相続税の課税対象にはなりません。お墓一式で140～300万円ほどかかりますから、相続税が心配される方は生前に買っておくと節税対策にもなります。

4 葬儀の不安

家族葬が当たり前となり、お坊さんを呼ばない無宗教の葬儀も増加。戒名のこと、お寺との付き合い方も考えておかないと。

進むお葬式の〝個人化〟

お別れのカタチが、さらにいっそうの猛スピードで変化しています。その象徴的なことが、お葬式の個人化。数年ほど前までなら、〇〇家で出す葬儀というものが主流でしたが、最近は〇〇〇(故人の名前)での葬儀というものが増えています。家という存在が薄れたり、独身を貫く〝おひとり様〟が増えていることがその要因。まだまだ主流とまではいかないものの、確実に増える傾向にあります。

『家族葬』は全体の4割へ

規模の縮小傾向も続いていて、『家族葬』と呼ばれる主に近親者のみで行う葬儀が着実に増加(最近は全体の約3～4割)。葬儀費用も下がる傾向にあります。超高齢社会となり、参列者が減っていることも規模の縮小につながっています。

ただし、家族葬という言葉が一人歩きしている面も見受けられます。実は家族葬と言っても、数人の家族葬もあれば、100人ほどの家族葬もあります。お友達やご近所でお付き合いのあった方などは「家族葬だから行けない」と思いがちですが、参列しても構わないものとされています。そうした誤解もあって、葬儀に参列しなかった方々の弔問が後を絶たない、ということも起きてしまっています。

お墓は要らないという方も増加。東京では船が毎日出航している『海洋散骨』ですが、県内でも松島湾外で散骨をされる方が年々増加傾向にあります。親しい方を呼び、船の上での散骨そのものがお葬式(儀式)の代わりになっているケースも見受けられます。

『お別れの会』『直葬』も増加

芸能人が亡くなると最近よく行っているのが『お別れ会形式の葬儀』。宗教儀礼は家族(身内)だけで行い、別途、別の場所でお別れ会を開くというものですが、一般の方々の間からも注目されています。ホテルを会場に会費制にして食事をしながら弔辞を読んでもらったり、映像を流したりと自由なスタイルで見送ることができます。

お坊さんを呼ばない『無宗教の葬式(お別れの会)』も増えています。「そうした葬儀をやる方は、いろいろ勉強している方。自分の最後の儀式をプロデュースできて、しっかりした考えを持って、子供や配偶者にちゃんと話しをされています。諸々の問題は葬儀社と相談しながら、クリアされていきました」(葬儀社の担当者)

通夜や葬儀・告別式を省略して、火葬のみを執り行う『直葬』も増加傾向。今後は、おひとり様のお葬式がさらに増えて行くことでしょう。葬儀はまだまだ、変化の途中にあると言えそうです。

しかし一方で、多くの方はお葬式となると昔の慣習で動いてしまいがちです。現代と合わなくなっていることに、疑問を感じつつも…。

葬儀は全体にシンプルになる傾向にありますが、祭壇に飾る花や音楽に凝るなど、その人らしさ、こだわりを大切にする方も増えています

ホテルを使った『お別れの会』も増えています。遺影を花で飾り、食事をしながら、歌ったり踊ったり映像を流したり内容は自由に思い出深く…

松島湾から出航する『海洋散骨』の船。(株)ごんきやの海洋散骨は、プランが3つ。①チャーター散骨プラン32万円(税別)、②合同散骨会プラン18万円(同)、③お預かり散骨プラン7.5万円(同)

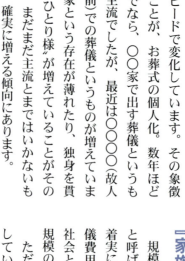

葬儀のお金 ワンポイントアドバイス

葬儀一式の費用

『葬儀一式』にかかる費用は、葬儀全体の費用の５～６割。葬儀の総費用ではありませんから、注意が必要です。内訳は、祭壇費、施設利用費、人件費、車両の費用、位牌、遺影、会葬礼状、ドライアイス、等々。最も大きな出費となる祭壇費は30～120万円ほどで、金額に大きな幅があります。霊柩車の料金は１～５万円程度、走行距離に応じて料金が加算されます。マイクロバスの料金は４～５万円程度です。

飲食にかかる費用

通夜での「通夜振る舞い」や「精進落し」にかかる費用は、葬儀にかかる費用全体の２～３割を占め、平均相場は20～30万円程度（参列者の人数や食事内容によって変わります）。通夜振る舞いは、お１人2,000円ほどというのが一般的です。

香典返しにかかる費用

香典返しは、受け取った金額の３～５割が目安となります。一般的には3,000円くらいの消耗品（お茶、コーヒー、のり、菓子等）を選ぶことが多いようです。最近はカタログギフトも増えています。

香典からの収入

香典からの収入は、一人当たり7,000円ほどと言われています。参列者が100人だったとすれば、香典収入は約70万円となります。200万円の葬儀費用だったとすれば３分の１以上をまかなえます。

しかし最近では、家族葬が増えるなど参列者の少ない葬儀が増えていることもあり、黒字になる葬儀というのはめったに無いというのが現状です。

一般葬儀の総費用

約140～250万円

内訳		
	葬儀一式の費用	約80～120万円
	飲食の費用	約20～30万円
	香典返しの費用	約10～30万円
	宗教者への費用	約15～80万円

※この他に「心づけ」も必要になることがあります。

家族葬の総費用

約50～120万円

内訳		
	葬儀一式の費用	約25～60万円
	飲食の費用	約5～20万円
	香典返しの費用	約5～20万円
	宗教者への費用	約15～80万円

※家族葬では僧侶を呼ばないこともありますが、呼んだ場合は上記の『宗教者への費用（お布施）』が必要となります。この他に「心づけ」も必要になることがあります。

宗教者にかかる費用

葬儀には宗教者が招かれます。仏教なら僧侶にお布施をお渡しします。金額に決まりはありません。

①読経料

読経料の金額相場は15～30万円程度のようです。

②戒名料

宗派や戒名のランクによっても大きく変動します。

③お車代

金額相場は5,000～１万円程度です。

④御膳代

通夜振る舞いや精進落としを辞退された僧侶に対して渡すものです。金額相場は5,000～１万円程度。

臨終から葬儀までに行うこと

喪主は誰が相応しい？

2時間以内に葬儀社へ連絡

大事な方がお亡くなりになったら、家族や親戚等へ連絡するのと同時に、葬儀社にも直ぐに連絡を入れる必要があります。時間の目安は2～3時間以内。決めている葬儀社があればそちらへ、無い場合は近隣の葬儀社から話し合って選んでください。葬儀社は基本的に365日、24時間受け付けを行っています。電話をすると、亡くなった方をどちらの病院からどちらまで搬送するかを尋ねられます。ご自宅あるいはお通夜の会場など、搬送先の場所を指定します。

枕経をお寺へ依頼

次に、菩提寺に枕経の依頼を行います。枕経とは、今まさに旅立とうする時、納棺する前に亡くなった方の枕元でお経をあげることです。枕経をあげてもらうためには、すぐに僧侶へ連絡しなければいけません。特別で重要なものですが、最近は省略されることもあります。

喪主を決める

次に、喪主を決めます。亡くなった方と関係が深かった順で決めることになりますが、亡くなった方の配偶者が喪主になることが多いです。しかし配偶者が亡くなっている場合やご高齢で喪主を務めるのが難しい場合には、跡取りである子供が喪主になります。この場合、必ずしも長男・長女が喪主につくという決まりはありません。長男が遠方に住んでいて、次男が近場に住んでいる場合などは、次男が喪主になった方がスムーズです。喪主は四十九日や一周忌といった法要でも施主を務めるのが自然な流れのため、今後の法要のことも念頭に置きながら喪主につく方を決めることが大切です。

見積、指示、挨拶、御礼

喪主が中心となって、どのような葬儀を希望するのかを担当者に伝えて、葬儀の費用の見積もりを依頼します。見積もりには、参列者のだいたいの人数の把握が必要です。葬儀社からはセットプランとして費用の合計を提示されることが多いですが、見積もりでは1つずつの項目を確かめて、必要なものとそうでないものとをチェックします。香典返しの品物も決めなければなりません。

その後の葬儀の準備や進行については葬儀社が行いますので、喪主の方は指示と確認を主に行います。

喪主の重要な役割の1つが、葬儀当日の挨拶です。慌ただしい中で、自分なりのことばを探して、しっかりまとめておくことも必要となります。

また、葬儀では大きな花輪をいただくことがあります。そうした花輪は、送り主によって飾る順番を決める必要があります。指示をして、花輪の位置を確かめるのも喪主の役割となります。

お坊さんへの挨拶は、葬儀会場に到着した時と見送る時の2回に分けて行います。いずれの挨拶も、来てくださったことへの感謝を伝えて、お布施をお渡しします。

なお、葬儀社との打ち合わせや親戚などへの気遣いに慌ただしく走り回って、大切な方とのお別れに心を割けなかったということにならないように心がけたいものです。

心づけの額

霊柩車の運転手	3,000円～5,000円
タクシー、バスの運転手	3,000円
火葬場の火夫	3,000円
休憩所の係員	3,000円
一般（手伝ってくださった人）	3,000円～5,000円
葬儀社の係員（※会社が禁止している場合も）	10,000円

※心づけは日本の古くからの習慣ですが、近年では変化が生まれています。葬儀社の担当者に対するものは、葬儀社によっては規定で受け取りを禁止したり、解雇や懲罰の対象にしている場合もありますから注意が必要となります。

※弔問客の靴を整理する「下足番」の人がいれば、その方にも1,000円くらいを差し上げるのが一般的です。また、遺族は悲しみに暮れていますから、会計係が事前に袋を準備して、それぞれの人に渡すばかりにしておくと良いでしょう。葬儀社が代行してくれる場合もあります。

臨終から葬儀までの流れ（一例）

臨終

死亡診断書受取

葬儀社連絡

火葬場手配

遺体搬送

自宅　斎場　その他

寺院・教会等に連絡

宗派がない場合

斎場を決定

葬儀の日程等を決定

訃報を流す

葬儀の打ち合わせ

親族の間で喪主や世話役を決め、葬儀規模、会葬者人数、費用等を事前に協議。弔辞を依頼。また、世話役、受付や接待係等を打ち合わせて、役割分担を依頼。

納棺

お通夜

出棺・火葬

葬儀・告別式

※仙台では葬儀の前に火葬をすることが多い。

緊急連絡

家族、親類、故人の知人、
勤務先などに
「故人の名前、死亡日時、場所」
を電話連絡。

葬儀次第

（仏式の場合）

1. 開会の辞（司会）
2. 僧侶が入場
3. 僧侶が読経する
4. 導師が引導作法を行う
5. 弔辞、弔電披露
6. 喪主焼香ならびに会葬御礼挨拶
7. 遺族、親族焼香、一般会葬者焼香
8. 読経終了後、僧侶退場
9. 閉会の辞
10. 埋葬または休憩
11. 法事の法要

葬儀社との打ち合わせ事項

1. 喪　主
遺族の中から喪主を決めます。
2. 日取り
喪家の意向や寺の都合等で決定。
3. 方式と場所
故人の宗派によって葬儀の方式を決め、通夜・葬儀会場も決めます。
4. 世話役
受付等の各係を決めます。
5. 死亡届
死亡診断書をもらい、必要ならば事務手続きを代行してもらいます（死亡の事実を知った日から７日以内に届け出が必要）。
6. 枕飾りの準備
必要に応じて手配してもらいます。
7. 祭　壇
予算や遺族の希望などで決めます。
8. 遺　影
適当な写真を用意して依頼します。
9. 設営関係
お寺の祭壇、テント、机、イス、マイク、生花、花輪などの手配を依頼します。
10. 印刷物
会葬礼状、法事案内の枚数を決定。
11. 車
霊柩車や送迎用として依頼します。
12. 喪　服
必要に応じて貸衣装を依頼します。
13. 写真撮影
葬儀の模様を撮影してもらいます。
14. 香典返し
数ある中から希望の品を決めます。
15. 料　理
通夜料理、法事料理などを依頼します。
16. その他のアドバイス
喪主の挨拶の仕方、寺院との交渉、志の額、死亡広告など、いろんなことをアドバイスしてもらえます。

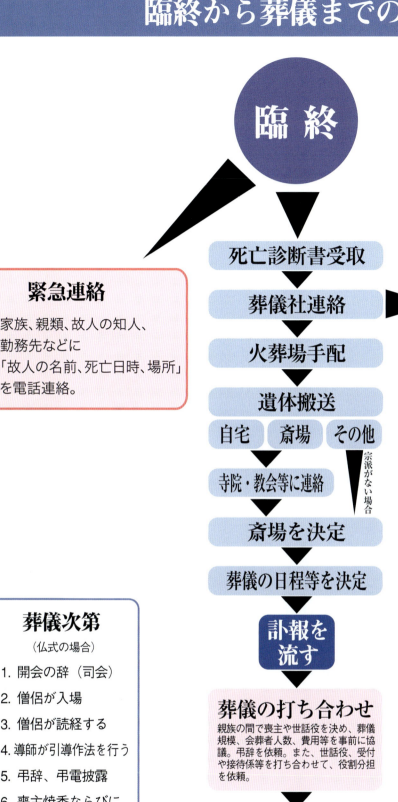

お寺さんは、どうするのか？

檀家になるべきか？

菩提寺を持たない人が増加

お墓はあるけれど、菩提寺は無いという方がいます。特に仙台市には多く、その理由は遠方から仙台に移り住んだために実家と離れてしまったり、巨大な公営墓地や民間墓地にお墓を建てた方がたくさんいるからです。

一方、檀家になることに抵抗を感じ、お寺と距離を置こうとする方も増加しています。葬儀社の担当者に「通夜と葬儀の時だけお坊さんを呼んで欲しい。檀家になるつもりはない」と依頼してくる方が増えています。檀家にはならずに、信仰する信徒として同じ宗派のお寺に仏事を依頼するという方が増えているのです。

以前は、葬儀で読経をお願いするということは、そのお寺の檀家になることを意味していました。しかし近年は、檀家にならなくても読経してくれるお寺が増えています。そうしたお寺は葬儀社が紹介してくれますし、自分でお寺に出向いてお願いするという方法もあります。

檀家になることのメリットも

檀家にならなければ気楽かも知れませんが、気を付けなければならないことがあります。葬儀は葬儀会館で読経してもらえても、一周忌、三回忌はどうするのでしょうか？ 実は葬儀の後に「一周忌のお寺さん、どうすればいいですか？」と葬儀社に尋ねて来る方が多いのです。「檀家さんではないので、お寺さんを使っての法事はできません」とアドバイスされてから慌てて檀家になる方もいます。

先々のこと、お寺で法要を行いたいのか、お墓は将来どのようにしようと考えているのか、次の代その次の代までお墓の継承者がいるのか、お墓はお寺の中に求めたいのか…といったことを検討しておく必要があります。考えがまとまれば、相応しい選択肢が見えてきますし、アドバイスも受けやすくなります。

檀家になれば、手厚い供養を行ってもらえたり、お盆などの繁忙期に優先してもらえたり、相談に乗ってもらえたりといったメリットがあります。

お寺に入檀するには、入檀料（相場は10万～30万円）と年間の護持会費（同1万～2万円）、お墓を移転する際には離檀料（同5万～20万円程）も必要となります。

良いお寺の選び方

読者の中には「護寺会費が他より高額で失敗した」（男性73歳）、「年毎に寺への志納金が多くなり、これから老後の生活不安、頭を抱えています」（女性73歳）、「寺によってお金のかかり方が違うようなので、調べたいが調べ方が分からない」（男性68歳）といった方も。お寺によって寄付金などの決まり事が異なりますから、近くにあるお寺だから…と安易に決めず、じっくり検討することが必要です。夫婦で切り盛りしている家族経営の寺院と規模の大きな寺院とでは、お布施も違ってきます。何を重要視するのか、価値観も問われることになります。

お寺選びでは、お寺が法話会を行う時に出向いてみるのもお勧め。人が集まっている時に、世間話的に情報を仕入れるのも良いでしょう。インターネットの情報も参考になります。何より重要なのが、住職の人柄。話しやすく、フィーリングが合うかどうかが大切です。ただし、住職が代替わりして、ガラッと対応が変わってしまうこともありますが…。

読者の中にはこんな方々もいます。「今どき、とても良いお寺さんに恵まれ本当に幸せと思っております」（女性73歳）、「お寺はわりと楽しいところと知りました」（女性77歳）。こうした出会いが増えることを願いたいものです。

読者アンケート　菩提寺はありますか？

アンケート実施日
2015年5月
回答数　132人

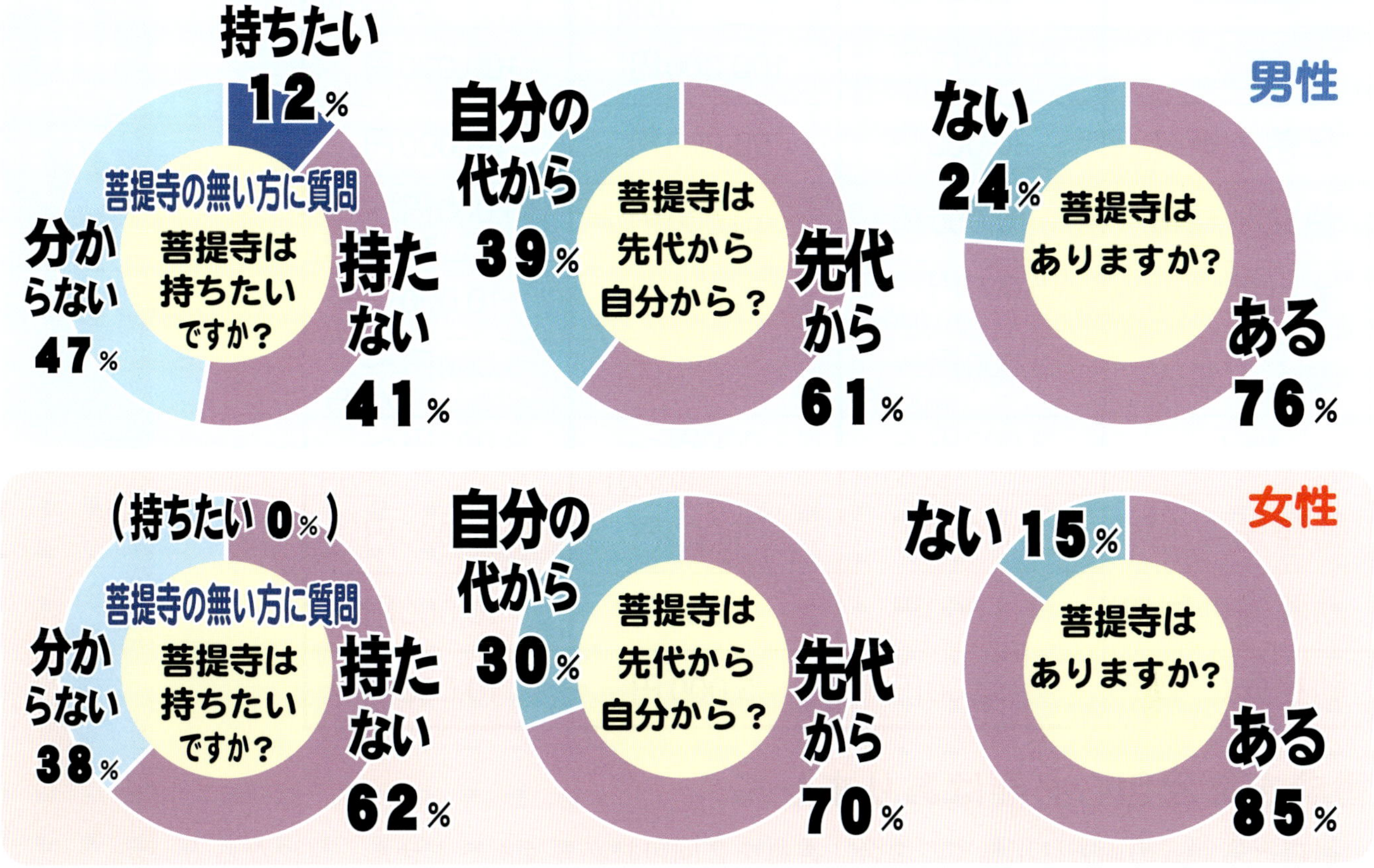

全国に7万以上のお寺

激減が予想される寺院

寺の数は江戸時代が30万寺、明治時代が10万寺もあったそうですが、現在は全国に約7万7千寺、コンビニエンスストアの店舗数（約5万7千軒）よりも多くあります。しかし、人口減少や核家族化などによって地方では寺院の経営が厳しく、住職のいない空き寺が約2万寺まで増加。なんと２０４０年には、5千寺に減るとの予測もあります。

２０１６年の文化庁のまとめによると、寺院数が最も多いのは愛知県（４５８９寺）、大阪府（３３９５寺）、兵庫県（３２８５寺）と続き、宮城県は36位（９５０寺）。

人口10万人あたりの寺院数が最も多いのは滋賀県（10万人当たり２２７寺）、2位は福井県（同２１５寺）、宮城県は39位（同41寺）となっています。

檀家数３００軒が損益分岐点

寺の収入は主に2種類。葬儀や法事の際に檀家から受け取るお布施と、檀家からの護持会費です。お布施の年間収入は檀家数１００軒につき３００万円程度になることから、檀家数３００軒が「損益分岐点」と言われています。檀家が３００軒あれば、お布施による収入は年間９００万円ほど。護持会費は一軒あたり年間1万円ほどのため、３００万円。合計で１２００万円となります。もちろん、これが住職の収入になるわけではなく、本堂の修繕費や水道光熱費、お花や蝋燭、お香代、法衣の維持費等々の支出が差し引かれます。

年収３００万円未満が45％

しかし、３００軒の檀家がいる寺院は、特に地方ではなかなか無いと言われています。国内最大級の仏教教団である浄土真宗本願寺派が同派のお寺を対象に行った調査によると（２０１５年実施）、収入が年３００万円未満のお寺は45％、年50万円未満は10・4％。約27％の住職は兼職しており、その大半が「寺院ではない仕事から得られる収入の方が多い」と回答しています。教師や公務員、中には肉体労働をしながら住職が寺院を支えているケースが少なくないのです。

さらに最近は、「お布施が高い」「本堂が寒い」「燃料代ケチるな」「美味しいお菓子を。寄付しているんだから」といったことを平気で言う世代交代した檀家さんも。よって子供は継ぎたがらず、後継者問題が出てくることもうなずけます。

香典の額

	20代	30代	40代以上
祖父母	10,000円	10,000円～30,000円	10,000円～50,000円
両親	30,000円～100,000円	100,000円	100,000円
兄弟・姉妹	30,000円	50,000円	50,000円
伯父・叔母	10,000円	10,000円	10,000円～30,000円
その他親戚	5,000円～10,000円	10,000円	10,000円
友人・知人	3,000円～5,000円	5,000円	5,000円～10,000円
隣人	3,000円～5,000円	3,000円～10,000円	3,000円～10,000円
勤務先の上司	3,000円	5,000円	10,000円
勤務先の同僚	3,000円	5,000円	10,000円
勤務先の部下	3,000円	5,000円	10,000円

香典を２回包む必要はありません

お通夜と告別式の両方に出席する場合、香典を２回包む必要はありません。気になる方は「受付で既に渡してある」、あるいは「告別式で渡す予定です」ということを一言告げれば良いでしょう。ただし、地域によっては２回渡すのが常識のところもあるようです。

葬儀後の「繰上法要」の香典額

葬儀と同日に行われる『繰上法要（式中初七日）』では、
葬儀での香典の半分 ほどを包むのが一般的。

※本来、初七日法要は命日から７日目です。しかし、仕事の関係や遠方から遺族や親戚が再度集まるのは大変です。そのため、初七日法要を繰り上げて、葬儀当日に行うことが一般的になりました。これを『繰上法要』といいます。地域によっては、四十九日法要も葬儀当日に繰り上げる場合もあります。同じ日であっても、ご遺骨を安置して場をあらためて行われますので香典を渡す必要があります。
　なお、法要後の会席（精進落とし）の席が設けられるのが一般的です。人が亡くなると食事の内容を変え、生臭物（肉や魚）を食べないようにするのがしきたりでした。それは49日目まで続き、忌（き）明けに、「今日から今までと同じ食事をとる」として行われたのが精進落としです。しかし、現在の生活には馴染まないことから、葬儀後の繰上法要で精進落としの席を設けるのが一般的となっています。

法事の香典の相場

一周忌、三回忌、七回忌といった年忌方法が行われ、主に近親者や親戚などを呼んで法要を行うこともあります。この時の香典の相場は次のようになります。

親族・親戚で１人で出席する場合	（法要のみ）１万円～	（法要＋食事）１万円～３万円
親族・親戚で夫婦連名の場合	（法要のみ）２万円～	（法要＋食事）３～５万円
知人として招かれた場合	（法要のみ）５千円～	（法要＋食事）１万円～

※金額として四と九がつく数字の金額は、死や苦につながる数字として避けるのがマナーです。

HANASAIDAN

花さいだんは皆様のお役立て企業です

葬儀新時代
あなたの思いが家族に届く
今決めておけば安心
保険でまかなうお葬式

プラン	保険金額	月々(女性)	月々(男性)
あんしん60	60万円	1,020円	1,620円
あんしん90	90万円	1,530円	2,430円
あんしん120	120万円	2,040円	3,240円
あんしん150	150万円	2,550円	4,050円
あんしん180	180万円	3,060円	4,860円

《65〜69歳の保険料》

保険でまかなえるから安心ね。

安心です。ぜひご利用ください。

フローラル友の会

入会金 10,000円のみ

※年会費、月々の掛け金は一切ございません

◆フローラル友の会の特典

① 会館葬 自宅葬、寺葬 家族葬 基本セット割引	会員割引	5%
	長寿割引（80歳〜）	10%
	長寿割引（90歳〜）	15%
	長寿割引（100歳〜）	20%
	福祉割引（各障害者手帳を交付されている方）	15%
② 棺割引		20%
③ 料理割引 通夜・法事料理		5%
④ お返し物割引（会葬返礼品・香典返し・御引物）		5%
⑤ 仏壇割引		37%
⑥ 墓石工事割引		20%
⑦ 生花・花環など寄贈物割引		10%
⑧ 寺院・霊園の紹介		無料
⑨ 法律・税務・相続等の相談		無料
⑩ 年回忌・法要の会館使用料		無料

友の会会員様だけの

生前予約

ご契約金額30万円から（金額設定自由）

1.予算を自分で決め、資産活用しながら費用の準備ができる

虹のプランコース

年1回、ご契約金額の3%上乗せ加算サービス

【虹のプランコース例】

Aさん（60歳）は、虹のプランに100万円預けました

すると…

毎年3万円ずつ上乗せされて30年（90歳）で100万円→190万円

になります。

2つのコース ↕ から選べます

ゴールドプランコース

年1回、ご契約金額の2%お祝い金を現金お届けサービス

【ゴールドプランコース例】

Bさん（60歳）は、ゴールドプランに100万円預けました

すると…毎年2万円ずつ長寿お祝い金としてお届けします。

30年（90歳）で祝い金計60万円！

2.相続・遺言などの準備ができる

- 相続手続きの予約・生前贈与・遺産分割の予約・遺言書作成
- 一人暮らしの方のための任意後見人の指定・遺言執行人の指定など相談承ります。

3.自分の考え・意向にそった葬儀ができる

事前打合せ、事前見積書作成、エンディングノートにご自分の意向を記入　など

仙台市職員互助会指定店
財団法人郵政弘済会指定店
財団法人仙台市勤労者福祉協会（グリーンパル）指定店
財団法人NHK（日本放送協会）東北支部指定店
宮城県クリーニング生活衛生同業組合指定店

HANA SAIDAN

株式会社 花祭壇

本社／〒981-0952 仙台市青葉区中山4丁目14-35 TEL.022-303-8731 FAX.022-719-0631
http://www.hanasaidan.co.jp E-mail info@hanasaidan.co.jp

戒名の意味・お布施の相場

戒名の構成

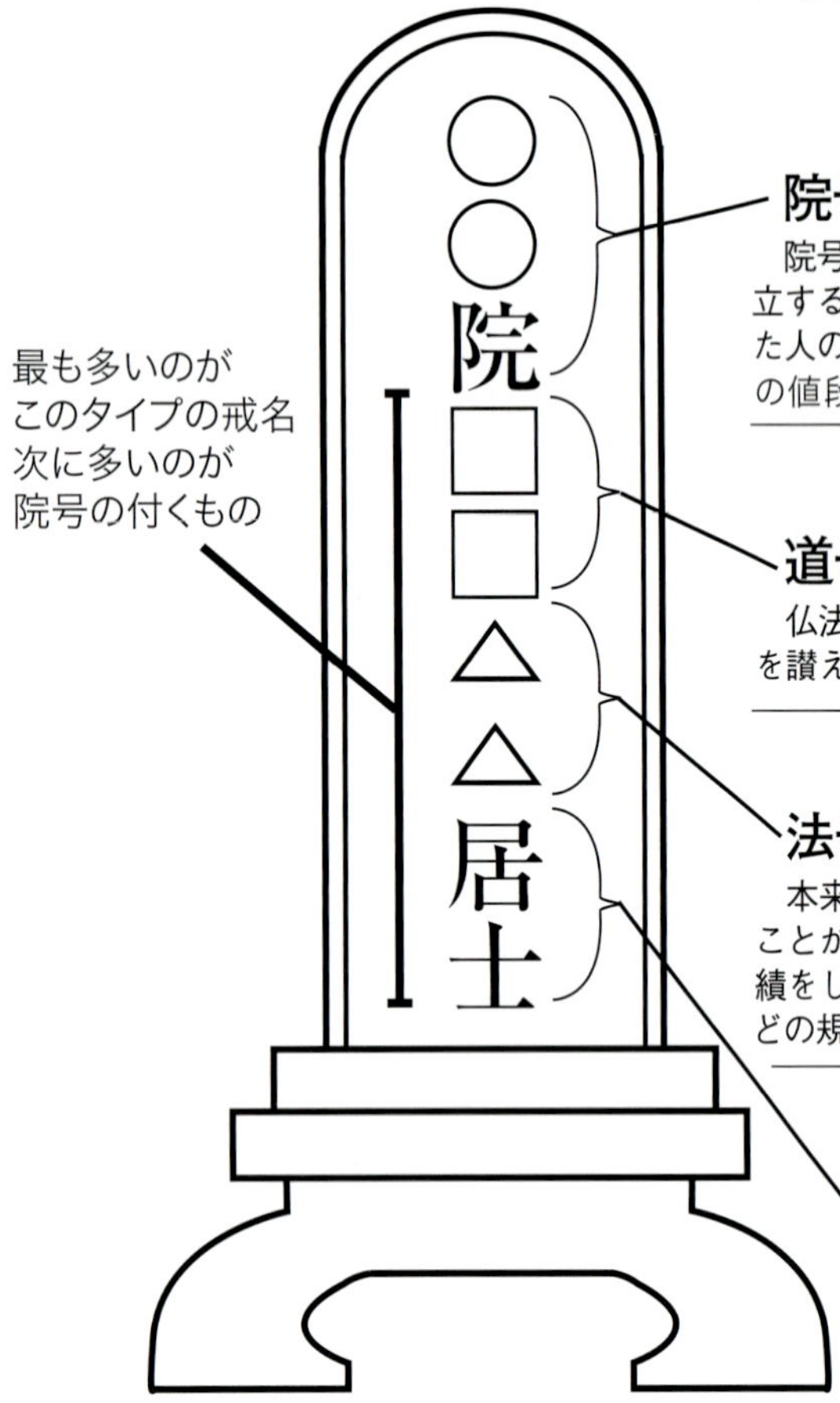

院号・院殿号

院号は、法号に冠する中で最上の尊称とされています。古くは寺を建立するほど偉大な人につけられています。現在でも仏教や社会に貢献した人のみに贈られています。お布施だけでこの尊称を得るには、かなりの値段になると言われています。

道号

仏法に帰依し、仏道に入ったことを表す名。生前の性格、趣味や業績を讃える文字、亡くなった季節を表す文字が入ることが多いようです。

法号

本来の戒名はこの部分を指します。法号には故人の俗名から一字とることが多く、経文や仏典から一字、自然に関する文字、生前の人柄や業績をしのばせる文字などが使われます。宗派により「誉」「日」「法」「妙」などの規定の文字が入ります。

位号

仏教徒としての階級を表し、人格や信仰の深さ、寺院の貢献度などによって決まります。男性はランクが高い順に「大居士」「居士」「信士」となり、女性は「清大姉」「大姉」「信女」となります。

仏式で葬儀をあげるなら戒名はやはり必要

人が亡くなると、お寺がその方に戒名をつけ、葬儀でその名を記した位牌を祭壇に安置します。

なぜそのようなことをするかというと、仏式で葬儀をあげるためには、亡くなった方が仏教徒でなければならないからです。つまり戒名とは、亡くなった方が「仏教徒としての戒を守る」と誓い、仏の弟子になったことを表すための名前なのです。

実際には、亡くなった方が誓えるはずはありませんが、人は死ぬことによって煩悩が絶たれ、たくさんの戒律を受けて成就したと見なされるのです。

しかし本来ならば、生前に仏教徒としての戒律を守り、菩提寺で修行を行って戒名を授かるのが正しい姿です。

戒律を守るとは、①殺生しない　②盗まない　③不道徳なセックスをしない　④嘘をつかない　⑤酒を飲まない　という代表的な五戒があります。修行が高まるにつれて、十戒、二百五十戒、五百戒となっていきます。こういう厳しい修行ののちに授けられる名が戒名なのです。

しかし今日では、その人の信仰の深さ、菩提寺への尽力の度合い（お布施など）、社会への貢献度などによって授けられるようになっています。というのも、現代社会では僧侶と接する機会がほとんど無いですし、修行をするといった意識を持つこと自体が難しくなっているからです。

ただし、浄土真宗では、「仏の慈悲を信じることによって往生が決まる」と説いているため、そもそも戒がなく、代わりに「法名」を用いています。

良い戒名は、金次第で？

戒名に対する不信感を抱いている人が多いのは、料金の不透明さと、戒名のランク付けが往々にして金額によって決まることにあります。死者までを金額で差別し、金持ちを優遇視しているようにも思えるからです。

ところで、戒名を誰もが付けるようになったのはいつ頃からかというと、全ての人に檀家になることを義務づけた江戸時代からといわれています。この頃は、お寺に対する貢献度が戒名に大きく影響していました。また、大名、武士、商人、農民といった身分が、戒名にも強く反映していました。これが今日の、「よい戒名、悪い戒名」という考え方に影響していると考えられています。

ところが昨今では、お寺と檀家との付

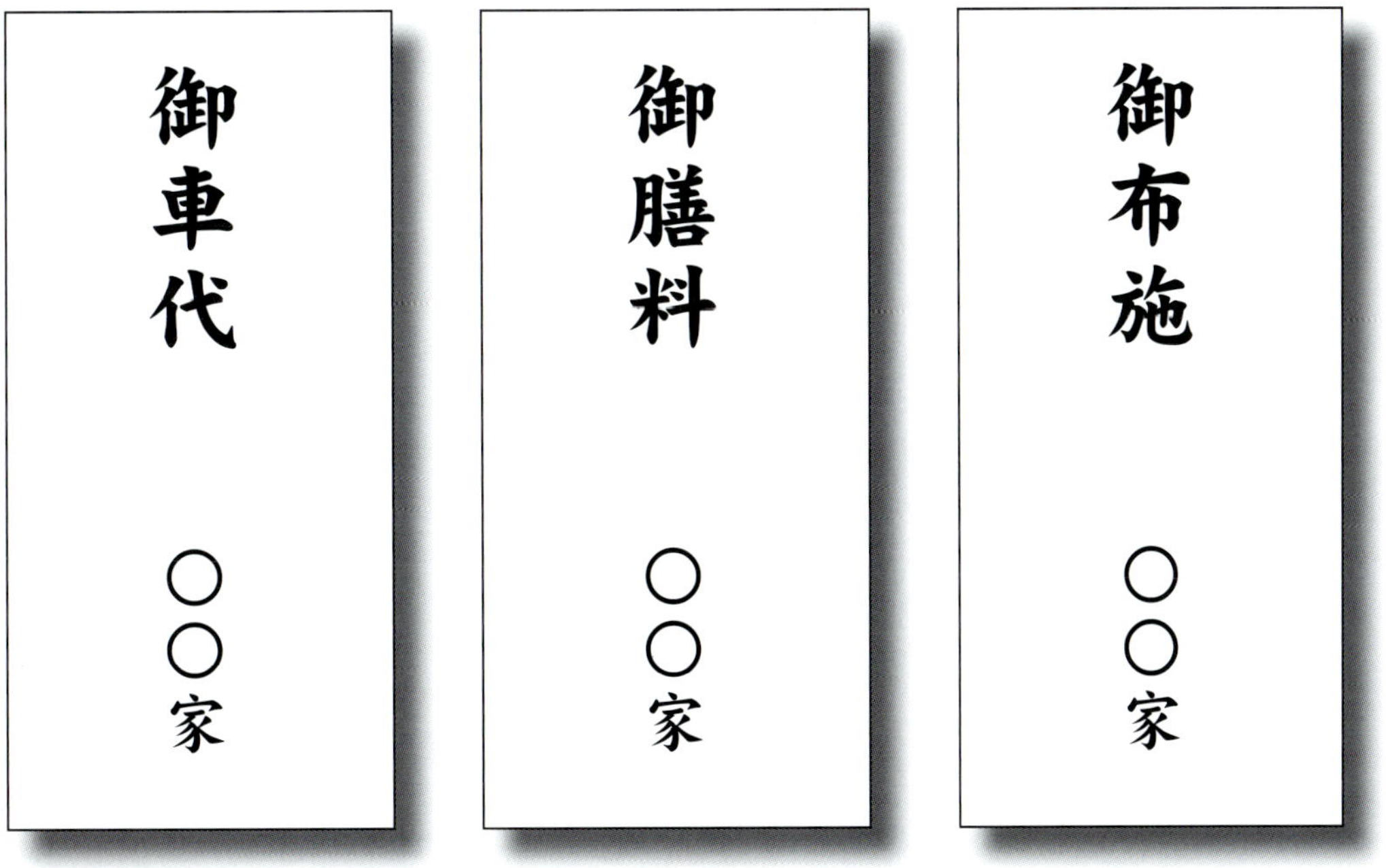

お盆にのせて
お渡しします。

※お布施は**白封筒**に入れてお渡しします。白封筒は、郵便番号を記入する枠が無い白無地の封筒で、文房具店などで購入することができます。お布施（読経料・戒名料）とは別に、お車代、御膳料を入れる白封筒も用意します。お布施をお渡しするタイミングは、葬儀が始まる前か終わった後にお坊さんへ挨拶する時というのが多いです。直接手渡すのではなく、お盆にのせて、「今日は○○のためにお勤め、よろしくお願いします（ありがとうございます）」と、一言添えて渡すのが一般的な作法とされています。

※名前は「○○家」や「○○○○」と喪主のフルネーム、どちらでも良いようです。戒名料はお布施とは別のものですが、戒名料も含めてお布施としてお渡しすることが多いようです。一緒に渡す際には、「戒名料を含んでいます。」と渡す時に伝えましょう。

なお、お布施は相続税の控除の対象になりますから、お寺に領収書を発行してもらいましょう。領収証を発行しないお寺もありますから、お寺の名称、所在地、金額、支払日等を明記すれば、税務署は認めてくれるようです。

き合いが薄くなり、住職も故人のことをよく知らないケースが多くなってきました。そのため、どんな戒名にしたらよいのか分からなくなってしまったわけです。ちょうどその頃、高度成長期がやってきたために、お金を多く出せば高い位の戒名がもらえるという風潮が出てきてしまったのです。

本人の希望と収入で決定

戒名の値段は、田舎だと短い戒名で平均30万円、都会だと50万円。院号付きで１００万円から２００万円。院殿大居士となると５００万円以上といわれています。宗派によって、また同じ宗派でも僧侶の考え方、菩提寺の格によって値段は変わってきます。

実際は、そのものズバリ値段を公表しているお寺は少なく、「お気持ちで結構です」と値段を明示しなかったり、「檀家さんの経済状況に応じて…」としているお寺さんもあります。

仙台の歴史あるお寺さんでは、「戒名は、お金持ちの人には多めに出して頂き、そうでない人にはそれなりに出してもらっています。ただし、金額によって戒名に差別を付けるようなことはしていません」ということ。このお寺では郡部から出てきた人の中に長い戒名を欲しがる人が多く、かといってたくさん包むかというとそうでもなく、50～60万円で長い戒名を付けることもあるそうです。逆に、都市部の会社経営者などには、１００万円や２００万円を包んできても、「普通の戒名でいいです」と言う方もいて、そのようにしているそうです。本人の考え方と経済的なことが、反映されているようです。

お布施はいくら包むのか？

通夜葬儀・告別式のお布施は少なくても15万円。御車料と御膳料は５千円～１万円が相場です。一周忌法要のお布施は３万円～５万円、三周忌法要のお布施は１万円～５万円が相場。お布施とは別にお車代を５千円～１万円程度用意するのが一般的。僧侶が食事に同席しない際は、御膳料を渡すことがあります。

明瞭なお布施で儀式に対応

従来の檀家制度にとらわれず、葬式や法事等を明瞭なお布施で厳修《ごんしゅ》してくれるのは、慈照庵の五十嵐庵主。葬式のお布施は20万円から（お通夜・出棺・火葬経・葬儀・繰上げ法要迄の全てを含む）と、相場の半分以下で施行し喜ばれています。

戒名は故人の人柄や仕事にちなんだものを付けることが多く、お通夜のときなどにその説明を遺族に丁寧にしているそうです。「最後の締めくくりを温かく送って差し上げるには、お金の負担をかけないことも大切なことだと思います」と、五十嵐庵主。いざという時、慌てないように、事前相談（心の準備）にも積極的。お墓のことに関しても、相談に対応しています。

葬儀のQ&A

Q 夫が危篤、まず何を？

夫は重い病を抱えており、いつ何時どうなってもおかしくない状態です。もしも危篤になったら、いったい何からどう始めたら良いのでしょうか？

A まずはお金の心配をしてください。ご主人が危篤になった後は、病院への支払、葬儀代、その他いろいろな出費が予想されますから、まとまったお金を引き出しておくと良いでしょう。

Q 戒名なしでの葬儀は？

戒名はいらないと思っています。戒名がなくても葬儀の時、お坊さんは読経に来てくれますか？

A 戒名については、別の頁で詳しく書いてあります。ご質問の場合はお坊さんの考え方次第でしょう…。絶対必要だと考える僧侶なら、戒名を付けなければ引き受けてもらえないですし、どうしてもというのなら…と、引き受けてくれる僧侶もいます。菩提寺があれば住職に、なければ葬儀社に相談してみてください。

戒名におけるトラブルでは、葬儀社が連れてきた僧侶に戒名を付けてもらい、菩提寺に納骨する際に菩提寺にも戒名を付けてもらい、戒名料を2度も払うことになったというものがあります。

Q 手作りの工夫を加えて心を込めて送りたい。

A 次のようなことは、いかがですか。

●遺影

遺影は、葬儀会場のシンボル的存在です。暗い表情のものではなく、軽く微笑んでいるような写真が好まれます。スポーツウエア姿、旅先でのスナップ、愛犬と一緒の写真などを選ぶ方もいます。素敵な遺影を撮ってくれる写真館もあります。

●好きな花、ゆかりの品を祭壇に

祭壇に故人が好きだった生花をいっぱいに飾ることもあります。また、ワインの好きな人だったらワインを並べたり、絵画が趣味なら故人が一番気に入っていた作品を展示するのも良いでしょう。

●音楽葬

好きだった音楽を流したり、楽器をやっていた方ならお仲間の方に演奏していただくのも良いですね。

●自分史を配布

生き様を知っていただくため、簡単にまとめた自分史を配ることもあります。

●スライド・ビデオ・写真

パワーポイントなどで思い出の写真、ビデオを映写して故人の人生を紹介。プリントした写真をたくさん飾ったり。

●メッセージを流す

「みなさん、ようこそ。まあまあ、硬くならずに…」などといったメッセージを生前に録音して、式場で流すことも。

Q 家族葬のメリット・デメリット

人気のある家族葬ですが、いいことばかりなのでしょうか？

A 家族葬には次のようなメリットとデメリットがあります。

【メリット】

故人とゆっくりお別れができる

葬儀費用を抑えられる

故人らしい葬儀の演出（内容が比較的自由）

家族葬では、仏式の葬儀から無宗教の葬儀まで行なわれます。仏式だからといって必ずお坊さんをお呼びするわけでもありません。逆に無宗教だからといって、お焼香をしないわけでも無く、まさにその辺は自由なのです。

【デメリット】

関係者とのトラブル（呼ばれなかったと…）

香典が無い・減る（参列者が限られるため）

葬儀後に弔問に訪れた方への対応

高齢のため近所付き合いも減って参列者も少ないから家族葬で…という考え方もあります。しかし、急きょ遠方から駆けつけた子供が亡くなった親の交友関係のことを分からないまま、ご近所や友人への連絡を欠いてしまうといったケースが増えています。「亡くなったことを後で知った。祭壇に手を合わせたかった…」と無念に思う方が出ないようにしたいものです。

Q お葬式の生前予約

家族に迷惑をかけたくないし、自分のイメージとかけ離れた葬儀もして欲しくないので、葬儀の生前予約を検討しています。できますか？

A 葬儀の生前予約に関心を持つ方は増えています。お葬式をタブー視する傾向が薄れたこと、一人暮らしの高齢者や自分らしい葬儀をやって欲しいと考える方が増えているためです。葬儀会社はさまざまな葬儀を経験していますから、話を聞きながら工夫も加えられます。割引きの特典を受けられることもあります

Q 無宗教の葬儀

日頃はお寺と無縁なのに、死ぬときだけお世話になることに抵抗を感じます。「無宗教葬」というのがあるそうですが、どんなものなのでしょうか？

A 都市部では近年、形式にとらわれない葬儀も増えています。この場合、僧侶がいませんから、音楽を流し、司会者が進行を図り、線香の代わりに生花を献花するようなことが多いようです。友人や遺族が故人を偲ぶスピーチをしたりして、主催者のアイデアや意思が反映されます。

Q お布施と戒名料、いくらか教えて欲しい。

お布施と戒名料についてですが、親戚に聞いたら、みんな言うことが違うし、払いすぎると「お人好しのバカ」とか陰口を言われそう。どうすれば…？

A お寺と普段あまりお付き合いが無いのであれば、葬儀屋さんに尋ねるのがいいと思います。ネットや本で調べてみられるのもいいですが、地域によっても違いますし、古い情報かも知れません。今の相場を知っている葬儀屋さんに聞いてから、家族や親戚などに「こう言われたけど」と打診してみてはいかがでしょうか？

Q 葬儀代を払うのは誰？ 香典は誰のもの？

親の葬儀をする場合、葬儀費用は誰が払うのですか？ 長男ですか？ その場合、香典も長男のものになるのですか？

A 葬儀の費用というのは、香典の中から支払い、足りなければ喪主が補填するのが通常のやり方。補填分は相続人たちが頭割りで負担することも多いようです。

香典は、葬儀の際に葬儀費用の一部として参列者が金銭などを贈るものです。相続財産に入るかどうか気になるところですが、喪主に対する贈与であって相続財産には当てはまらないと考えられています。故人の交友関係が広かったりして、葬儀費用より香典が多額になっても、相続財産に当てはまらないことから、相続人に分ける必要はないのです。

しかし、あまりにも多額になった場合、兄弟姉妹間で話し合いが必要になるかも知れません。分配の方法は、葬式に関係した人で分けるとか、みんなで平等に分けるという方法があります。また、余った香典を先々の法事供養の資金に充当する方法もあります。

Q 互助会に入っていれば それで全て賄えるの？

父が取引先とのお付き合いもあって、互助会に入っています。テレビCMではいい話ばかりしていますが、良くない噂も耳にします。掛け金は全て支払い終わっていますが、追加の費用はけっこうかかるのですか？

A 「互助会」とは冠婚葬祭互助会のことです。そのシステムは「毎月2000円から5000円程度を積み立てて満期になると、会員価格で祭壇を利用する権利を得られる」といったもの。会員特典や祭壇費用が安く(?・)なったりもしますが、葬儀の一部を提供するものであって全てを賄えるものではありません。

互助会に関するトラブルは、実際よく耳にします。解約に際しての「返戻金に納得できない」「勧誘が強引」「説明不足」（高額な追加費用がかかった）といったものです。親切で優良な互助会もありますが、契約する前に必ずパンフレットや約款に目を通し、重要事項は十分に説明を受けて不明な点は互助会に確認するなど、納得してから契約するようにしましょう。

互助会が提供するのは、斎場費、祭壇費、人件費、霊柩車代金、棺の代金等が一般的。葬儀費用にはこの他に、お布施や改葬返礼品、飲食費、生花代などもかかります。人数によっても費用は違ってきます。

Q お寺を選ぶとき 何を基準にすれば？

いずれはお寺の世話になるわけですが、たくさんあって、どこにしたら良いものか…。お寺にも良いお寺とそうでないお寺があるのですか？

A 急に家族が亡くなり、知人に紹介されたお寺の檀家になった方で、「よく調べてから檀家になれば良かった」と後悔している方がいます。お寺との付き合いは孫子の代にまで影響しますから、慎重に検討しなければなりません。

中には寄付が高くて、付き合っていくのが大変なお寺もあります。子供の戒名やお布施の額は、親が払った額に右ならえになることもあります。親の時は景気が良かったものの、今は不景気で大変というケースも…。堪えかねて檀家を辞めようとすると、高額な離檀料を請求されることもあります。

できれば、早めにお寺探しをしておくと良いでしょう。お寺の善し悪しは外から見ても分かりません。檀家にそれとなく評判を聞いてみたり、寺巡りをして環境や雰囲気をつかんでみたり、ご住職と話をしてみて人柄に触れてみたりするのが良いでしょう。

Q 遠方で亡くなった身内の葬儀をこちらでしたい。

他県に住む義母が亡くなりそうです。仙台で葬儀をすることはできますか？

A 死亡診断書があれば遺体の搬送は誰でもできます。ただ、ご遺体は運ぶのが大変なので、葬儀屋などプロに任せた方がいいでしょう。別な方法は、向こうで火葬にしてお骨にして仙台に持って帰り、仙台で葬儀を上げるというもの。菩提寺に相談すると、向こうまで行って出棺のお経を上げてくれます。できない場合は、地域のお寺さんを頼んでくれます。つてが無い場合は葬儀屋が手配してくれます。

この本をご支援いただいている、葬儀社・葬儀会館・寺院・墓地等

葬儀社＆葬儀会館・寺院・墓地リスト

葬儀社＆葬儀会館

フローラルプラザ 中　山	仙台市青葉区中山4－14－35	☎022-303-8731
フローラルプラザ 宮　町	仙台市青葉区宮町1－4－18	☎022-721-8731
フローラルプラザ 台　原	仙台市青葉区堤町3－18－1	☎022-275-8731
フローラルプラザ 愛　子	仙台市青葉区落合2－16－12	☎022-302-8731
フローラルプラザ 桜ヶ丘	仙台市青葉区水の森3－41－24	☎022-277-8731
フローラルプラザ 長命ヶ丘	仙台市泉区長命ヶ丘5－12－9	☎022-777-8731
フローラルプラザ 北中山	仙台市泉区北中山3－18－5	☎022-376-8731
フローラルプラザ 川　平	仙台市泉区南中山2－38－1	☎022-379-8731

ごんきや	仙台市青葉区五橋2－8－13	☎022-365-5555
富谷葬祭	富谷市富谷町新町57	☎022-358-6624

寺院・墓地

みやぎ霊園	仙台市青葉区郷六字大森2－1	☎022-226-2440
賢 聖 院	仙台市青葉区北目町7－11	☎022-722-0238
光 禅 寺	仙台市青葉区上杉4－4－50	☎090-6256-9756
長 泉 寺	仙台市青葉区芋沢鹿野30	☎022-394-3089
全 玖 院	仙台市青葉区通町1－2－5	☎022-273-1174
秋保樹木葬　(宗)大雲寺	仙台市太白区秋保町長袋字水上北28	0120-97-8389
妙 運 寺	仙台市宮城野区岩切大前103	☎022-255-8335
仙臺納骨堂　(経王寺　室内御廟)	仙台市宮城野区福室3－1－2	☎022-353-7996
慈 照 庵	仙台市泉区南中山2－18－3	☎022-376-5909
妙 蓮 寺	仙台市泉区福岡字上野原1－16	☎022-376-3553
柳 澤 寺	仙台市泉区上谷刈館19	☎022-378-7435
仙塩丘の上霊園	塩竈市向ヶ丘25－9	☎022-762-8656
顕 妙 寺	塩竈市小松崎4－21	☎022-362-6914
松島樹木葬　(宗)西光院	宮城郡松島町幡谷字観音52	☎022-352-2624
法 楽 寺	大和町宮床字兎野1－11－1	☎022-346-2106

墓石店

みやぎ墓石センター	仙台市青葉区郷六石山26－1	☎022-226-0564

墓じまい

オカモト	仙台市泉区館1－7－17	☎022-376-4325

読者アンケート　お墓参りの回数は年に何回ですか？

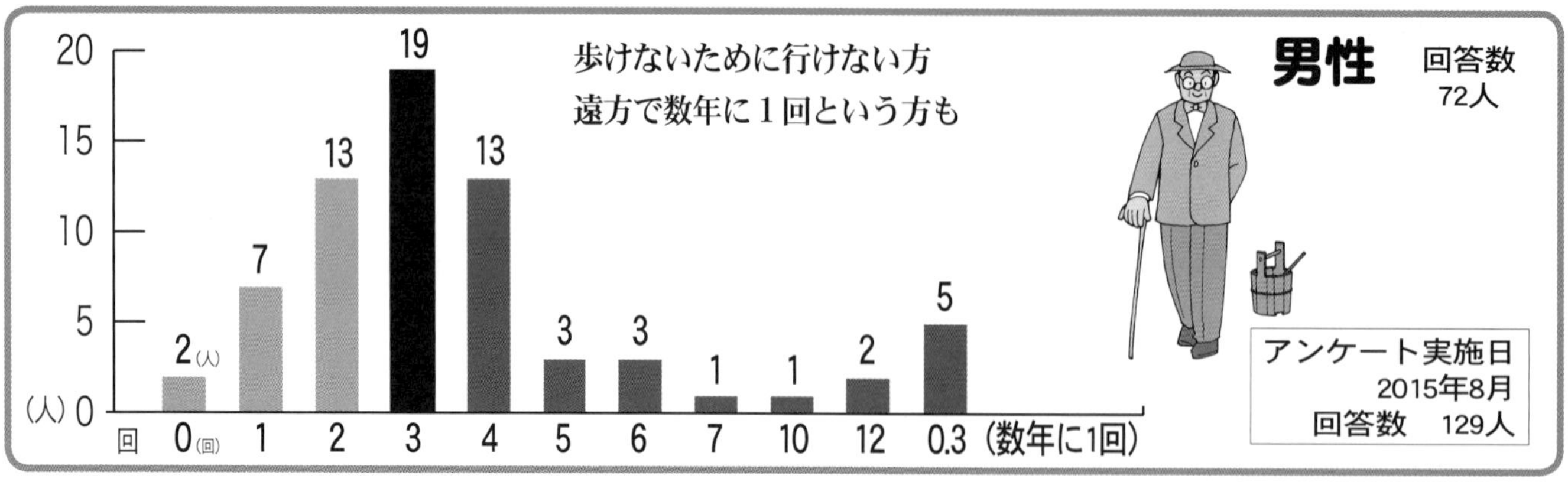

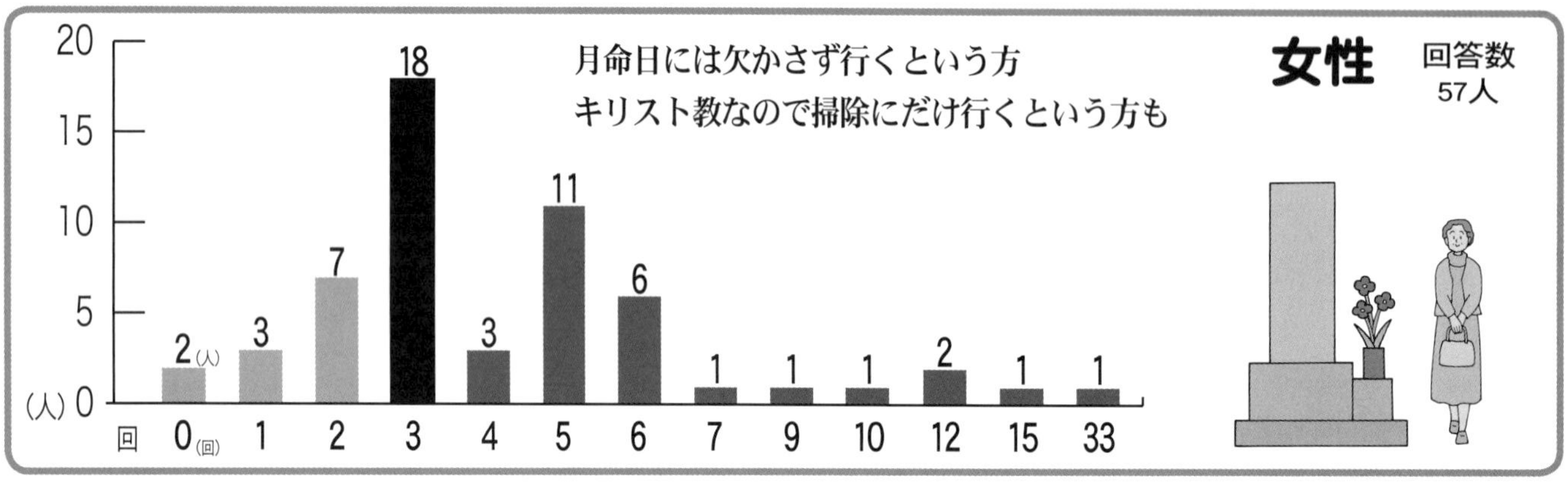

Q 菩提寺が遠方にあるため住職を呼べない場合は？

県北出身で仙台市に住んでいます。お墓は市民墓地を購入してあります。私が死んだら、お経を読んでもらうためには実家が檀家となっている僧侶に来てもらうことになるのでしょうか？ それとも、仙台市内のお寺に、その時だけ頼むことになるのでしょうか？

A このような場合は、同じ宗派のお寺に相談してみると良いでしょう。県内のお寺なら、同じ宗派のお寺さん同士は知り合いであることが多いようです。

恐らく頼まれた住職さんは菩提寺に連絡をして、「お宅の檀家さんからお経を読んでもらえないかと頼まれたが、いいですか？」と尋ねるでしょう。その結果、「仙台のお寺さんにお任せします」という住職もいれば「出張します」という住職もいて、ケースバイケース。ただし、仙台のお寺が菩提寺に変わってお経を読んでも、戒名は菩提寺に任せることが多いようです。うっかり菩提寺に断りなしに葬儀をやってしまい、一周忌を菩提寺の住職に頼んだら怒られたということもあるそうです。

また、郡部から仙台に引っ越してきた方は、引っ越してきたばかりの頃は菩提寺の住職さんに足を運んでもらい、いずれ仙台のお寺に菩提寺を移す方が多いようです。

「御霊前」「御仏前」表書きはどっち？

四十九日の法要までは「御霊前」
その後は「御仏前」というのが一般的

仏教では、人は亡くなってから49日まではまだ霊魂の状態でこの世にいて、生前お世話になった方へ挨拶したりしていると言われています。やがて49日が経つと、仏様になってあの世へ行かれるそうです。従って、四十九日法要の前は故人は霊なので、「御霊前」。四十九日の時点で故人は仏様になってますから、「御仏前」となります。

【別の考え】葬儀が終わらないうちは「御霊前」。葬儀が終わって成仏し、初七日から四十九日の法要に際しては「御仏前」。【宗派による】仏教でも「霊が存在する」と考える宗派と「霊は存在しない」と考える宗派あが、後者は亡くなれば浄土へ還っていったと考えます。浄土真宗など浄土系の宗派では「御仏前」、「御霊前」は使いません。

仙台の葬儀ルール《前編》

住職に教えてもらいました。

葬儀や戒名などについて、いつも気さくに教えてくださる妙蓮寺(仙台市泉区)住職の柴田尚征師に伺いました。

（以下、尚征師のお話し）

基本的に葬儀は、宗教儀礼を伴います。亡くなった方との決別の儀式だったり、亡くなった方が姿を変えて「ご先祖さま」や「ほとけさま」になって新しい関係を作るための儀式という意味合いがあって、ただ遺体を処理して終わり、というものではありません。

今はその辺がうやむやになっていて、「とにかくご遺体を目に触れないように処分してしまおう」ということだけが中心になっているケースがしばしば見受けられるのは淋しく悲しいことです。

生きているうちにお世話になったり、愛情を交わし合った人が今日から居なくなってしまうことに、私達は何らかの心の傷を負うわけですよね。それを癒していくために葬儀という儀礼を行っているともいえるんですね。死に逝く人を送り出すと共に、残された私たちがどう立ち直っていくかということも葬儀の中に込められています。

今日の檀家制度の源流は、徳川幕府がキリシタン禁制の一環として、民衆が居住地の寺の檀家となることで、各々の身元を証明させたことに始まります。ただ、それ以前の庶民は、「野辺の送り」をしてもらえればまだマシで、大部分は村外れに遺棄されて終わるのが当たり前だった。それが檀家制度が確立されたことで平等に仏式葬儀をしてもらえるようになった。

ところが、昨今は「宗教儀礼を伴う葬儀は要らない」と言う人が増えているそうです。「葬儀を行い死者を悼む気持ちを示す」というのが人間の人間たるゆえんだとも言われていますから、それを「要らない」と言い始めたら、彼らは人間と言えるのか…。

実は大切な枕経

仏式葬儀の最初になされるべきは「枕経」です。ところが枕経をすっ飛ばして、いきなり「出棺経だけお願いします」と頼まれる時があります。

でもね、枕経すなわち「臨終行儀」こそが仏式葬儀の本来の姿だったんですよ。今でこそ、通夜だ出棺経だ告別式だと複雑化していますが、本来、枕経には「あなたがみほとけの許へ行くその時が来たのだよ」と、死に逝く人に自覚させるという意味合いがあって、息を引き取る寸前の枕許で引導を渡していたのです。臨終の時に「仏を念じる」ことが重要とされていたんですね。でも今時、坊さんが袈裟着て病院内を徘徊してたら「縁起でもない」って白い目で見られちゃう。

葬儀は3日目、または5日目

枕経の前後にご葬儀の段取りを打合せます。日程は菩提寺さまのご都合が最優先。これを確認せずに遺族と葬儀社の都合だけで決めてしまうと必ずトラブルになります。また、法律により死後24時間は火葬が出来ません。仙台では、ご臨終の翌日、夕刻から通夜を営み、3日目の朝に火葬して、お骨の状態で葬儀を行うことが多い。ただ、お寺の都合が付かずに通夜が4日目。葬儀が5日目ということもあります。

別に4日目の葬儀がダメってわけじゃないのですが、仙台に限らず東北各地には、「四日仏《よっかぼとけ》は縁起が悪い」とこれを避ける慣習があります。最近はあまり気にしなくなりましたが、発言力の強い親族が「四日仏はダメだ」と言い出したらアウトですね。

あと、全国的に「友引」に葬儀を出すことを嫌います。「友を引く」、つまり「道連れを連れていく」を連想して縁起が悪いからなのだそうで。まあ、どちらも迷信っちゃ迷信なんですけどね。

逆にみなさんが嫌がるので、お寺としては前日の午後から友引当日にかけて予定を入れちゃうことが多い。それで都合がつかなくなる場合もありますね。

「戒名」とはなにか

日程と同時に決めなければならないのが「戒名」。宗派によっては「法号」・「法名」とも言います。

これをお寺さんからいただくわけですが、「生前慣れ親しんだ名前を捨てて、なんでわざわざ新しい名前をつけてもらわなきゃならないの?」と疑問に思う方も多いようです。

この「戒名」とは、「戒を授かってご本尊さまの弟子に成った証」として頂く名前なんです。「これから仏道修行の旅に出るに当たっての道標となるもの」と言ってもいいでしょう。ですから、大切なのは戒名の文字に込められた意味です。今生での

読者アンケート　菩提寺に親近感はありますか？

アンケート実施日
2013年7月
回答数　119人

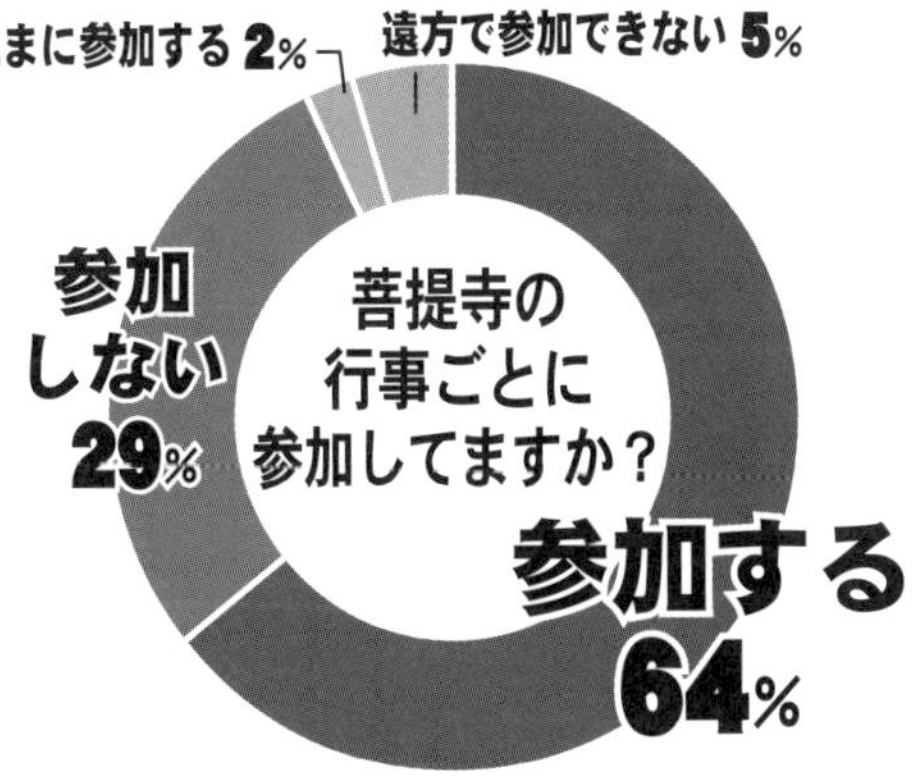

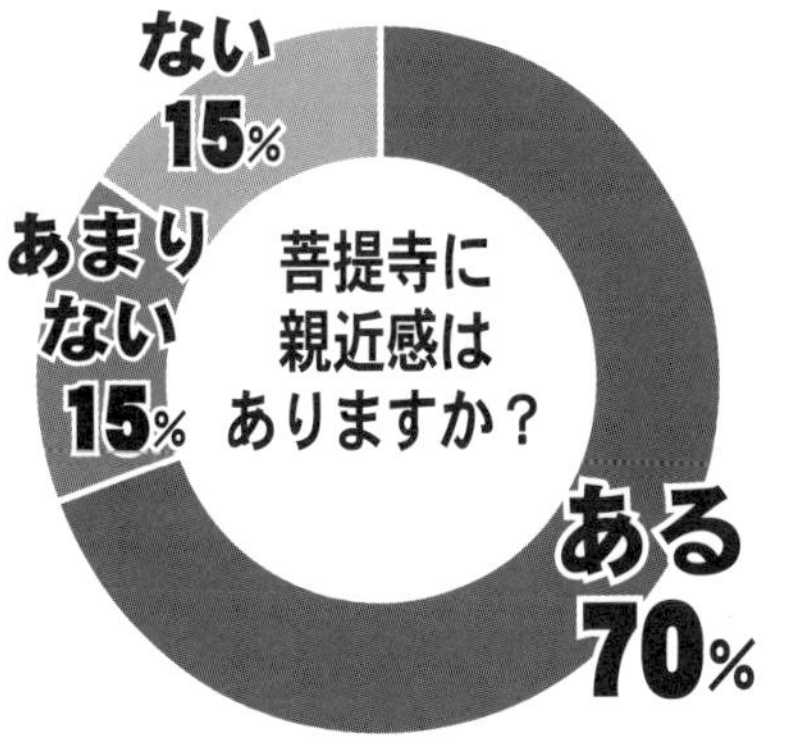

戒名のお値段は、いくらを想定？

アンケート実施日
2013年6月
回答数　116人

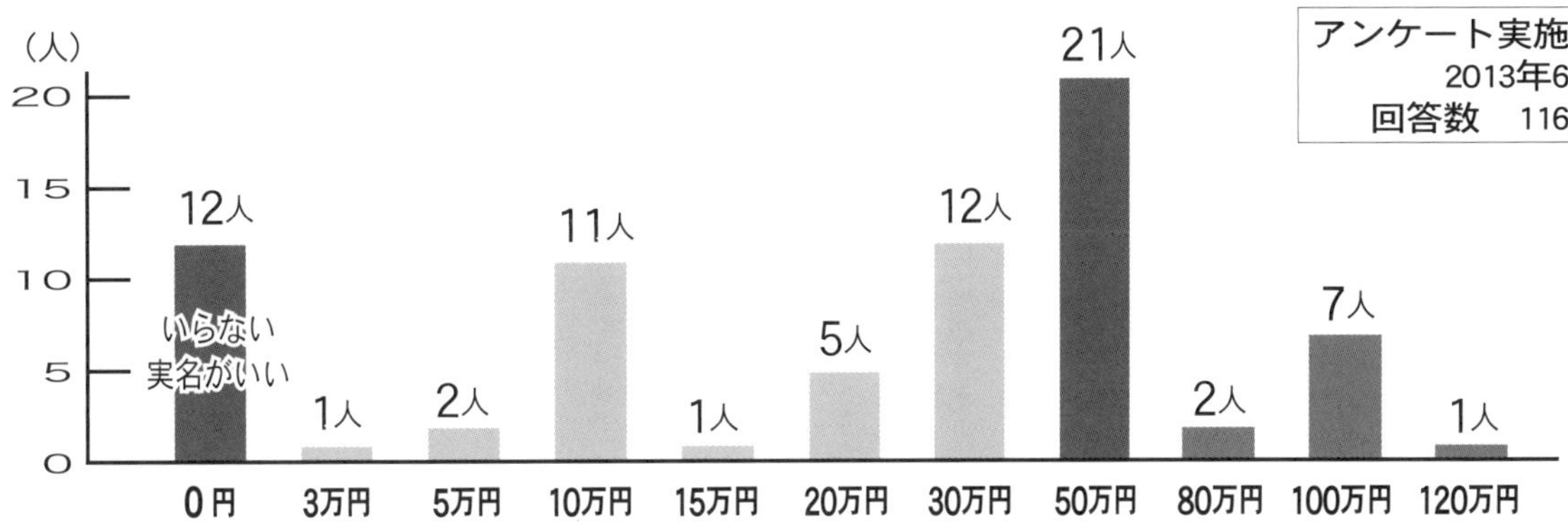

故人の生涯を称え、仏弟子としてのその前途を照らす、そんな戒名こそ良い戒名なのです。文字数が多いほど良い戒名というのは間違いです。

そもそも日本には「立場が変わると名前も変わる」という伝統がありました。たとえば、大相撲の力士の四股名や歌舞伎役者の名跡の襲名。武家の子弟は元服で名前が変わり、商家や豪農は「何代目何屋誰兵衛」なんて代々屋号を継いだ。今でも日本舞踊や書道・華道なんかは師範の免状とともに雅号をもらう。だから、「仏弟子になるから仏弟子としての名前をいただく」ことを、昔は何の不思議にも思わなかったんです。

徳を積まずに「院号」を欲しがる人が増えたから「戒名料」が生まれた

「仙台はお布施が高い、戒名料が高い」って言う方もけっこういらっしゃいますが、「戒名料」なんてのは元々無かった。戦後の高度成長期からバブル崩壊までの間、一億総中流社会と言われた時代。繁栄を謳歌する中で、戒名の本来の意味が忘れられ、ただ文字数を競うような風潮が生まれた。猫も杓子も院居士だ、院大姉だと、「立派な戒名(?)」を金銭で売買する時代が始まったのです。

そもそも「居士」・「大姉」なんてのは名誉称号ですから、本来は誰でももらえるもんじゃない。居士には「資産家・富豪」という意味があって、「私財を投げ打ってお寺に尽くしたような人」にその徳行を称えて授けられた名誉称号だった。「大姉」は今では「居士の奥方」という意味で使っていますが、元々は「最高の女性」という高徳の尼僧への敬称でした。

更に上位の称号として、戒名の頭に冠される「院号」があります。「院」とは、元々は天皇とその御所を指す言葉でした。後に落飾した上皇(法皇)がお寺の中に御所を構えたので、それも「院」と呼び、さらには皇族や公家も堂宇を寄進し、出家するとそこに止住したので、大寺院の境内の一角に付随する小規模寺院一般を「院」と呼ぶようになったんです。

ですから、本来はお寺の中に一院を寄進するほどの莫大な貢献をした人にのみ贈られる称号でした。江戸時代には下級武士や農民の戒名に院号を付けることに対し何回も禁令が出されています。身分制度が廃止された今日では「ご本尊のお膝元に一字を建立して供養するに値するほど、お寺や社会のために多大な功績を残した人物」に院号を授けるという建前になっています。

なお、第二次世界大戦中には戦死した兵隊さんの戒名に院居士号を付けることを国が奨励していましたが、護国英霊の誉れを称えると同時に、彼らが怨霊とならないよう鎮める意味が有ったのかもしれません。

「院殿号」というのもあります。殿とは本来は「お尻・後ろ」を指し、「天皇の後ろ

仙台の葬儀ルール《後編》

に控え奉る(護衛する)者」という意味で、武家が皇室や公家に遠慮して付ける一段遜《へりくだ》った称号でした。

それが徳川の世になって朝廷と幕府の権威が逆転すると、院号より一文字多い上、殿に「立派な建物」の意味があったことから「院」より上位の称号とされるようになり、中でも「院殿大居士」は将軍家以外では大名や家老職にのみ許されていて、これを庶民の戒名に付けることが出来るようになったのは明治になってからです。現代において「院殿大居士」は、何期にも渡って長年総代を務めた檀家の長老とか、本堂等の大普請の際、費用の大部分を負担したような大檀越などに限って授けられ、お寺によっては住職一代に一人だけという場合もあります。

「居士・大姉」号や「院・院殿」号の本来の意味をきちんと理解していれば、何も分不相応な称号を高い金を払って買う必要はなくなります。その人の人柄や生き様を反映し、仏教徒として進むべき道を示している戒名ならば普通に「信士・信女」号でもありがたいものなのです。何故なら、信士・信女は天竺《てんじく》(インドの旧名)の言葉に漢字を当てた「優婆塞《うばそく》・優婆夷《うばい》」に由来する「信心を以て仏法僧の三宝に仕える在俗の男・女」という意味であって、それは在家の仏教徒の理想的な姿を表す言葉なのですから。

通夜振舞に残るべきか?

通夜は元々夜通し読経していたので通夜。昨今はむしろ、ご縁のある方が故人を偲んで思い出を語り合うことが主目的となっています。ですから、和尚さんの読経の後の「通夜振舞《つやぶるまい》」が実はとても大切なんですね。

これは喪主が用意してますけど、本当は故人から生前お世話になった方々への「今生に於ける最後の布施の行」なんです。そこでみなさんがお食事をされることは、それ自体が故人の功徳になる。ですから、「忙しくて直ぐ帰らなきゃ」という方は別にしても、本当は無闇に遠慮するんじゃなくて、残って一箸なりとも召し上がって頂く方が良いんです。

昔は線香を一晩絶やさずに…

昔は「お通夜の晩はお灯明とお線香を絶やしてはならない」とされ、親族が交代で火の番をしたものです。灯明の光はあの世への道標、線香の煙は故人の食事とされ、また、これらには野獣や魔物を除ける効果があるとも信じられていました。

もっとも、近頃は夜が更けると文字どおり消灯して親族も休むことが多くなりました。これを「半通夜」という人もいますが、定義は曖昧で地域によって意味がまちまちです。

東北に多い「前火葬」

関東以西から弔問にみえた方が疑問に思うのは、仙台を含む東北六県では、葬儀・告別式より前に出棺・火葬を済ましてしまう(前火葬という)場合が多いことです。ただ、少なくとも仙台では元々、葬儀・告別式の後に出棺・火葬(後火葬)という方が通常の流れだったようです。それが戦後のある時期から逆転してしまったのですが、その理由は幾つかあるようです。

そもそも、昔の葬儀は集落総出で行い、火葬は薪だったので半日から一日かかりました。疫病等の場合を除けば慌てて火葬する意味もなかったでしょうし。ところが世の中の流れが慌ただしく、火葬も炉の発達で2~3時間で終わるようになり物理的にも前火葬が可能となった。

更に、親族と近隣住民が助け合って行っていた葬儀の段取りを葬儀社が代行するようになり、また、公共の火葬場が主流となって予約時刻の融通が利かなくなったため、焼香や弔辞の時間が変動的な告別式を後回しにした方が出棺時刻を確定し易かったことも、前火葬が主流となる一因となったようです。

また、東北では近年まで「生仏《なまぼとけ》は本堂に入れない」という慣習があったことも理由です。今でこそ会館葬が普通になりましたが、20~30年前まで通夜は自宅で、葬儀はお寺の本堂でというのが当り前でした。ところが昔はご遺体を本堂に安置することが禁忌とされ、本堂の前に棺台という石を据え、その上に安置された棺に向かって本堂内から住職が引導を授けていたのだとか。しかるに火葬して焼骨になれば、本堂に入れることが可能になるので、次第に前火葬に移行していったらしいのです。

受戒式・引導式・告別式

一般に仏式葬儀には授戒式・引導式・告別式の三つの要素を含みます。授戒式とは戒を授けて仏弟子となる資格を与える儀式。引導式は仏弟子と成った故人の精霊を仏門に引き入れ、ご本尊の許へと送り出す儀式。この二つは専ら和尚さんの作法です。告別式は遺族親族や友人知己が故人に別れを告げる儀式で、弔辞・弔電の奉読や焼香がこれに当ります。これらの要素が相俟って現代の葬儀が形成されているのです。

焼香は何回が正しい？

焼香の作法は宗派によって異なり、回数も1回・2回・3回と様々です。但し、弔問の場合は自家の作法で良いとされます。ただ、司会から「焼香1回」との案内があればそれに合わせましょう。正解が分からないときは前の人を真似る。そうすれば少なくとも、「あなただけが間違えてるわけではない」はずです…。

繰上法要って何？

本来は中陰回向《ちゅういんえこう》といって初七日から四十九(七七)日まで、七日毎にお寺に参るか、和尚さんを招くかして読経して頂き、お墓に塔婆を建てるのが通例でした。ところが、昨今はだんだん省略されて中陰回向と百ヶ日忌回向の計8回を一纏めにし、葬儀の後に続けて行うことが多くなりました。日程を繰り上げるので「繰上法要」なんですが、でも、これって生きている側の都合ですから、毎週の当り日にはご霊前に手を合わせて下さい。

納骨はいつがいいの？

式場がお寺の本堂、かつ墓地が隣接地なら、その日のうちの納骨もあり得ます。また、後火葬なら終了後に墓地へ直行という場合もある。ただ、仙台でよくある「会館葬かつ前火葬」や「墓地が菩提寺から遠隔地」の場合は、後日改めて納骨をすることが多くなります。また、納骨の時期は必ずしも決まっておらず、葬儀の翌日、初七日・三七日・五七日・七七日と様々。納骨の際は墓所で読経して頂きますので、お寺さんの都合と擦り合わせも必要になります。

なお、初めて葬儀を出した家では、位牌や仏壇・墓石の開眼(後述)に合せて納骨することも多く、また、納骨までに石材店に依頼して墓碑に戒名等を刻んでもらう場合も多いですね。

位牌あれこれ

仙台に限らず、葬儀に際して大小2本の素木《しらき》の位牌を用意する地域が多くあります。小ぶりな方を「野位牌《のいはい》」といいます。本来は墓碑が出来るまで墓地に安置した位牌ですが、今は納骨を以てお役ご免となり、お寺さんか葬儀社が引き上げていくことが多いですね。大きめの方は「内位牌《うちいはい》」または「仮位牌《かりいはい》」といい、仏壇に納める「本位牌《ほんいはい》」が出来るまで祭壇に安置する位牌です。

葬儀が終わったら、「本位牌(素木位牌に対して塗り位牌ともいう)」を作りますが、概ね四十九日までに仕上がるように仏具店に注文します。また、未だ仏壇を備えていない家は仏壇・仏具と中にお祀りするご本尊を揃える必要がありますが、これも基本的には四十九日を目途とします。四十九日までに故人はご本尊さまのお膝下に至るというのが日本の仏式葬儀の建前なので、それまでには本位牌が仏壇に納まっていることが望ましいのです。

ただし、作った・買っただけでは足りません。「開眼(御芯《ごしん》入れ・御魂《みたま》入れ)」をしなければただの置物です。位牌や仏壇が揃う日が確定したら必ずお寺さんにお願いして開眼供養をしてもらって下さい。

ご法事は何回やるべきか？

百ヶ日忌の後にも、一周忌・三回忌・七回忌とご法事は続けていかなければなりません。問題はこれが何時まで、そして、何回やらなければならないのかでしょう。

私は最低でも一周忌・三回忌・七回忌・十三回忌、そして三十三回忌の5回だけはご法事をして欲しいと思います。

江戸時代の武家社会では特に先祖を篤く敬ったので、十七回忌・二十三回忌・二十七回忌・三十七回忌などが増殖したのだとか。

ご法事は先人への感謝を示すために行う部分も大きいので、お気持ちがお有りでしたら、無理をしなくてもいいので、出来る限りご法事をして差し上げてはいかがでしょうか。大人数集まらなくても家族だけでもいいんです。仏膳を二つ用意して仏壇にお供えしてお寺さんをお招きするか、お寺に伺って仏膳二つと仏花・果物・菓子を持参し本堂にお供えしてもらって読経して頂く。同日にお墓参りも出来れば最高ですが、遠隔地で時間的に厳しい場合は「ご本尊を供養して功徳を頂くこと」の方を重視して下さい。

なお、法事の本分は「衆僧を饗応して説法(ご法話)して頂くこと」なので、会食をしない場合は、お布施とは別に幾許かの御膳料をお包みするのが丁寧です。

最後は三十三回忌？五十回忌？

かつては三十三回忌を一つの区切りとしていました。神仏習合の習俗では「弔い上げ」などと言って、ここから特定の「誰某の霊位」から「ご先祖さま」の一柱になるとも考えられていたようです。だから、三十三回忌を迎えると個々の位牌を廃して、先祖代々の位牌に合祀(箱型繰出し位牌に纏めたり、過去帖に記載)する慣習があるんです。

ただ、最近は五十回忌まではご法事をしましょうというお寺さんが多いですね。何故かというと、日本人の寿命が延びたから。昔は三十三回忌まで来ると故人のことを覚えている人が少なくなりましたが、現代ではまだまだ故人の直接の縁者がたくさん生き残っている。「だったら五十回忌もやりましょうよ」ということです。

そもそも、葬儀はローカルルールの塊みたいなものですから、宗派は勿論、その地方その地方でやり方・考え方が全く違います。元より我が妙蓮寺は古式に則って後火葬推奨で、現行の仙台式前火葬はあまりやんない。まあ、実際のところは菩提寺さんにお聞き頂くとして、今回の葬儀のお話しは終わりにしたいと思います。ありがとうございました。(合掌)

5 お金の不安

一部の富裕層を除けば、悠々自適に暮らす老後など夢のまた夢。節約でやりくりしながら、働き続ける高齢者が増えています。

人生１００年時代 変わる老後設計

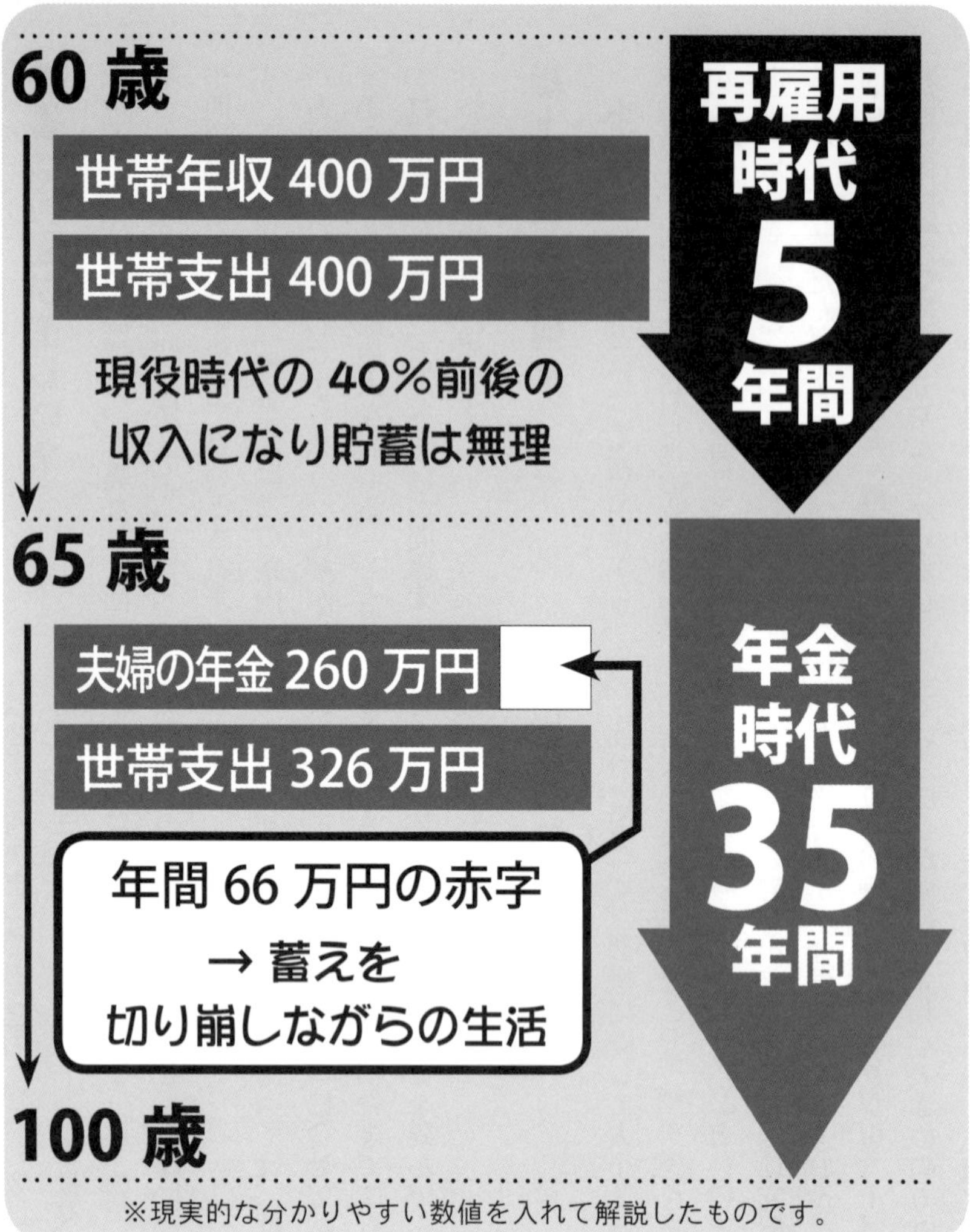

※現実的な分かりやすい数値を入れて解説したものです。

老後は年金だけでは足りず貯蓄を取り崩すことに

２０００万円貯めないとダメなのか、何歳まで働き続けなければならないのか、不安に感じている方も多いと思います。会社員か自営業か、子供の数、貯蓄できたかどうか、ローンの有無、晩婚化などで子育てのスタートが遅れた、等々、人によって老後の生活設計は違ってきます。

1カ月の生活費は25万円

シニア世代の1カ月の生活費は、夫婦2人で25万円、ゆとりある生活を楽しむためには35万円くらいが必要だと言われています。これは、あくまでも平均値で、持ち家か借家かの違い、扶養家族の有無、住んでいる地域の物価なども影響しますから一概には言えません。

毎月5・5万円の赤字

高齢無職世帯の２０１６年度の家計収支は、毎月の赤字額が約5・5万円(年間66万円)。この赤字を埋めるには、働くか、蓄えを切り崩しながらやりくりしていくことになります。

老後の収入(年金)を計算

受け取れる年金は、夫婦それぞれが現役時代にどのように働いてきたのかによって大きく違ってきます。会社員だったのか、自営業(専業主婦)だったのか…。どれくらいなのか、計算してみましょう。

収入と支出のバランスが重要

受け取れる年金に貯蓄をプラスして、それに見合った生活をすれば良いわけです。元気なうちはアルバイトなどもして、その収入もプラスできます。

長期的なプランを立てる

見合った生活をするため、老後のプランを具体的にイメージしてみましょう。

- **趣味は何歳まで続けるか？**
- **車はどうするか(手放せば節約に)？**
- **リフォームはどこをやるか？**
- **老人ホームに入るための備えは？**

病気になることも家計に響きますから、健康維持のための努力も欠かせません。

老後に備えて置くべきお金は８種類

1	2	3	4	5	6	7	8
生活に必要なお金	楽しむことに使うお金	病気・介護のお金	住まいのためのお金	イベントのためのお金	子や親を助けるお金	亡くなってからのお金	予定のないストック
食費 住居費 光熱費 通信費 社会保険料 税金 他	習い事 旅行 自動車 パソコン	治療費 交通費 介護費用 介護施設 家事手伝い	修繕費 リフォーム 家電の 買い換え	子供の結婚 孫の誕生 交際費 冠婚葬祭	子供の住宅購入 孫の入学祝 結婚支援 経済支援 親の生活費 医療費等	葬祭費 墓石代	万一のため 備えのため 余裕資金 相続資金

お金や物の節約術
（読者アンケートより）

お金の節約
●敬老乗車証　●会員制度
●ビニール袋は再利用　●粗品をもらう
●風呂の水は洗濯や庭の草木に使う
●ティッシュが無くなると街を散歩
（1時間たらずでポケット一杯に）
●自転車で健康増進と交通費節約
●町内会の資源回収に協力
●新聞は子供会に

暖房費や電気代の節約
●日中は陽当たりの良い部屋で過ごす、一枚厚着をする、野外運動に努める
●こたつで布団を暖めておいて寝るときに掛ける
●掃除機は3日に1回くらい
●部屋でもマフラーを巻いて暖房費節約
●ストーブの設定温度を下げる
●室温が18度になると30分ほどストーブを消す
●家族全員一室でテレビを見る
●暖房は朝の1時間で止める
●断熱効果を良くする●電気のコードを抜く
●ヒーターの温風をパイプでコタツに引き込む
●図書館に半日ほどいて冷暖房費を節約
●サークル活動に参加して日中の暖房費を節約
●コタツに全身を入れて温まる

食費の節約
●家庭菜園
●酒は焼酎　●1日2食　●外食を控える
●余ったおかずを冷凍しておく
●魚や肉は安いときに買って冷凍しておく
●スーパーの値引きの時間に買い物をする
●夕方の割引を待ってから買う
●外食は週1回くらいのラーメン
●食事の買い物に所持金は３０００円と決める

買い物での工夫
●シニア割引利用　●クーポン券
●エコバック利用
●スーパーのポイント10倍をもらう
●新聞やチラシで特典を探す
●ポイントの付くものは現金を使用しない
●ポイントの付く店を選ぶ
●ポイントを一カ所にまとめる
●シルバーデーで1週間分買いだめする
（残った食材で何を作るか考えるのは脳の活性化に）
●買い物時に無料の水を4リットル汲んでくる
●まとめ買いをして毎日買い物に行かない
●生活用品は長持ちする高価な方を選ぶ
●デパートで目的以外のものは買わない
●洋服を再利用する
●衣類は今までのものを利用

趣味やレジャー
●旅行は送迎のあるもの
●旅行は駅のパンフレットなどで、できるだけ安いキップを求める
●外出時はお茶持参
●図書館で本代の節約（年間２００冊。図書館さまさま）　●趣味は図書館を利用

その他
●病気をしないようにする　●外出しない
●老人は昔の生活へ（携帯不要・車不要・早寝）
●生ゴミの家庭肥料　●ゴミ出しの分別
●チラシはメモ代わり
●中元歳暮はお互いになしに
●心の贈り物を　●交際費で見栄をはらない

70代働き盛り
"老後レス"の時代へ

アンケート実施日／2015年4月　回答数／120人

70代でも2~3割が就業

少子化による労働人口の縮小が進む中、定年後も働き続けるのが当たり前といった時代を日本は迎えています。内閣府がまとめた『平成30年版高齢社会白書』によると、就業率は男性の場合65~69歳で54・8%、70~74歳で34・2%、女性の場合65~69歳で34・4%、70~74歳でも20・9%となっており、男女ともに70~74歳になっても2~3割の方が働き続けています。日本国内における65歳以上の就業者は、12%を越えるに至っています。

定年後は継続雇用が主流

定年後も働き続ける方が増えたのは、2013年に施行された『高年齢者雇用安定法』によって定年後も希望者全員の雇用を義務付けたことが大きな要因。結果的に8割以上の方が、あまり環境を変えたくないと継続雇用を選択。「同じ仕事なのに給料が半分になった」といった嘆きや「責任が軽くなって気楽になった」といった声がよく聞かれるようになりました。

継続雇用では収入がダウンするのは一般的で、5割以上減少したという方が約27%、3割から5割減少したという方が約31%。よって、60代前半の平均年収は380万円ほどとなっています。

高齢者向けの就労支援機関

新天地で働くことを選ぶ方も少なくありません。転職先の探し方は、転職サイト、人材紹介会社、求人募集広告、友人の紹介等いろいろあります。

高齢者向けの就労支援機関や職業訓練を活用する方もいます。コンサルタントがマンツーマン体制できめ細かなサポートを行う(公財)産業雇用安定センターや、55歳以上の休職者を対象とした技能講習なども県内各地で開催されています。

65歳以降はアルバイトが主流

人手不足が深刻な中小企業は別として、継続雇用制度は65歳の誕生日で終了という会社がほとんどです。主に「本人の体力的な面で難しい」「若い年齢層の採用の阻害になる」といった理由からです。

会社を離れた65歳以上の方の多くは、パート・アルバイトに。65歳以降になると、現在の仕事についている理由として「自分の都合の良い時間に働きたいから」という方が多くなります。余暇を楽しみ、休暇も取りながら、ほどほどに働くというスタンスへ移行するのです。

70代が支える過酷な労働

残念ながら、70歳が近づくと求人のある業種は減っていきます。あるのは、警備、清掃、介護といった若い人がやりたがらない分野が目立ちます。仕事中に階段から転落して怪我を負ったり、高齢者が労働災害に遭うケースも増えています。

これからは80歳まで働く?

2019年5月、政府は70歳までの雇用を努力義務として企業に課す高年齢者雇用安定法改正案を示しています。遠くない未来、80歳まで働き続ける世の中が訪れるのかも知れません。一方で、地域のボランティア活動や老人会に加わる高齢者が減っているという話しを耳にします。余力のあるうちにリタイアして、趣味に没頭したり、支え合い活動で汗を流すくらいのゆとりは欲しいものです。

職業訓練

やりたい仕事はあるが経験やスキルがないという方には、職業訓練や技能講習が効果的でお勧めです。

『ハロートレーニング（公的職業訓練）』

年間約30万人の方が受講する、就職に役立つ知識やスキルを無料（テキスト代は自己負担）で習得できる公的な制度です。

失業保険を受給している求職者を主な対象とする『公共職業訓練』と、失業保険を受給できない求職者を主な対象とする『求職者支援訓練』に大きく分かれます。

訓練分野は、事務系、IT、建設・製造、サービス、介護、デザインなど多種多様。

期間は3カ月から6カ月間のコースが一般的。相談をすることもできます。

■問／各地のハローワーク

『高齢者スキルアップ 就職促進事業』

就職を希望する55歳以上の高齢者に、必要な能力を習得させる技能講習と就職先企業の開拓、就職が見込まれる分野の企業での職場体験、就職面接会、就職後のフォローアップ等の就職支援を一体的に実施。技能講習は全国的に高齢者の採用ニーズが高い分野等で行う全国共通講習と、各地域の高齢者の採用ニーズ等に応じて行う地域設定講習を組み合わせて実施されます。

■問／高齢者スキルアップ 就職促進事業事務局

シルバー人材センター

高年齢者が働くことを通じて生きがいを得ると共に、地域社会の活性化に貢献する組織で、宮城県内各地の自治体に設置されています。

２０１９年３月末現在、（公社）仙台市シルバー人材センターの会員数は、合計2、７３２人（男性１、９７５人、女性７５７人）。会員の平均年齢は72・4歳。就業率も高く75・2％（男性74・5％、女性77・0％）。仕事の種類は、清掃業務、管理業務、軽作業、筆耕業務、事務、空き家管理、家事援助サービス等。依頼の多い仕事は、清掃や除草などの一般軽作業群（62％）。次に多いのはマンションや駐車場の管理といった管理群（22％）、大工や植木剪定といった技能群（8％）となっています。

収入は、１カ月当たりの平均額が４万円前後。シルバー人材センターが請け負う仕事の範囲は、臨時的、短期的、軽易な業務とされており、概ね『月10日、週20時間』という基準が設けられています。

『入会説明会』を毎月実施。対象は健康で働く意欲のある、原則60歳以上の方。仲間作りやイベントを通じた生きがい作りができる点も魅力となっています。

■問／仙台市シルバー人材センター
仙台市青葉区花京院1－3－2 6階
☎０２２（２１４）６２６２

起業

リタイア後に起業する方も増えています。男性の場合、60歳以上で起業する方が全体の年齢の中で35％。豊富な経験や人脈を活かして順調に利益を上げる方もいれば、利益はそこそこながらも喜ばれることに生きがいを見出す方もいます。

融資制度を活用するのも一つの手。日本政策金融公庫の『女性、若者／シニア起業家支援資金（新企業育成貸付）』は、新たに事業を始めるため、または事業開始後に必要とする資金が対象。融資の上限額は７２００万円となっています。

シニア起業のコツは、過大投資はせず、体力の衰えを予測し、スキルを過信せず、楽しむことに重きを置くこと、だとか…。

事業承継

後継者問題で悩む方も増えています。（公財）仙台市産業振興事業団は、宮城県内に事業所を持つ中小企業を経営する方（個人事業主を含む）または勤務している方を対象に事業承継に関して、専門員による無料経営相談を実施しています。完全予約制で費用は無料。相談日は毎月1回、概ね第4木曜日実施（※3月は休み）。

■問／（公財）仙台市産業振興事業団
☎０２２（７２４）１１２２（アエル7階）

就労支援機関

ハローワーク仙台
☎０２２（２９９）８８１１

（公社）宮城県シルバー人材センター連合会
☎０２２（７１２）８８５５

（公財）産業雇用安定センター
☎０２２（７２６）１８２６

仙台市生涯現役促進協議会
☎０２２（２１７）００７５

ＮＰＯ法人 仙台雇用福祉事業団
☎０２２（３５２）７１８０

※市民センターなどには職業訓練や講習に関するチラシ等が置いてあることがあります。そうしたものも参考になります。

年金　受け取り開始を遅らせて、年金を増やす!?

Q 年金を早くもらうのと遅くもらうのとでは、どっちが得をするのですか?

1カ月繰上で0・5%減額　一度決まった支給率は一生固定

老齢基礎年金は、原則として65歳からもらうものですが、本人が希望すれば60歳まで繰り上げて早くもらうことができます。支給開始時期は、60歳から65歳までの間で自由に決めることができます。

ただし、年金額が1カ月繰り上がるごとに0・5%の割合で減額されます。たとえば、60歳から繰り上げ受給をすると、0・5×60カ月=30%の減額になります。

繰り上げて60歳から受給すると17年後に受給総額が逆転!

60歳から繰り上げ受給をした場合、65歳から受給した方に17年後に受取総額が逆転されます。健康で長生きする自信のある方は、65歳まで待って年金をもらった方が、お得ということになります。一度決まった支給率は一生変わりませんから、じっくり検討してください。

繰り下げると0・7%割増!

反対に、もらうのを我慢して66歳以後にもらい、割増した年金を受け取ることもできます。申し出時の年齢が1カ月増すごとに支給率が0・7%増します。たとえば、70歳から年金を受け取ることにすると、支給率は１４２%と4割以上も増えます。

■老齢基礎年金の繰上・繰下支給率

	受給年齢	支給率
繰り上げ支給	60歳	70%
	61歳	76%
	62歳	82%
	63歳	88%
	64歳	94%

	受給年齢	支給率
繰り下げ支給	66歳	108.4%
	67歳	116.8%
	68歳	125.2%
	69歳	133.6%
	70歳	142.0%

■60歳から繰上受給した方は65歳からもらう人に17年後に追い抜かれる

	請求時の年齢	60歳	61歳	62歳	63歳	64歳	65歳
支給率		70%	76%	82%	88%	94%	100%
受給累計ポイント	75歳	1120	1140	1148	1144	1128	1100
	76歳	1190	1216	1230	1232	1222	1200
	77歳	1260	1292	1312	1320	1316	1300
	78歳	1330	1368	1394	1408	1410	1400
	79歳	1400	1444	1476	1496	1504	1500
	80歳	1470	1520	1558	1584	1598	1600
	81歳	1540	1596	1640	1672	1692	1700

なお、現在の繰り上げ減額率や定額部分との関係は、昭和16年4月2日以後生まれの方が対象となり、それ以前に生まれた方は以前のしくみになっています。

また、男性で昭和16年4月2日~同24年4月1日生まれ、女性で昭和21年4月2日~同29年4月1日生まれの方は、老齢基礎年金の一部繰り上げることも可能。繰り上げ支給をすると定額部分の支給が停止されますが、一部繰り上げの場合は、定額部分も支給。一部繰り上げの請求は、定額部分の支給開始前のみ可能です。

Q 年金をいくらもらえるか、教えてもらえますか?

ご自身の人生設計に応じた条件に基づいて、年金額の試算ができます。『ねんきんネット』からご利用いただけます。日本年金機構のホームページにアクセスしてみてください。

年金についての問い合わせ先

仙台北年金事務所	☎ 022-224-0891	青葉区宮町 4-3-21
仙台東年金事務所	☎ 022-257-6111	宮城野区宮城野 3-4-1
仙台南年金事務所	☎ 022-246-5111	太白区長町南 1-3-1

街角の年金相談センター仙台

☎ 022-262-5527（電話での相談は行っていません）

対面による年金相談を行っています。

仙台市青葉区国分町 3-6-1 仙台パークビル 2 階

リバースモーゲージ

自宅を担保にお金を借りて 返済は利息だけ！（※元金は死亡時に返済）

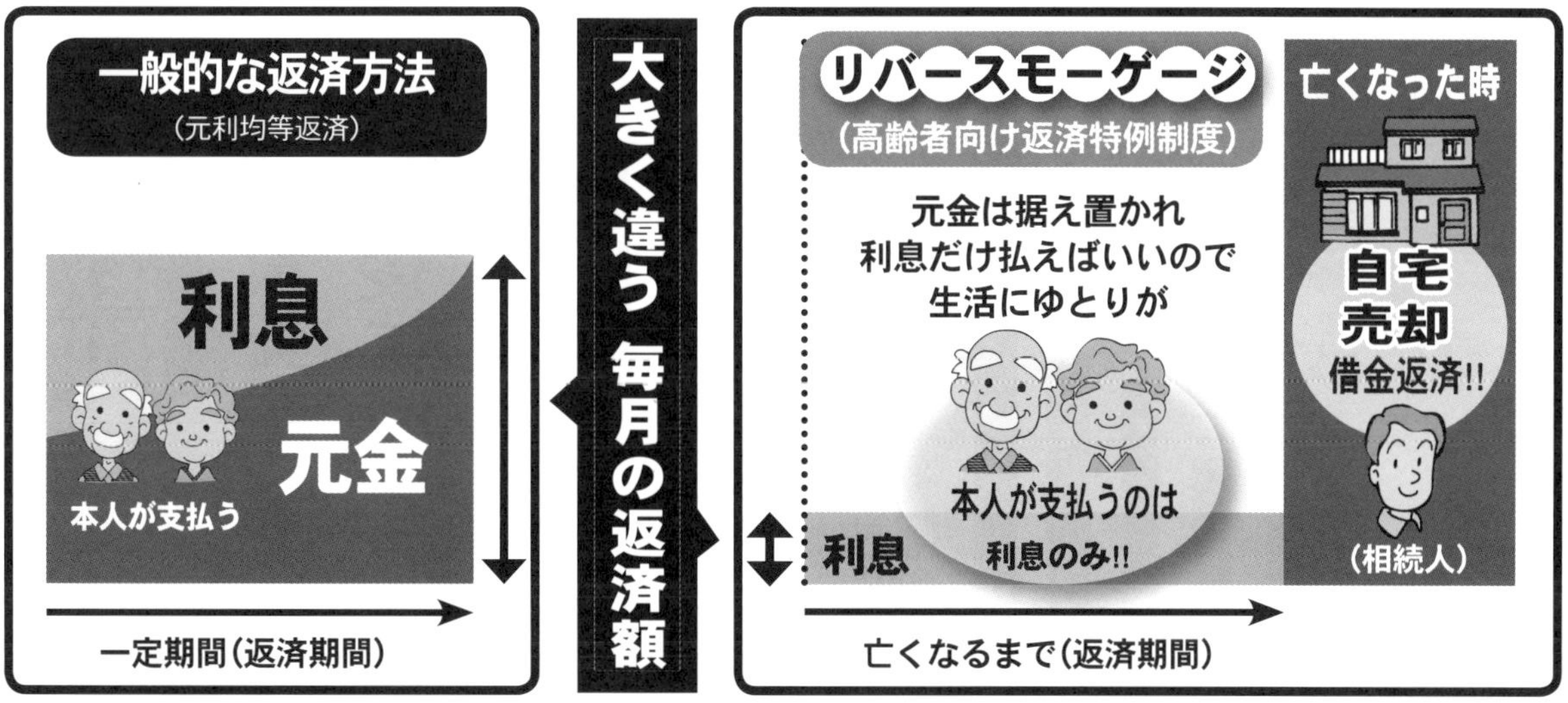

年金だけでは生活が苦しい。古くなってきた自宅を改修したいが資金が…。今さら、借金なんて…。そんな方々にお勧めしたいのが、最近よく耳にする『リバースモーゲージ』です。

リバースモーゲージの魅力は、概ね60歳から80歳の方が利用でき、『返済が利息だけでいい』こと。自宅を担保に借りたお金で快適に暮らし、いずれ亡くなった時に相続人（長男等）が自宅を売却するなどして元金を返済するというものです。

たとえば、このような事例があります。Aさん（66）は妻と2人暮らし。住宅ローンが500万円残っていて、毎月の支払額は12万円。年金生活では苦しいため500万円のリバースモーゲージに借り換えたところ、利息だけ払えばいいので毎月の支払いはわずか1万数千円に！

Bさん（65）は妻と2人暮らし。市街地の大きなお宅にお住まいですが、現金が不足気味。350万円をリバースモーゲージで借り入れ、リフォームを行って快適な生活へ。毎月の支払いは1万円程度！

使い道は何でもいいの？

資金の使いみちは、融資機関によって異なります。

住宅金融支援機構が提供する「住宅融資保険付リバースモーゲージ型住宅ローン」

通称「リ・バース60」とよばれるもので、県内でも扱う金融機関が増えています。借り入れた資金は、住まいに関係する次の5つに使いみちが限定されているため、生活資金に使用することはできません。

①利用者が居住する住宅の建設資金または購入資金
②住宅のリフォーム資金
③住宅ローンの借換資金
④サービス付き高齢者向け住宅の入居一時金
⑤子世帯等が居住する住宅の取得資金を借り入れるための資金

金融機関が独自に提供するタイプ

東京スター銀行など金融機関が独自のリバースモーゲージを提供している場合、資金の使いみちは基本的に制限を設けていません。そのため、生活費の補填や医療・介護にかかる費用、趣味、旅行などの余暇にも利用することができます。

「金利が高め」という弱点も

残念ながら、リバースモーゲージにはいくつかの弱点もあります。

金利が3％前後と高めに設定されていることからトータルでの返済額が多くなったり、変動金利のため市場金利が上がれば利払い負担も増えます。

銀行が地価下落や金利上昇による担保割れのリスクを懸念して融資額を低く抑えると、利用者にとってメリットが少なくなる可能性もあります。

平均寿命が延びている現代において、個人が何歳まで生きられるかは予測できません。そのため、融資極度額まで資金を使ってしまう恐れがあります。

土地の価値が下落してしまうと、融資極度額が見直される恐れがあります。既に融資極度額以上の資金を使用していた場合、差額を返済する必要性がでてきます。

以上のリスクが考えられるため、推定相続人（※将来、相続が起こったときに遺産相続することが推定される人）の事前承認が必要となってきます。

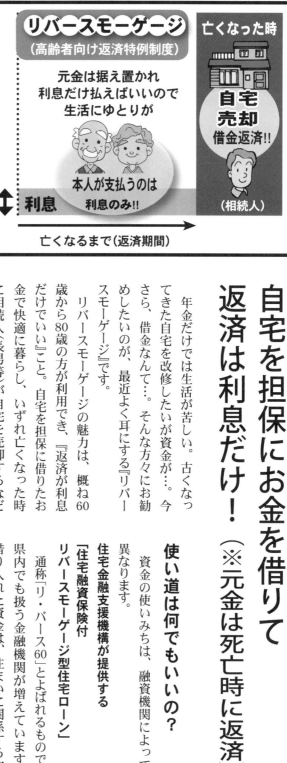

高齢者の医療費・保険の見直し

医療費支払は「自己負担限度額」まで。定年後に必ずしたい「保険の見直し」

70歳から75歳未満の方の自己負担額は70歳未満より低額に

70歳以上の高齢者が診療を受ける場合は、かかった医療費の2割、現役並み所得者については3割を窓口で負担します。入院の場合には、入院時食事療養の標準負担額(1食460円)も負担します。

また、療養病床に入院する場合には、食材料費と居住費が自己負担となり、入院時生活療養の標準負担額を負担します。療養病床とは、慢性的な病気で長期入院するためのベッドのことをいいます。認知症等の症状がある高齢者の多くは、療養病床を利用しています。

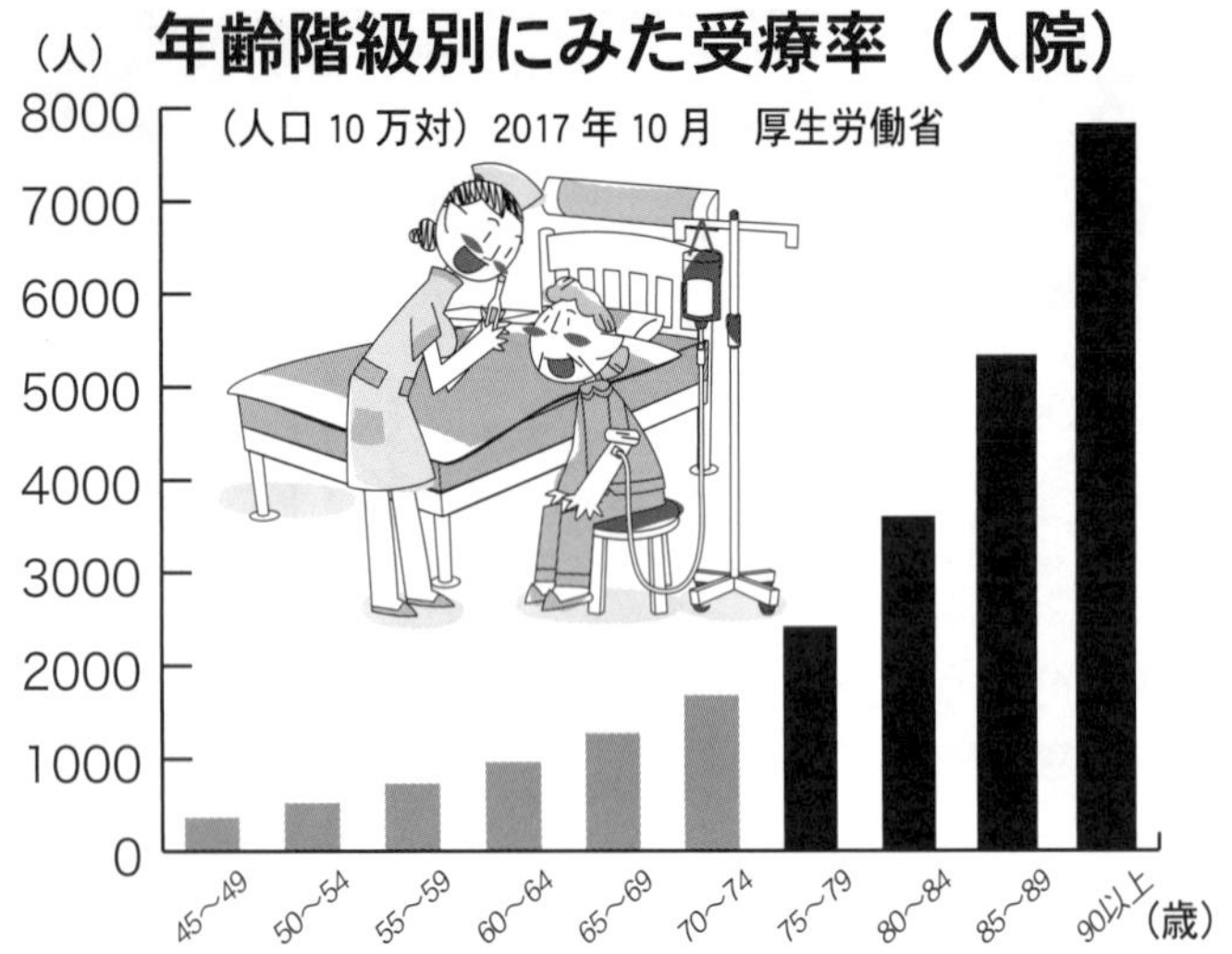

75歳から「後期高齢者医療制度」

後期高齢者医療制度とは、75歳以上の高齢者(後期高齢者)等を対象とする、独立した医療保険制度です。後期高齢者はすべて、健康保険の被保険者、被扶養者の資格を失い、後期高齢者医療制度に加入します。

「高額療養費制度」

医療機関等の窓口での支払いが高額になった場合は、申請することで自己負担限度額を超えた額が払い戻される『高額療養費制度』があります。詳しくは、病院や市区町村の担当窓口にお問い合わせを。

加入保険のチェックや見直しも

シニア世代に高額な死亡保険は、必要ありません。子どもの成長とともに死亡保障は減らし、その分を医療保障と生活保障に回すべきです。

医療保障を考える際、第一にチェックすべきことは「日額いくらもらえるか」。二番目は「保障期間がいつまであるか」ということ。保障が途中で切れてしまうものは避けて、終身かできるだけ高齢まで更新できる保険に入っておけば安心です。

以前は糖尿病ということだけで、ほとんどの医療保険に入ることができませんでした。しかし最近は、病歴がある方でも加入できる保険も増えてきています。

たまには保険証券を開いて、内容をチェックすることも大切です。これだけ平均寿命が延びてくると、80歳以降のことも心配になります。仮に70歳で「医療保障」が切れてしまったとしたら、これは大問題。男性も女性も高齢になるに連れて入院する率は上昇します(上のグラフ)。

葬式代としては200万円～300万円くらい、そして、死後の整理に必要となる資金を確保しておくことが望ましいでしょう。それには、終身かできるだけ高齢まで更新できる保険がお勧めです。

生活保護

受給世帯が年々増加中。仙台市では6208世帯の高齢者世帯が受給

(2018年度)

高齢者世帯が5年で3割以上の増加

仙台市における生活保護の受給世帯は年々増え続けており、2018年度では1万3583世帯、扶助費では2018年度決算で約274億円に達しています。

その中でも「高齢者世帯」は全体の約46%を占めており、2018年度の高齢者世帯数は6208世帯と、5年前と比較すると約35%、1594世帯も増加しています。そのうち約91%が単身者世帯というのも、高齢者世帯の大きな特徴となっています。

理由1位は「預貯金の減少・喪失」

保護を受けるようになった理由として最も多いのは、「預貯金の減少・喪失」(2018年度では全体の約35%)となっています。

医療費も自己負担無し

支給される保護費の算出方法は、年齢や世帯員数、住んでいる地域などによって異なり、冬季は暖房代のための『冬季加算』、年末には年越し代として『期末一時扶助』が認定されます。

仙台市で一人暮らしをしている75歳の方なら、支給される保護費は年金等の収入にもよりますが最大7万0030円(冬季加算を除く)+住宅費(単身者世帯の場合、最大3万7000円)。病気になった場合は、原則として自己負担等が無く医療機関にかかることができます。

※生活保護に関する相談は、各区の福祉事務所へ。

生活保護に関するQ&A

Q　自宅を所有していても生活保護を受けられますか?

A　持ち家があるからといって、それをもってただちに保護が受けられないということはありません。生活保護は、様々な事情を総合的に判断して決定されます。

Q　働かなくてもいいのですか?

A　働ける人は働いて、その収入を生活費に充てていただきます。また、利用していない土地・家屋などの資産は、売却するなどして、得た収入を生活費に充てていただきます。預金・貯金・貯蓄型の生命保険などがあれば、生活費に充てていただきます。年金・手当など、利用できる制度は全て利用していただきます。それでもなお、国が定める生活費の基準に満たない場合に、その不足する分について保護を受けることができます。また、親・子・兄弟姉妹・前夫(子の父)・前妻(子の母)などから援助が受けられる時は援助していただきます。

Q　借金はどうなりますか?

A　生活保護費の中から借金を返すことは、最低限度の生活を保障するという生活保護制度の趣旨から望ましくありません。借金などがある場合には、無料で弁護士への相談などができる場合がありますので、地区担当員に相談下さい。

Q　自動車は持てますか?

A　原則として「所有」も「使用」も禁止です。ただし、身体障害者の方で通院のために必要な場合や、仕事のためにどうしても必要など福祉事務所が認めた場合は除きます。

Q　引っ越しの費用などは?

A　特別な場合は、収入と保護費ではまかなえない場合もあります。このような特別な出費は、必要に応じて別に支給することもあります。これを「一時扶助」といいます。

Q　葬儀費も出してくれるの?

A　葬祭を執り行う場合に支給することがあります。なお、支給額は20万9000円以内です。

Q　生活保護を受けていても、介護保険の被保険者になりますか?

A　65歳以上の方と、40歳から64歳までの公的な医療保険に加入している方は、介護保険の被保険者となります。介護サービスが必要なときは、地区担当員に相談下さい。

Q　生活保護を受けると、減額または免除されるものがあると聞きましたが?

A　減額または免除されるものは、主に次のものとなります。

①個人市県民税　②固定資産税・都市計画税
③国民年金保険料　④水道料金の基本料金
⑤下水道使用料　⑥粗大ごみ・し尿処理手数料
⑦NHK放送受信料

6 病気の不安

家族が倒れたら、このページを真っ先に開いて冷静に対処してください。退院してからは、自宅で看てもらう選択肢もあります。

急病で倒れた！その時どうする

病院は夜間で休み…

深夜に体調が悪くなったらどこに駆け込めばいいのか？救急車を呼ぶとなったら準備しておくものがあるのか？呼吸停止、心臓停止といった最悪の事態となったならどうすれば…。

救急車が来るまでに用意しておくと便利なもの。

- 保険証や診察券
- お金
- 靴、杖
- 普段飲んでいる薬（おくすり手帳）

救急車が来たらこんなことを伝えて下さい。

- 事故の状況や体調が悪くなってから、救急隊が到着するまでの様子やその変化
- 行った応急手当の内容
- 具合の悪い方の情報（持病、かかりつけの病院やクリニック、普段飲んでいる薬、医師の指示など）

仙台市消防局の2018年のデータによると、救急車で搬送された方のうち65歳以上の方の割合は全体の約5割、約2万5千人にのぼっています。しかも、高齢者の搬送割合は年々増える傾向にあります。

休日や夜間の急病やケガで、入院するほどでもない場合

入院を必要としない軽症の患者さんに対応する初期救急医療機関として、休日当番医と仙台市急患センター・仙台市北部急患診療所・仙台市夜間休日こども急病診療所などの休日・夜間診療所、そして協力病院があります。

なお、急患センターや急患診療所は応急的な治療を行うことから、翌日以降にかかりつけ医や専門医へ受診することをお勧めします。

入院や手術を必要とする場合

入院や手術を必要とする患者さんに対応する二次救急医療機関として、救急告示医療機関などがあります。

高度な救急処置を必要とする重篤な患者さんに対応する三次救急医療機関として、仙台市立病院救命救急センター、仙台医療センター救命救急センター、東北大学病院高度救命救急センターがあります。緊急・重症の場合は迷わず救急車の助けを借りてください。

適切な病院を教える相談窓口

休日や夜間に具合が悪くなり、救急車を呼ぶか判断に迷った場合には、『おとな救急電話相談』というものがあります。休日・夜間の急な病気やけがについて、医療スタッフが受診の必要性や対処方法等の助言、医療機関を案内するサービスです。症状から「救急車を呼んだほうがいいのか？」「病院を受診したほうがいいのか？」など、判断に迷った際に適切なアドバイスをしてくれます。

ただし、命に関わる病気やケガの場合は、迷わず119番をしてください。

服用中の薬を持参

医療機関を受診する際は、服用中の薬がある方は薬を持参することをお勧めします。どんな薬を飲んでいて、どんな治療を受けているのか分からないと、飲み合わせによっては命に関わることもあるからです。

仙台市
急患センター

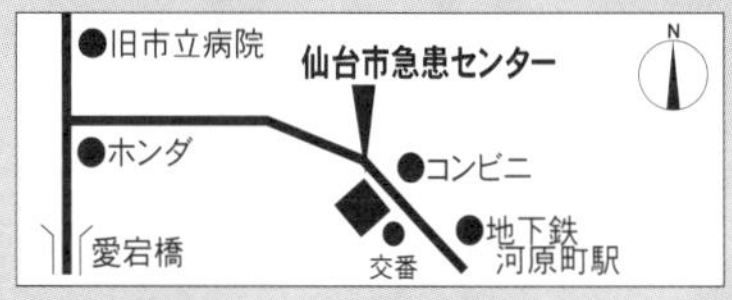

地下鉄河原町駅から徒歩３分

☎022-266-6561

仙台市若林区舟丁64-12

仙台市
北部急患診療所

地下鉄北仙台駅からすぐ

☎022-301-6611

仙台市青葉区堤町1-1-2

夜間や休日などに
医療機関の案内を実施

おとな救急電話相談

プッシュ回線・携帯電話

＃７１１９

プッシュ回線以外・ＰＨＳ

☎022-706-7119

休日・夜間の急な病気やけがについて，医療スタッフが受診の必要性や対処方法等の助言，医療機関を案内するサービスです。

案内受付時間　平　日／ 19：00〜 翌8：00
土曜日／ 14：00〜 翌8：00
日・祝／　24時間

お子さんの急な発熱やけがに迷った場合は，こども夜間安心コール「＃８０００」（毎日19時〜翌８時）に電話してください。

心肺蘇生法の手順

心肺蘇生の手順を大まかに解説したものですので、参考にしてください。

救急車が現場に到着するまでの時間は約8.3分。居合わせた人が救命処置をした場合は約3分で50%助かる可能性があり、何もしない場合は約3分で助かる可能性が25%に低下します。

① 反応の確認

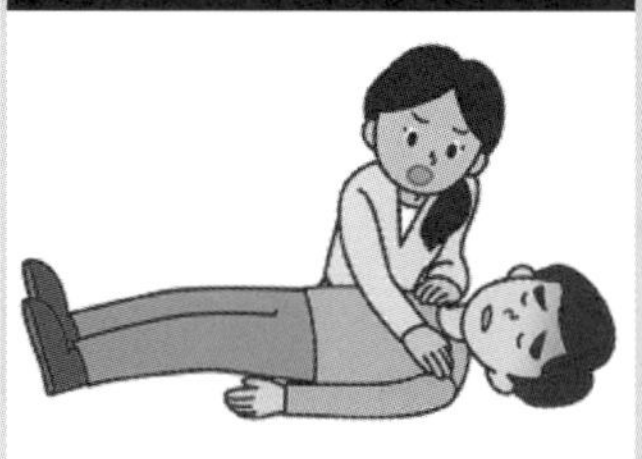

倒れた方の耳もとで大声で呼びかけながら、肩を軽くたたき、反応をみる。

② 119番通報とＡＥＤ手配

反応がなければ、大きな声で助けを求める。協力者が来たら「119番通報」と「ＡＥＤ」を要請する。

③ 呼吸をみる

普段どおりの呼吸があるかどうかを観察。10秒以内で、胸や腹部の上がり下がりをみる。呼吸がなければ、胸骨圧迫（心臓マッサージ）開始。

④ 胸骨圧迫（心臓マッサージ）の部位

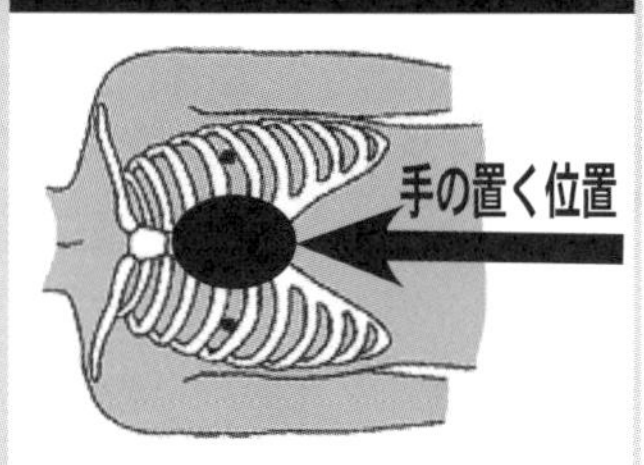

胸骨圧迫の手の置く位置は胸の真ん中、そこに片方の手の付け根を置く。

⑤ 胸骨圧迫（心臓マッサージ）

置いた手に他方の手を重ね、
肘をまっすぐ伸ばして体重をかけながら、
胸を少なくとも
５センチ沈むほど
強く圧迫する。
１分間に100〜120回
のリズムで30回圧迫する。

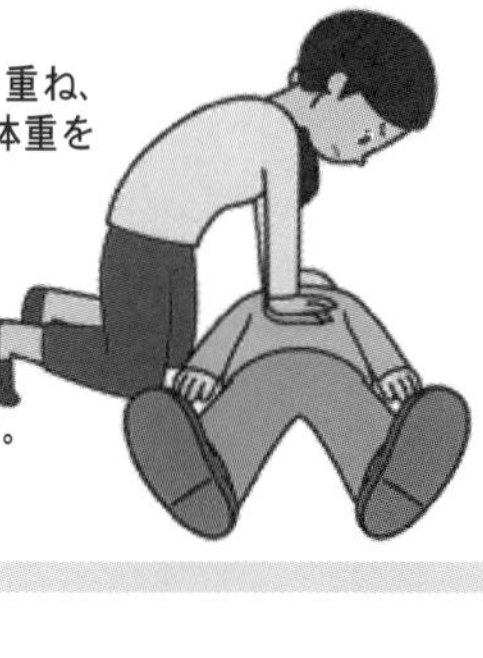

⑥ 胸骨圧迫と人工呼吸の組み合わせ

胸骨圧迫の後に、気道を確保（空気を吸えるような状態に）したら人工呼吸。
鼻をつまみ、息を約1秒かけて2回吹き込む。
胸骨圧迫と人工呼吸の組み合わせは30：2で救急隊に引き継ぐまで実施。人工呼吸ができない、または、ためらう場合には胸骨圧迫のみを続けます。

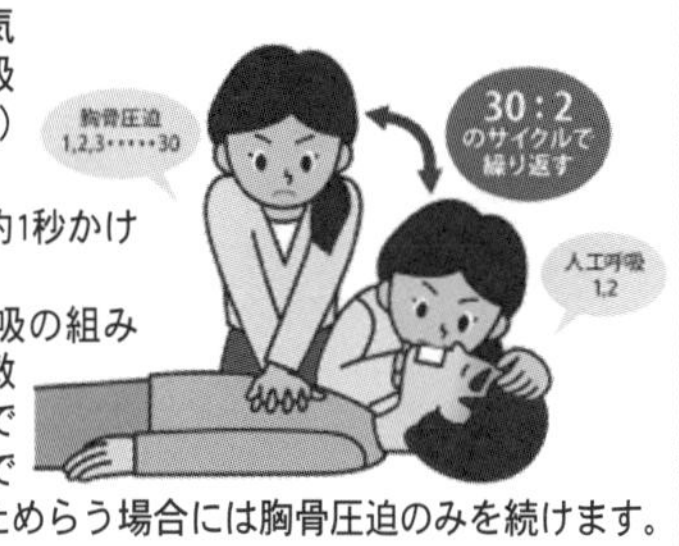

⑦ ＡＥＤを活用する

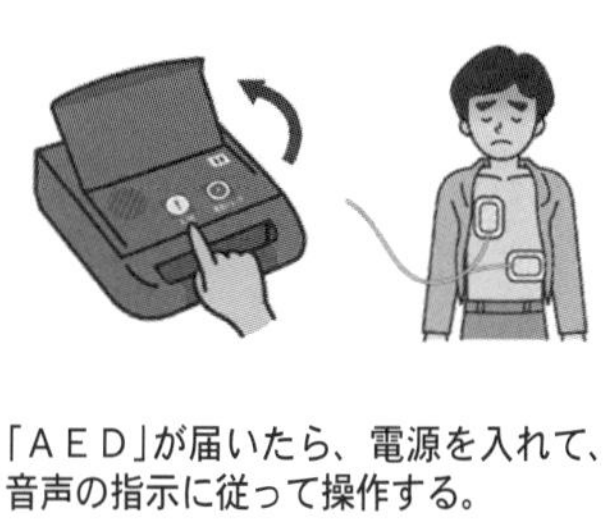

「ＡＥＤ」が届いたら、電源を入れて、音声の指示に従って操作する。

救急車を呼ぶときは病歴等の報告を

救急車を呼ぶ場合は、病歴やかかりつけの病院名を駆けつけた救急隊員に伝えてください。病院名などを紙に書いておき、家族でも分かるように目立つ場所に貼っておくことをお勧めします。

また、１人住まいの方は、家族や親戚の緊急連絡先が分かるようにしておいてください。搬送先の病院では「家族に来て欲しい」と必ず言われますし、手術をするにも同意書が必要になったり入院するにも手続きが必要になるからです。

救急車が来るまで、必要なら応急手当を

呼吸や心臓が停止しているときは、救急車が到着するまでの間、胸骨圧迫（心臓マッサージ）や人工呼吸を行ってください。

また、ＡＥＤ（疾病者の心臓に電気ショックを与える装置）が近くにある場合は活用してください。

『普通救命講習』を随時実施

仙台市消防局では『応急手当講習』を随時実施しており、心肺蘇生法やＡＥＤの取扱いについて学ぶことができます。

『救命ナビ』（※スマホ用アプリ）

このアプリは、いざという時に、「１１９番通報」と「心肺蘇生法」の一連の流れを、分かりやすく教えてくれます。

また、インターネットを活用した**『応急手当ＷＥＢ講習』**では、応急手当について事前にしっかり学ぶことができます。

問い合わせは、最寄りの消防署、または防災安全協会（救急サポートセンター）☎（２７１）１２１１まで。

在宅医療・訪問看護

自宅での療養を支える
在宅医療・訪問看護

「若林訪問看護ステーション」は、1992年に日本で初めて開設された全国10カ所のステーションの一つ。写真は、これから患者さん宅へ向かう看護師の佐藤さん

自宅で手当を受ける庄子さん

事例

Aさん(81歳・男性)
要介護3で妻と二人暮らし

糖尿病の既往があり、脳梗塞で入院。右半身マヒのため車イスを利用しており、膀胱留置カテーテルを挿入中です。退院する時、デイサービスの利用だけで在宅療養できると考えていましたが、実際に生活してみると困る場面があり、ケアマネジャーと相談して訪問看護を週2回利用することになりました。訪問看護では、全身状態をみてもらい、膀胱留置カテーテルの管理方法、排便のコントロールなどをしてもらうことになりました。

保険の種類：介護保険

・利用料…854円／回・60分未満
・膀胱留置カテーテル…500円／月
・緊急訪問看護加算(24時間対応)…540円／月

訪問看護の自己負担費用：1割

約7,000～8,000円／月

(左記を週2回1カ月訪問した場合)

※2019年10月1日現在

感想

訪問看護師さんに来てもらうと、生活の中で起こる困りごとを実際に見て、具体的なアドバイスをしてもらえました。夜間、カテーテルのトラブルがあった時、訪問して病院と連絡を取って対応してもらい、受診しないで済みました。

在宅医療

在宅医療とは、通院が困難になったり、病状が進むなどして入院した後の退院後、自宅や高齢者向け住宅等でも医療を受けられるというものです。

在宅医療に関しては、かかりつけの医師、病院の連携室、ケアマネジャーと相談してみるのが良いでしょう。

《在宅医療を利用できる方の例》

①難病などで療養が必要な方
②慢性疾患などで家で過ごしたい方
③たんの吸引などが頻繁に必要な方

《医師による在宅医療》

◎訪問診療

計画的・定期的に、患者の自宅などに医師が訪問し、診療を行います。

◎往診

急変の際などに、不定期に患者の自宅などに医師が訪問して診療を行います。

《医師と医療職が連携して実施するサービス》

医師の指示のもと、それぞれの専門知識をもつ医療職が連携し、あなたの自宅等を訪問することで次のような専門的なサービスを受けられます。

◆訪問歯科診療

歯科医師・歯科衛生士が訪問し、歯の治療や入れ歯の調整等を通じて食事を噛んで飲み込めるよう支援を行います。

◆訪問看護

看護師等が訪問し、処置や療養中の世話等を行います。(※詳しくは左記に掲載)

◆訪問薬剤管理

薬剤師が訪問し、薬の飲み方や飲み合わせ等の確認・管理・説明等を行います。

◆訪問によるリハビリテーション

理学療法士・作業療法士・言語聴覚士が訪問し、運動機能や日常生活で必要な動作を行えるように、訓練や家屋の適切な改造の指導等を行います。

◆訪問栄養食事指導

管理栄養士が訪問し、病状や食事の状況、栄養状態や生活の習慣に適した食事等の栄養管理の指導を行います。

訪問看護

看護師を何人か在籍させて訪問看護を行う『訪問看護ステーション』は、仙台市内だけで90カ所、宮城県内全体では154カ所に設置されています(2019年10月1日現在)。「病院中心の医療から在宅医療へ」という流れの中で大きな役割を果たしている訪問看護ですが、実は宮城県は

Q1 訪問看護って何ですか？

看護師がお宅を訪問して、その方の病気や障がいに応じた看護を行います。病院と同じような医療処置も行います。「最期を自宅で迎えたい」という希望に添った看護も行います。

Q2 訪問看護は、どんな看護をしてくれますか？

- ●健康状態の観察・療養上のアドバイス
- ●療養生活のお世話
  入浴介助、全身清拭、洗髪、排泄介助、他
- ●医療処置・医療機器管理
  呼吸器管理、点滴、注射、インシュリン注射、カテーテル管理(胃ろう経管チューブ等)
  吸引、在宅酸素、排泄管理、床ずれ処置、他
- ●認知症、精神疾患の看護
- ●終末期(ターミナルケア)の看護
- ●在宅でのリハビリテーション
- ●緊急時の対応
- ●介護者への支援・他
  介護方法の助言、不安やストレスの相談

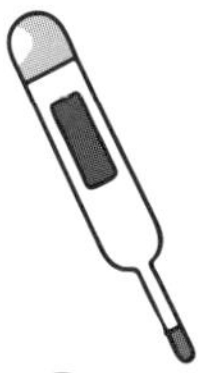

Q3 訪問看護はどんな人が受けられますか？

子供から高齢者、病状や障がいが軽くても重くても、すべての人が受けられます。主治医が交付した訪問看護指示書にもとづき、必要なサービスを提供します。

Q4 費用はどれくらいですか？

保険の種類や所得・年齢によって違いますが、原則1～3割が自己負担です。公費が適応となる場合もあります。

Q5 誰に相談したら受けられますか？

受診している医療機関、お近くの訪問看護ステーション、地域包括支援センターなど各機関でご相談にのります。

公益社団法人 宮城県看護協会 **訪問看護総合センター**
☎022(347)3341(相談無料)

全国に先駆けて1992年にスタートさせた歴史をも誇っています。

訪問看護師の育成や相談対応等を行っている『(公社)訪問看護総合センター』の及川真喜子所長は「重い病気でなければ、訪問看護を受けられないと思っている方も多いようです。たとえば、要支援の方が筋力を維持するためのリハビリを自宅でするために利用されたり、糖尿病のインシュリン注射を毎日受けている方もいます(※介護度は低いものの、認知症のため注射ができないため)」と話していました。

1人暮らしの高齢者が増えつつある中、訪問看護を受けながら在宅で1人で療養生活を続けている方も増加しているそうです。「ヘルパーや様々なサービスを利用したり、住民の見守り活動に熱心な地域であれば、十分に可能です」(同)

お説教や冗談も言い合える関係に

若林訪問看護ステーションの看護師・佐藤智美さんが車で向かったのは、ステーションから10分ほどの庄子信さん(61)宅。10代の時に脊髄を痛めた庄子さんは糖尿病なども患い、10年以上前から週2回ほど看護師に来てもらっています。

褥瘡《じょくそう》の手当が終わると「血糖値は?お通じは順調ですか?」といった質問を受けながら、花見をしたことや料理の話題で会話も弾ませつつ、訪問は60分ほどで終了。

「訪問看護の良いところは、刺激になるところですね(笑)。小うるさい人ばっかりですから(笑)。(看護師さんの判断で)救急車で運ばれたこともありました。父親と2人暮らしでストレスもたまるので、気分転換にもなります」と話していました。

連携して在宅療養を支援

訪問看護だけで在宅療養が完結するわけではなく、保健、医療、福祉、自治体のサービスと連携しながら支えて行くことになります。たとえば、介護保険の中で自宅で利用できる『訪問系サービス』には次のようなものがあります。

◎訪問介護 ◎訪問入浴介護 ◎定期巡回
◎訪問リハビリテーション ◎随時対応型 他

介護保険によって支援を受けるためのケアプランは、ケアマネージャーが作成。また、理学療法士・作業療法士は、日常生活を送るうえでの動作の回復、痛みを和らげる体位、介護する側・される側にとって負担の少ない体位交換や移動の方法等を必要に応じて指導をしてくれます。

それぞれのステーションには得意分野も

訪問看護を利用したいとなったら、受診している病院や訪問看護ステーション等に相談してください。

(公社)訪問看護総合センターには県内のステーションの情報が集約されており、それぞれの得意分野、たとえば小児が得意、精神が得意といったステーション毎の特長も把握しており、相応しいステーションを紹介してくれます。体に管が入っているなどして24時間の対応が必要な場合なら、できるだけ近くのステーションを紹介してくれます。

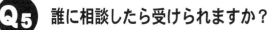

7 介護の不安

身内の介護が必要になると、どうしよう！とパニックになる方がいます。助けてくれる場所がありますから、落ち着いて相談を。

介護を快適・安心・安全に！便利な福祉用具

ワンプッシュで約0.4ccの醤油が出る減塩用の醤油差し（写真上）
引っかかりがあって食べやすいフォーク（写真右）

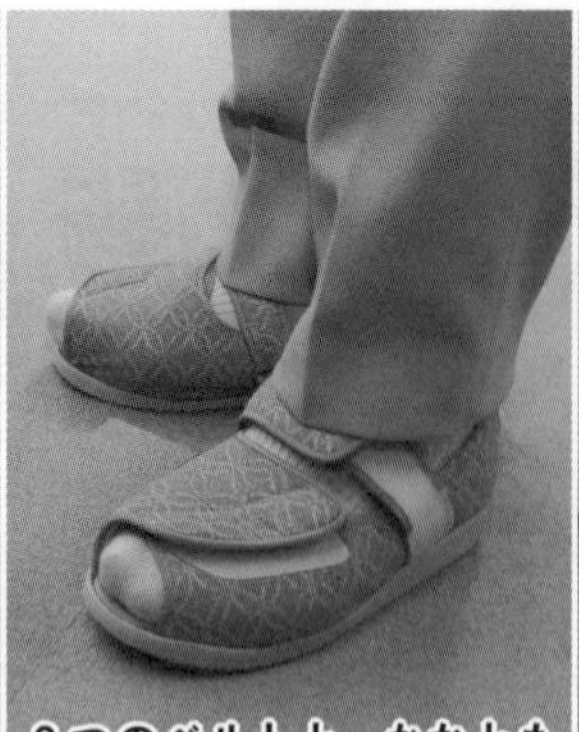

2つのベルトと、かかともあって履き心地が安定している靴。柄もいいですね。※写真はスマノさんの足。

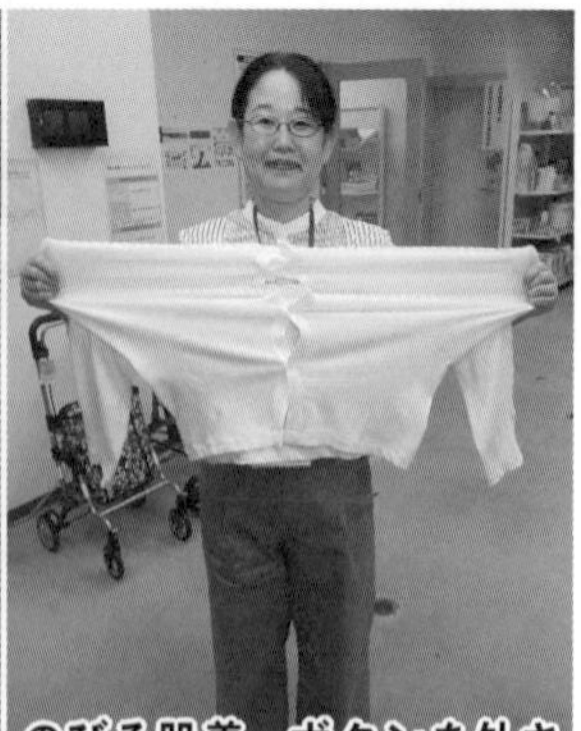

のびる肌着。ボタンを外さずに頭からすっぽりかぶれ、着せやすい（脱がせやすい）。※写真は相談員の方。

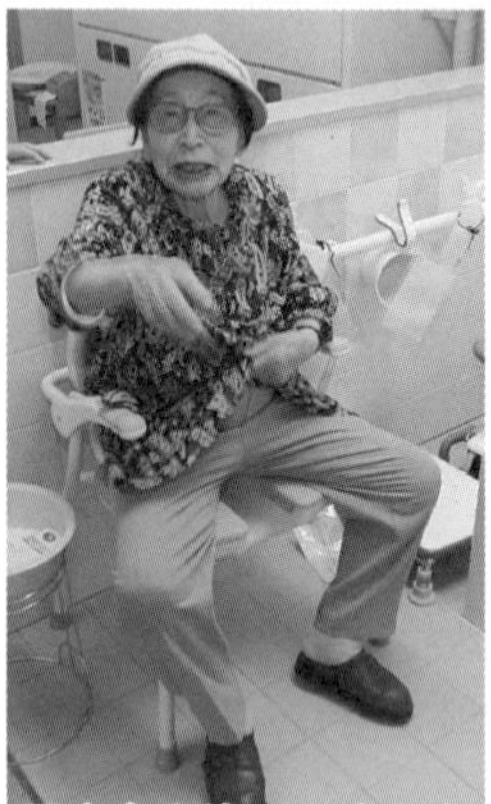

下半身を洗いやすいように工夫されている浴室用椅子。「これ良いよ!」とスマノさん。

シルバーネット愛読者の髙橋スマノさんが手にしているのは、引いてショッピングカート、押してシルバーカーになる１台２役に使える併用タイプ。

日常生活や介護に役立つ福祉用具を手に取ってみたり、試してみることができる福祉用具の展示室が、仙台駅近くのシルバーセンター2階にあります。505点もの福祉用具が展示され、相談員の方がアドバイスもしてくれます。

並んでいる用具類は、医師や看護師をはじめ学識経験者などの意見も踏まえ、安心・安全に使えるものを厳選。毎年4月末頃には、入れ替えも行われています。

先日、元看護師の髙橋スマノさん（91）と一緒に見学へ行きました。癌の手術をされたばかりのスマノさんが真っ先に品定めを始めたのは、『椅子の上に置く座布団』。椅子に長時間座っているとお尻が痛くなり困っていたそうで、車椅子用のクッションを試してみると「いいのが見つかった。どこにも売っていなかった」と大喜び（※本来、車椅子用クッションは車椅子のオプション製品として作られています）。他にも魅力的な用具と次々出会い、「来てよかった。みんなにも教えたい。浴室で亡くなる高齢者が多いから、浴室には良い物を揃えなきゃ」と笑顔でした。

展示室を訪れるのは、福祉用具が必要になった高齢の方や障害をお持ちの方とその家族が多かったそうですが、最近では学生や介護職の方、外国の方なども見に来られるそうです。「以前は福祉用具に興味がないという方が多かったのですが、いまは積極的に学びたいという方が増えています」と相談員の方。

ご自分にあった用具が見つかれば、入手方法などをアドバイス。要介護認定を受けた方なら、一定割合の給付が受けられる場合もあるそうです。

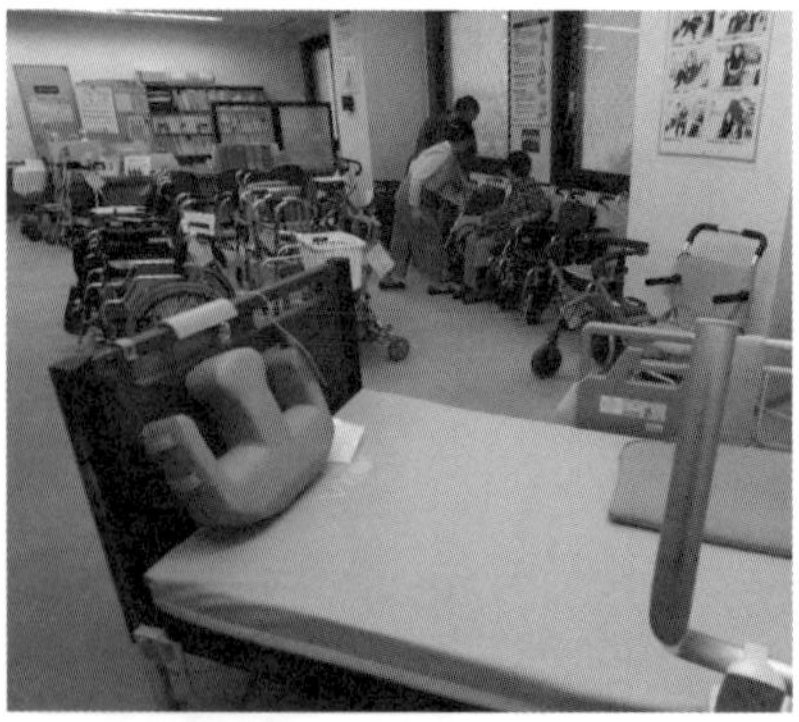

福祉用具展示室

505点の福祉用具を常時展示。見学無料。見て、触って、体験することができます。介護に係わる相談、情報提供等も実施。2018年度の利用者数は約6,000人。「知って役立つ福祉用具講座」を年６回開催。

場所： 仙台市シルバーセンター　2階
時間： 9：00〜17：00（土・日・祝日も開室）
※休室日：年末年始・施設点検日
電話： ☎022（215）3711

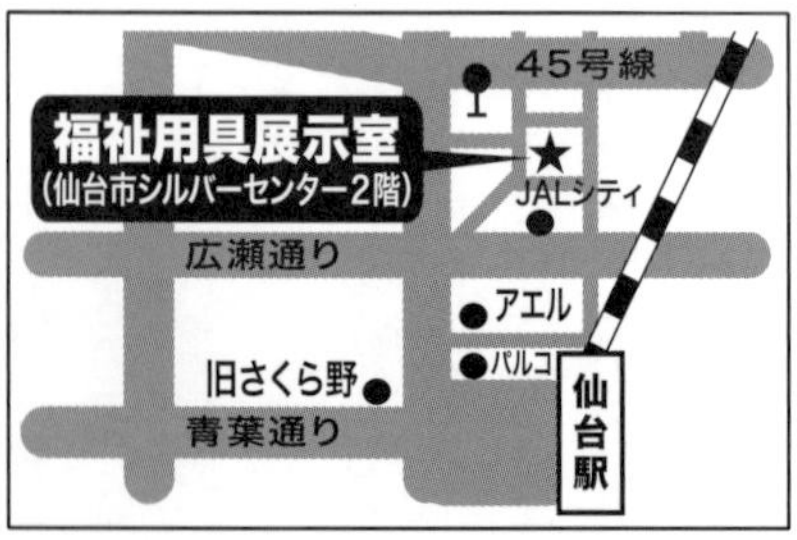

介護講座

仙台市シルバーセンターで開催されている介護講座
《参加者の声》「義母を6年介護している夫の大変さが、よく分かりました。義母がどうして暴れるのかも、分かりました」太白区の女性(53)／「両親に介護が必要になった時のため、退職後から受講。介護される立場になって考えられるようになりました」宮城野区の女性(61)
問／介護研修室 ☎022(215)3711

これからの介護は、便利な機器を使いこなしたり、テクニックを学んだり、ポリシーを持つことも大切となります。そのどれもが学べるところが、(公財)仙台市健康福祉事業団の介護研修室が開催している市民向けの『介護講座』です。受講者は年々増える傾向にあり、2018年度の受講者数は3876人。親の介護を身近に感じている50～60代の方が最も多く、男性の比率も高まる傾向に。現在介護中という方よりも、「今後に備えるため」という方が多くを占めています。

さまざまな講座が毎月3～4回程開催されています。『介護1日講座』では、介護用ベッドやポータブルトイレ、車いすなどさまざまな介護機器を活用しながら実技も学習。実際に機器類を使って学べるところは、なかなか他ではないそうです。歯磨きをしながら口腔ケアを学んだり、ゼリーやせんべいを実際に食べて〝飲み込み〟について学ぶなど、得がたい体験もさせてもらえます。

『知って役立つ福祉用具講座』(写真上)では、少人数で行うことで福祉用具に触れながら、相談員との距離を縮めてもらうのも狙い。相談しやすい雰囲気の中、「価格は？どこに売っているの？」といった質問が次々と出ていました。

その他にも、『認知症を理解する』『ターミナルケアを学ぶ』『テーマ別介護講座』『介護ナイター講座』『働く方の介護入門講座』『土曜介護講座』、等々があります。

「介護講座というと介護について学ぶだけと捉えがちですが、介護が必要となる症状を悪化させないことや予防することも目的。また、講師は医療・福祉の専門家や介護の現場で指導等活躍されている方々だけに、介護に必要な知識・技術だけでなく、人生観や介護観も勉強になることがあります」とスタッフの方。

介護の負担をできるだけ軽くして、住み慣れた我が家で安心して暮らせるよう、講座に足を運んでみてはいかがですか…。

介護保険

介護サービスを利用するには 自治体への届出と認定調査が必要

①相談
地域包括支援センターや行政の相談窓口等にまずは相談してみます。

②申請
介護サービスを利用するときは、区役所か総合支所に行って認定申請をします。

③要介護認定の実施
調査員が自宅を訪問して、本人や家族に心身状況を調査します。また、主治医の意見書も作成してもらいます。

④認定結果の通知
申請から30日以内に、市区町村から認定結果通知書と保険証が届きます。

⑤ケアプラン作成とサービス利用
ケアマネジャーに依頼して、利用するサービスを決め、介護サービス計画を作成してもらいます。事業者や施設と利用契約をして、サービスを利用します。

1～3割を自己負担
保険給付の対象費用のうち、所得に応じて1割から3割を利用者が負担します。ただし、施設サービスなどを利用する場合、食費・居住費(滞在費)など、別に負担が必要なものがあります。

介護度の目安

※介護度によって受けられるサービスが決まります。

区　分	身体の状態（例）
要支援1	日常生活はほぼ自分でできるが、要介護状態になることの予防のために少し支援が必要。
要支援2	日常生活に支援が必要だが、要介護に至らずに機能が改善する可能性が高い。
要介護1	立ち上がりや歩行が不安定。排泄や入浴などに部分的介助が必要。
要介護2	自力での立ち上がりや歩行が困難。排泄・入浴などの一部またはすべてに介助が必要。
要介護3	立ち上がりや歩行などが自力ではできない。排泄・入浴・衣服の着脱など全面的な介助が必要。
要介護4	日常生活能力の低下がみられ、排泄・入浴・衣服の着脱など全般に全面的な介助が必要。
要介護5	日常生活全般において全面的な介助が必要であり、意志の伝達も困難。

8 片付けの不安

長く生きてくれば、物だって溜まります。ある程度は減らしておかないと、介護が必要になった時、旅立った後、周りが大変…。

物を捨てられない理由は「思い出」「もったいない」

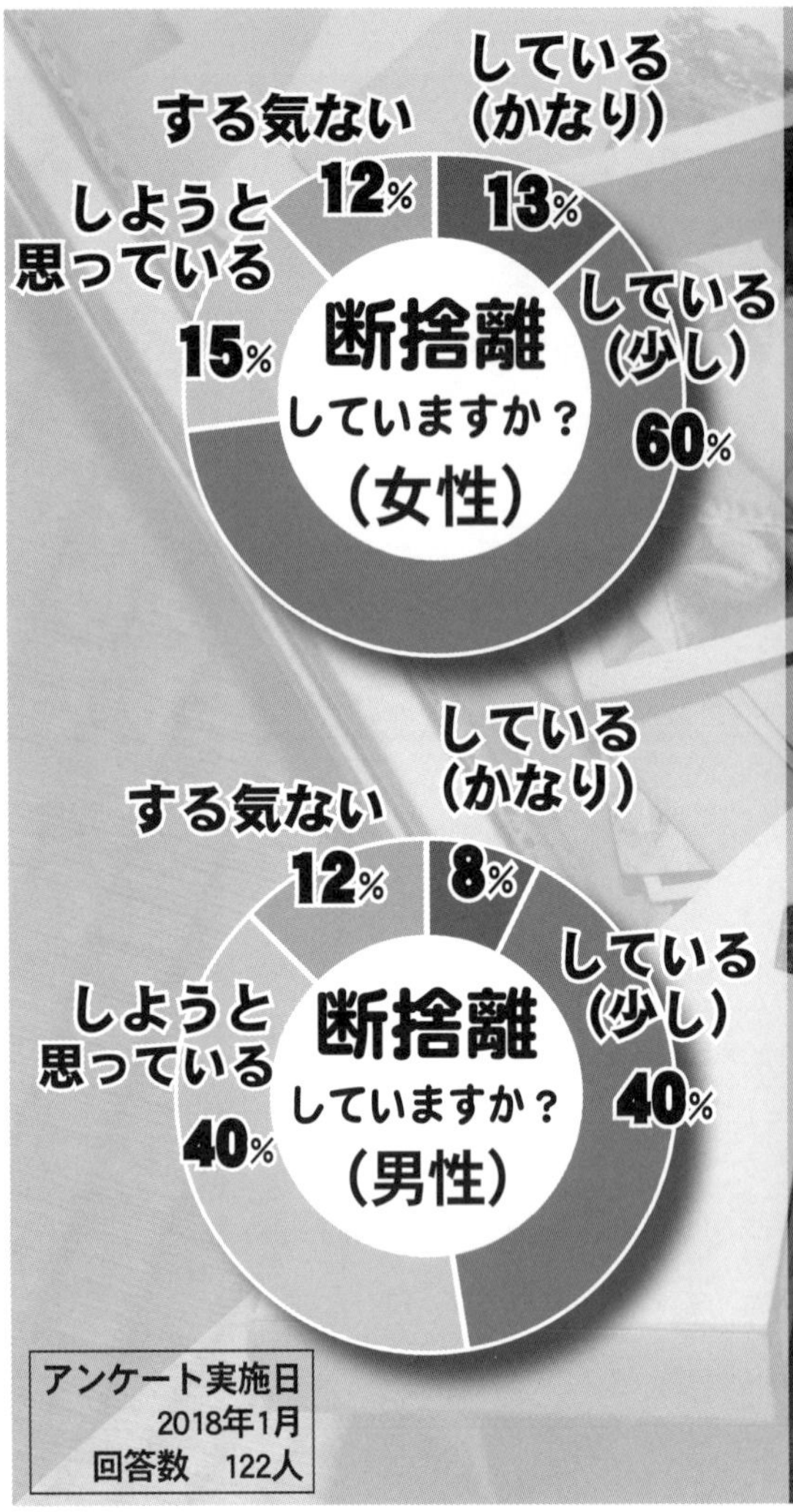

モノを捨てると何が良いの？

物の片付けに成功すると、驚くほどたくさんの良いことが待ち受けています。

・床面積が増える。
・椅子にぶつからなくなる。
・家に帰ると元気が出る。
・決断が早くなる。
・空気が美味しくなる。
・お金が貯まりやすくなる（みたいです）。

片付けることを〝断捨離〟とも言います。押し入れにしまいっぱなしの古着や引出物などを処分したり差し上げたり売ったりして、快適に過ごすこと。捨てることで物への執着から離れ、目に見えない心の重荷から解放される効果もあります。

『終活』においても、物を片付けることは最も重要な取り組みとなります。成功の秘訣は、無理の無い計画を立てること。断捨離に成功した読者の男性は、次のような計画を立てたそうです。

①作業時間は、1日1時間から2時間とする。
②不要なものはリサイクルに出すか、廃棄処分。
③押入や物置に収納したものは、出来る限り箱や袋にとりまとめ、内容品はラベルで表示。
④整理した物品は、部屋ごとに収納場所・物品・数量が分かるように「物品管理一覧表」を作成。
⑤引き出しや戸棚には、内容品をラベル表示。

女性の方が断捨離に積極的

断捨離に関する小紙読者アンケートによると、「断捨離ができない・進まない」という方の理由で最も多かったのが、「思い出」。次いで「もったいない」でした。

断捨離を実行している方の割合は、女性が7割以上、男性が半分以下。「両親の遺品を処分した時、つらかったので、子に罪の意識を感じさせたくない」（女性75）、ある買取業者の方は「お客様の8割が女性です」とも話していました。

1割以上が断捨離を拒否

一方、「する気が無い」という方も男女共に1割以上。「まだ若いし、やりたいことがある」（男性68）、「子供やその嫁との価値観に格差が感じられ、発言も控えめになりがち」（男性84）、「女房はしているが自分は全くしていない。女房は女房、私は私、そんなことでケンカをしても仕方ない」（男性72）、「整理するほど物がない」（被災者の男性75）「時間が無い、面倒」（男性80）、「物不足の時代に生きてきたので、捨てることにすごい抵抗が」（女性77）、「（身内には）欲しい物だけ持っていってもらい、後は業者任せ」（女性86）。お気持ち、よ～く分かるような気も致します、

捨てられない理由

●災害時や戦争があったら必要になるのでは…と。
●物不足の時代に生きてきた。
●親が苦労してそろえてくれたものは特に…。
●「いる！」「いらない！」で、夫婦ゲンカになる。
●自分の物を断捨離しても、家族の物が増えて行く。
●捨ててから、後悔したことがある（写真とか）。
●信頼できる買い取り業者を探せない。
●使ってくれる相手を探している。
●スペースが空くとまた買ってしまう。
●主人の実家（空家）は特に難しい。
●ブランド服（高価だったことが頭から離れない）。
●考えるのが面倒。
●仕事の資料は貴重で捨てがたい。
●生きる支えを無くすようで捨てられない。
●自分の過去のことが全て消えていく不安。

（読者アンケートより）

なぜ、整理が必要なのか

●片付けには気力・体力・判断力が必要
●必要なものが、どこにあるのか分からなくなる
●床にあるモノで、転倒する危険
●自分にもしもの時、片付ける人が大変！
●整理しておかないと、いずれ全てゴミにされる
●老人ホームには、ほとんど何も持って行けない
●夫婦や親子の会話が生まれる。頭の体操になる
●気持ちがスッキリできる　子どもが喜ぶ
●探しモノが早く見つけられ、時間も節約できる

残されたら特に困るもの（？）

●昔の恋人からもらったラブレター
●エッチなビデオや本
●趣味で書いた大きな油絵
●膨大な量のアルバムや写真
●賞状やトロフィー　●日本刀や猟銃、手榴弾等
●ペット　●デジタル遺産（ネット上のブログ等）

“心の整理”こそが成功の秘訣

やろうと思っても出来ない…と、自分を責めてしまう方も多いようです。できない理由、やらない理由を考えることも断捨離の大切なプロセスとなります。

たとえば、人は得られた喜びよりも、失った悲しみの方が敏感に感じてしまうという性質があります。この心理が物への執着となり、捨てようと思う意志を後ろ向きにさせてしまうのです。つまり、「損するかもしれない」という不安を無くすことが必要。「本は誰かの手に渡り、またその人が感動してくれれば…」「衣類もリサイクルで役立てば…」「捨てることで心が解放されるかも…」とプラス思考へ転換させることが大切。

また、「自分の判断に自信がない」という方も、断捨離が進まない傾向にあります。家族を基準にするのではなく、自分にとって必要かどうかという点で考えることが重要です。

そして、割り切ることも大切。断捨離ができる人は「もったいないけど、仕方がない」と割り切っているのです。どうしても捨てる捨てないで迷ったら、迷った物を入れる第3の箱へ…。

高齢者は特に物を大事にするので、「もったいない」という気持ちに家族は寄り添い、意見の食い違いを乗り越えて断捨離を成功させなければなりません。プロの業者に任せるのも一つの方法です。

メルカリ・ヤフオク・フリマ

フリマアプリの代表格「メルカリ」で近年増えてきているのは、60代以上のユーザー。目的は「不要品の処分」という方が断トツの一位だそうです。そんなメルカリと、ヤフオク、フリマの魅力を簡単に解説いたします。

●メルカリ

魅力は、価格を自分で自由に設定でき、スマホで簡単に買ったり売ったりできること。商品が届いてから出品者に売上金が入るシステムも安心。利用料は無料、手数料は売上の10％。相場が分からない（安ければ直ぐに売れる）点が、初心者には難しいところ。安くても早く処分したい方、誰かに使ってもらいたいという方の利用が多いようです。

●ヤフオク（ヤフーオークション）

魅力は、欲しい人が居れば出品した方がビックリする価格まで上がること。壊れたオモチャが、ウン百万円になることも。出品前にヤフープレミアムの有料会員になる必要があり（月額462円（税抜き））。販売手数料は、非プレミアム会員は商品落札金額の10％、プレミアム会員は商品落札金額の8・8％。

●フリマ（フリーマーケット）

魅力は、その場で交渉ができたり現金でやりとりできること。県内ではグランディの駐車場等で時々開催。出店料は3000円ほどです。

衣類・布団・粗品タオル・家電

雪崩状態の服をスッキリ整理したい！

衣類の整理方法の一例

① **所有している衣類を書き出す**
　コート[　]枚　スカート[　]枚　セーター［　]枚

② **使用状況を調べる**
　使用していない期間は[　]年

③ **ルールを決めて捨てる**
　[　]年以上使用していないものは捨てる

ルールを決める

衣類の整理は、クロゼットや衣裳ケースから服を全部出して、何がどのくらいあるのかチェックから（見える化）。「何年も着ていない服」「時代遅れの服」「年齢的に難しい服」は処分。愛着のある服はカメラでパチリ。制服だけは処分できなかった警察官ＯＢの方は、制服姿の写真があるからと処分に踏み切ったそうです。

その他にも次のようなルールを

・収納場所から溢れたら、何かを捨てる。
・1シーズン着なかったら処分する。
・何か買ったら何か捨てる。等々。
・8割の収納（収納場所を満杯にしない）

リメイク、売る、寄贈

着物をリメイクして小物入れにしたり、リサイクルショップやフリーマーケット、ネットオークションで売ったり、集団資源回収（※町内会・子供会→リサイクル）という方法もあります。ちなみに、着物の買取価格は1枚1000円ほどにしかならないそうです。

『日本救援衣料センター』に寄付するという手も。貧困や自然災害、紛争等で困っている国に衣類を寄贈しています。詳細はホームページでご確認を。

タオルは寄付、布団は粗大ゴミ

銀行等からもらった粗品のタオルなどは、ボランティア団体や介護施設などにプレゼントすると喜ばれます。

布団は仙台市の場合、粗大ゴミで400円（布団3枚まで）、切り刻んで普通ゴミで出すことも可能。圧縮袋に入れて小さくして保管するという手も。お焚き上げをしてもらうという方も。

家電は製造年月日から5年以上経過すると、価値がほぼ無くなります。

宝石・ブランド品・酒・切手・コレクション・本・CD

金色に輝くものは鑑定を！ 未開封のウイスキーも人気 どこかにお宝が…

貴金属・ブランド品を売る時のコツ

①買取店を何軒か回る
※少しでも高い店に買ってもらう
②保管方法が大切（カビたりしないように）
③何点か売る場合は、それぞれの高値の店へ
④売るタイミングを考える（その時季に売れるもの）
⑤「あと○○○円上がりませんか？」と値段交渉を
⑥訪問買取（押し買い）には悪質業者もいるので注意

金・ブランド品

宝石やブランド品を売る時は、買取店を数軒回って一番高く買い取ってくれる店を選びましょう。18金はグラム４０００円以上（税込）、24金は５０００円以上（同）になります（２０１９年12月調べ）。

ブランド品は、できるだけ掃除をしてキレイにすると査定もアップします。見た目（ホコリ・黒ずみ）、内側（ホコリ、べたつきがないか）、臭い（香水やタバコ、食べ物、カビ）も買取価格に影響します。アクセサリーなどは、保証書や鑑定書、箱があると査定アップにつながります。流行もあるので早めに売却を。

酒・切手

ウイスキーやブランデー、ワインなども高値で取り引きされています。ただし、封を切ったら売値はゼロになります。

切手はシートの状態で額面の9割、バラは額面の6・5割ぐらい。昔、集めた記念切手は、切手買取の専門店がお勧め。

コレクション

ブリキのおもちゃ、フィギュア、刀、骨董品、絵画といったものは、できるだけ価値の分かる業者を探すことが大切。

ブリキのおもちゃは、意外な高値になることも。アニメ関連のオモチャも人気ですが、ブームが去れば価値も急落します。

掛け軸や壺などは箱と中身が一緒になって本物とされるため、箱を捨てないようにしてください。

本・CD・レコード

本やCDなどは、ブックオフなどのリサイクルショップに相談するのが一般的。出張買取サービスや郵送して査定してもらえる店もあります。児童書は施設等へ寄贈しても喜ばれます。

レコードは、ジャンルや状態（ジャケット・レコード本体・購入したのが何年か）によって買取価格が決まります。専門書やレコードは、日用品と一緒に処分せずに価値の分かる店に査定してもらった方が高値が付きます。

お店選び

街中はライバル店が多いため、査定額が高めになりがちです。個々の店の主力分野を把握して、その店に合った物を持ち込むことも大切。信頼できる媒体に広告を出している店、査定の内訳を丁寧に説明してくれる店もお勧め。『宅配買取』というものも、便利で人気のようです。

写真・ビデオ

子に捨てられないよう コンパクトに

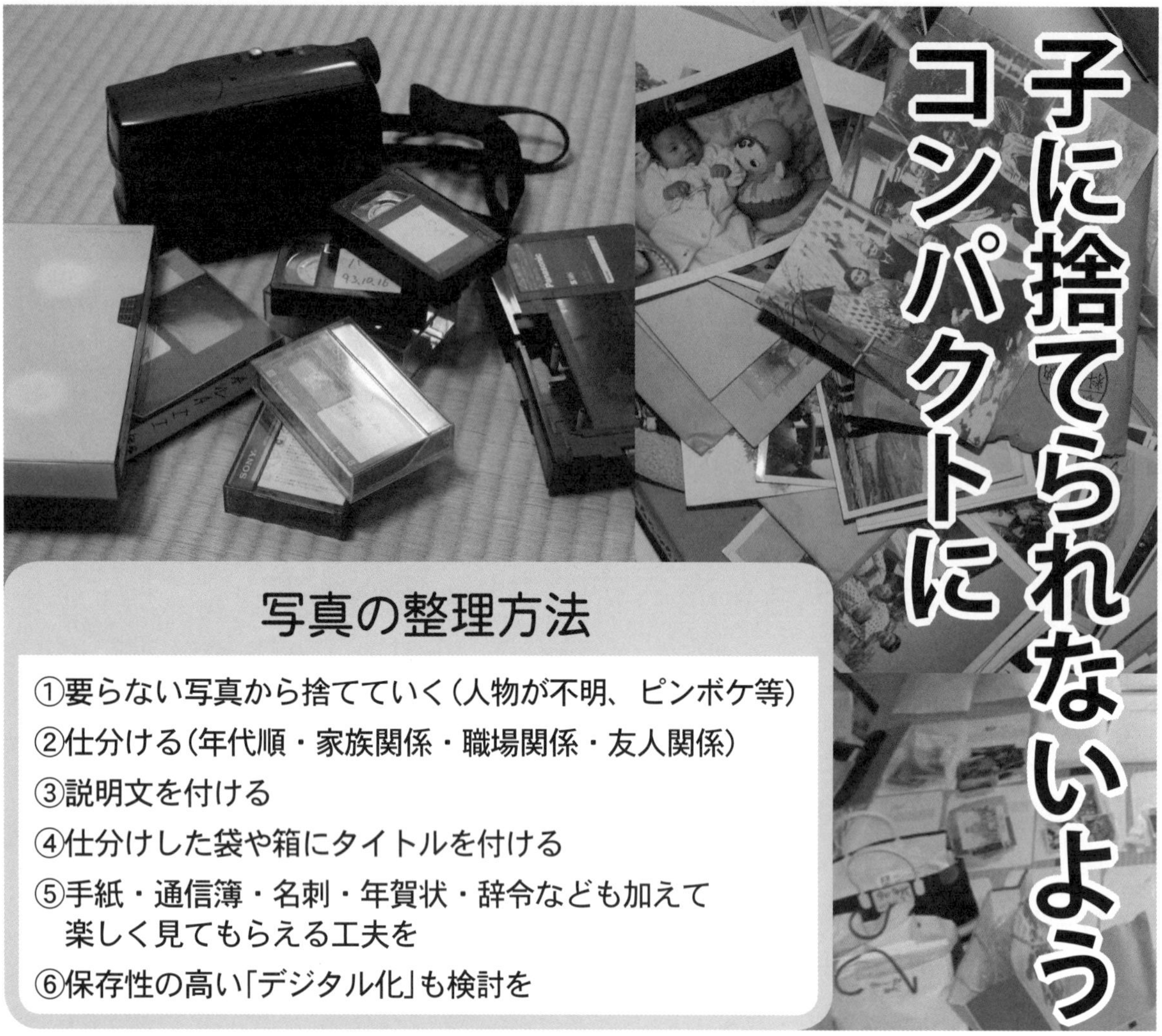

写真の整理方法

①要らない写真から捨てていく（人物が不明、ピンボケ等）
②仕分ける（年代順・家族関係・職場関係・友人関係）
③説明文を付ける
④仕分けした袋や箱にタイトルを付ける
⑤手紙・通信簿・名刺・年賀状・辞令なども加えて楽しく見てもらえる工夫を
⑥保存性の高い「デジタル化」も検討を

写真の整理は、アルバムなどに入った家中の写真を一カ所に集めることからスタートしましょう。アルバムの写真は、機械的にはがします。感情を込めると、時間がいくらあっても足りません。のり付き台紙から写真をはがす時は、ハサミやカッターよりペーパーナイフの方がきれいに取れます。くっついた写真はドライヤーで写真を温めながらはがします。

アルバム5冊ほどにする

目標は、子や孫が守ってくれる現実的な量と言われる「アルバム3冊～5冊くらい」にすること。

処分する写真は、写っている人物が誰か分からないとか、ピンボケ、写りが悪い（露出の問題等で）、謎の風景（どこで写したか分からない）、類似した写真、他人に見られると恥ずかしい写真、等々。

保存する写真は、家族のヒストリーに欠かせない出来事、記念日（誕生日や七五三）、表情の良いもの、成長の様子が分かるもの（寝返り、初歩きなど）、自分がカッコ良く写っている写真、等々。

作業は1人でする方がはかどりますが、余裕があれば家族と一緒にプロセスを楽しむ（説明したり、思い出したり）のも良いでしょう。後で「あの写真は?」とならないように全員が納得したうえで処分した方が良いかも知れません。捨てにくい写真は、どんと祭（※神社によります）やお焚き上げを活用ください。

なお、時代の風俗がよく伝わる写真（※食べ物、服装、お祭り、今はない建物等）は、歴史的価値も出てきます。そうした写真の保存に努めているNPO団体（20世紀アーカイブ仙台）もありますから、ご協力もご検討ください。

枕元に置ける『ミニアルバム』

表情の良い写真をフォトフレームに入れて飾ったり、選りすぐりの写真でミニアルバムを作っておくと、入院中や老人ホームに入った時は宝物になります！

できればデジタル化を。劣化せず、場所を取らず、パソコンやテレビでみんなで楽しむこともできます。

ビデオの整理・捨て方

ビデオテープは劣化しますから、早めにデジタル化してDVDやHDDにコピーをしてください。まずはテープの規格（Hi8・SVHS等）を調べ、再生する機器をレンタルするか中古で購入を。

写真もビデオも、デジタル化を業者に委託するという手もあります。

デジタル遺品

デジタル機器の中には情報も秘密もいっぱい

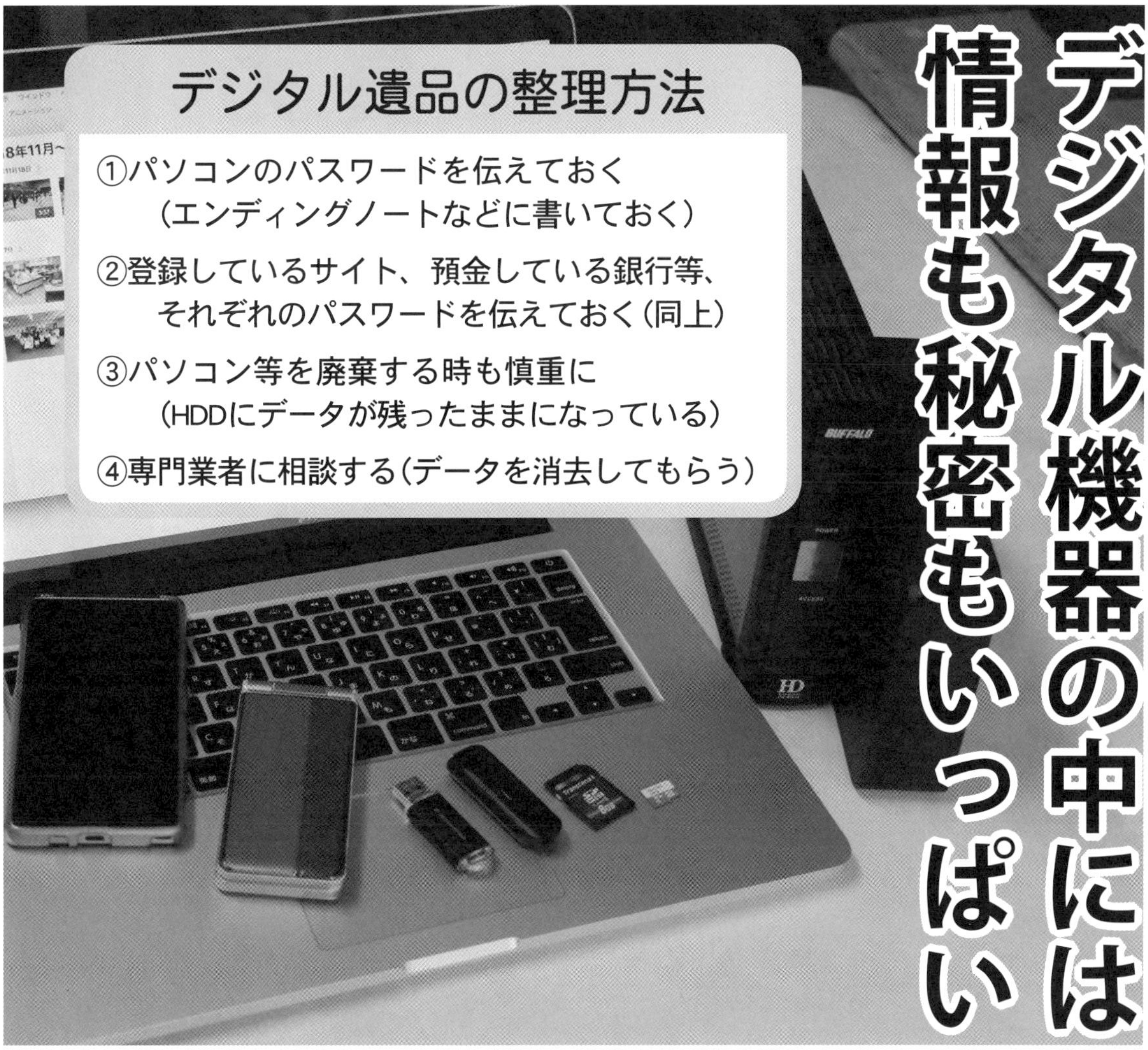

デジタル遺品の整理方法
①パソコンのパスワードを伝えておく
（エンディングノートなどに書いておく）
②登録しているサイト、預金している銀行等、
それぞれのパスワードを伝えておく（同上）
③パソコン等を廃棄する時も慎重に
（HDDにデータが残ったままになっている）
④専門業者に相談する（データを消去してもらう）

増え続けるデジタル遺品

デジタル遺品とは、デジタル機器に保存されたデータやインターネット上の登録情報などのこと。ＳＮＳのアカウント、知人や友人の連絡先、日記や予定表、ネットショッピングの利用履歴やクレジットカード情報、ネットバンクの情報、ＩＤやパスワードなど、その種類は多岐にわたります。60代のスマホ所有率が約45％、70代は約19％、80歳以上でも約6％となり、キャッシュレス化によってスマホの財布化も進む中、スマホが重要な遺品となるケースが増えています。

一方で、近年のパソコンやスマホには「生体認証」が搭載されてセキュリティーが高められた結果、いざという時にロックを解除して中の情報を取り出すことがとても難しくなっています。

デジタル遺品のトラブル事例

・「パスワードが分からない」と遺族から
・葬儀で連絡したい人の連絡先がわからない
・遺族が見たくなかった写真が出てくる
・映画や音楽などの有料サービスの解約が行われず、継続的に支払いが発生してしまう
・株などの金融商品やネット銀行の預貯金等が見落とされ、後日相続のやり直しが必要になる

パスワードを伝えておく

対策としては、デジタル機器に入っている情報や加入サービスなどを一覧表にまとめ、それぞれのパスワード等をエンディングノートに書いておくなどして、遺族が分かるようにしておくこと。（※スマホのパスワード解除を業者に依頼すると、けっこうな費用がかかります）

見られたくない写真や文章のデータはまとめてフォルダに入れてロックしておくとか、ＨＤＤやＳＤカードなど外付け媒体にデータを保存してロックをかけておくのも有効です。

フェイスブック等のＳＮＳは、アカウントが削除されないかぎりデータはＷＥＢ上に残ります。第三者が、亡くなった人物の「追悼アカウント」を設定することもできます。

パソコンの廃棄方法

いらくなったパソコンの処分方法も困りものですが、リネットジャパンは仙台市との連携サービスとして『宅配便回収』というサービスを実施。処分・廃棄したいパソコンを自宅にあるダンボール等に詰めて回収を待つだけという便利なもので、料金もかかりません。

実家の片付け

カッとさせず真心で親を納得させる

親をその気にさせるコツ

①本人に「片付け」の必要性を納得させる
②焦らない・せかさない
③命令せず、否定せず、提案する（勝手に捨てない）
④手始めは、小さな場所からスタート（達成感を！）
⑤実家にある自分の物から、自分で処分してみせる
⑥心理的抵抗（こだわり）の少ない部分から始める（天袋等）
⑦気持ちが乗って来たら、家具など大物へ（使ってないピアノ等）

言ってはいけないＮＧワード

「捨てる」（価値観を押しつけ　プライドを傷つけることに）
「残されても困る」「どうせ使わないんだから」
「通帳はどこ？」「空き家になったら、困るのは私だよ！」

上手な言い方

「リサイクルショップに出して、美味しい物でも食べよう」
「必要な物を出しやすくするね」「寄付して喜んでもらおう」

親を不機嫌にさせないのがコツ

核家族化で親子が疎遠になるなどして、高齢となった親が物をためこんでしまうケースが増えています。しかし実家とはいえ、そこは親の城。片付けの手伝いはできても、主導権は握れません。親子は近い間柄だけに、すぐに感情的になってしまいがちなのが難しいところです。

大切なのは、親をその気にさせるムード作り。親は納得しなければ、本気モードで整理しようとはしません。たとえば、「生前整理がスゴく流行っているんだってよ」「物であふれている家は危険なんだよ」「物を減らすと、空気も上手くなるし、良いことがたくさんあるんだよ」と、親が納得できる理由や情報を提供しましょう。

こんな言葉が効果的です

介護をネタに

介護が必要になったら、家に他人が出入りするようになります。そこで、「ヘルパーさんが来てもはずかしくないように、動きやすいようにしておこう」と。

防災をネタに

「地震が来たら、高いところに置いてある物が危険になるよ」「もしも火事になったら、燃えやすい本などは危険だよ」と。

健康をネタに

高齢者の緊急搬送のうち、最も多い原因は部屋での転倒。「転ばないように部屋をスッキリさせておこう」「夜中のトイレで転ばないように、片づけておこう」と。

遺品整理をネタに

「処分にお金もかかるし、整理しておかないと、みんな捨てられちゃうよ」と。

小さな目標を作る

必ず1カ所ずつ行う（このタンス、この押し入れ、本棚）。たとえば時計回りに、無心で…。「6畳間を片付けて、趣味の部屋にして、いずれは介護部屋に」と。

最大の来客数から

「親戚が集まる機会も減っているから、食器や布団は必要な分だけにしよう」と。

財産の把握・認知症サイン

順調に進めば、家具などの大物も処分。また、チラ見した通帳から家計の状況が把握できたり、エンディングノートや遺言の置き場所を確認できたり、消費者被害に遭っていないか、相続についての備えもできたりします。和式便所や急な階段にリフォームの必要性を見出したり、庭木の伐採にも取りかかれるかも知れません。一方、冷蔵庫の状況等から認知症のサインを見つけられることも…。

ペットを飼えなくなったら

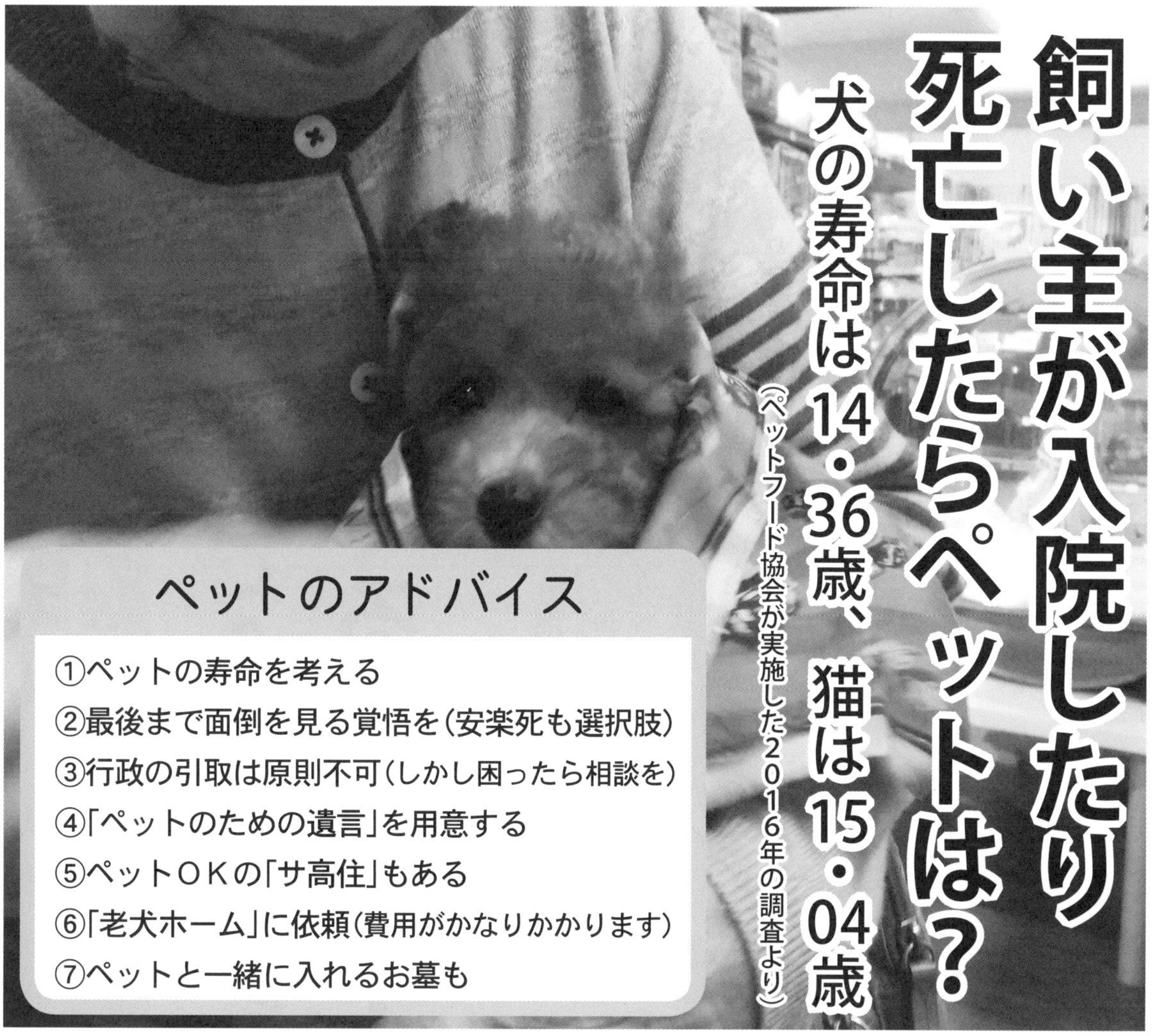

飼い主が入院したり死亡したらペットは？

犬の寿命は14・36歳、猫は15・04歳

（ペットフード協会が実施した２０１６年の調査より）

ペットのアドバイス

①ペットの寿命を考える
②最後まで面倒を見る覚悟を（安楽死も選択肢）
③行政の引取は原則不可（しかし困ったら相談を）
④「ペットのための遺言」を用意する
⑤ペットＯＫの「サ高住」もある
⑥「老犬ホーム」に依頼（費用がかなりかかります）
⑦ペットと一緒に入れるお墓も

自分よりペットが大事？

ペットを飼っている高齢者にとって、その存在は掛け替えのないもの。散歩のお供となり、生活のリズムを支え、孤独を癒やしてもくれます。ペットがいる高齢者は散歩の距離が伸び、通院や投薬が少なくなったり、入院日数が短縮するといったことも実際にあるそうです。

しかし、老人ホームへ引っ越したり、病院に入院したりといった理由で、ペットを飼えなくなるというリスクも付きまといます。本人が入院するような状態なのに『ネコにエサをあげないといけない。餌をあげるのは私しか居ない…』と入院を拒みつづけていた仙台市内の高齢女性がいたり、飼い主が亡くなられたからと『アニパル仙台』（仙台市動物管理センター）に連れて来られるペットも増える傾向にあります。

２０１３年に施行された『動物の愛護及び管理に関する法律』に、「動物の飼い主はできる限りその動物が命を終えるまで適切に飼養《しょう》すること」と明記され、飼い主の責任はこれまで以上に重大なものとなっています。飼い主が大変な状況に置かれようとも、飼えなくなったからと殺処分することは原則許されないのです。

飼えなくなったら里親探しを

もしもペットを飼えなくなったら、代わりに飼ってくれる人を探さなければなりません。親族や知人で引き取ってくれる方がいないか、動物病院や行政等に相談したり、里親募集のチラシを作って掲示したり、フェイスブックなどＳＮＳを活用するのも有効でしょう。ペットの保護活動を展開する支援団体やペットを飼えなくなった人とペットを飼いたい人をつなぐ支援サイト『ペットの里親募集情報ペットのおうち』というものもあります。

どうやら自分の方が先に逝きそうだ…となったら、ペットの世話をしてもらうことを条件に、第三者または身内などに遺産を贈る『ペットのための遺言書』を作るという方法もあります。

入院等でペットを一時的に預けたいといった場合なら、ペットショップや動物病院などにお願いすることができます。老いた犬の世話ができなくなったら、『老犬ホーム』というものもあります。

ペットと一緒に入居できるサービス付き高齢者向け住宅を選ぶという手もあります。そして、あの世でも一緒がいいと、ペットと一緒に入れるお墓も求める方も増えています。

遺品整理・生前整理・お焚き上げ

ゴミは一軒家で4~8トン大金が出てくることも！

遺品整理や生前整理をプロの業者に任せる方が増えています。理由は核家族化によって遺品を整理する親族が近くにいなかったり、一人暮らしや独身の方が増えていること。さらに、孤独死の増加や故人と親しくしていなかったからと、片付けをこばむ親族が増えているためです。現場に携わる方々から、アドバイスなどを聞いてきました。

分別に1日、搬出に1日

「最初は家族で整理をしようと思ったものの、途中で断念した…と依頼が来ることが多いです」と話すのは、便利屋業を2001年から営み、遺品整理の仕事も毎週のようにあるという(株)オーライの加藤鉄男社長。

遺品整理の依頼が来るタイミングは、賃貸物件に住んでいた方の場合は家賃が毎月かかるので亡くなって1カ月以内、持ち家の場合は1年ほど経ってからが多いそうです。

出るゴミの量は、一軒家で4トンから8トン、マンションは少し減って4トンから6トンほど。料金の相場は2トン当たり10万円ほどから。かかる時間は分別に1日、搬出に1日ほど。押し入れの中から布団が10組も出てくるお宅も珍しくないそうです。

一方、生前中に整理の依頼をされる方の場合は、「施設に入居するため」「夫婦で片方が亡くなった」「余命宣告を受けた」といった理由で本人から依頼が来ることが多いそうです。中には「叔母の家がゴミ屋敷になっていた」と親族から依頼が来ることも。

現金や通帳、貴金属等は家族が念入りにチェックをされますが、それでもプロがその後で分別を始めると新たに現金などが出てくることが多いそうです。貴金属やブランド品、仙台箪笥のような人気商品は、買い取り業者につないで現金化。家電製品は製造年月から5年以上のものは、価値が無いので廃棄されます。

ご祈祷してから作業へ

「亡くなった方が愛用されていた品々ですから、供養してから整理に取りかかります」と話すのは、整理業ゆうしんの千葉優社長。「お坊さんを入れて供養をしてあげますか?と尋ねると『え?』と驚かれますが、説明すると『お願いします』と言われることが多いですね」と千葉社長。住まいが老人ホームの方だった場合はお坊さんを招くのが難しく、お寺にメガネや帽子等を持っていってご祈祷してもらうこともあるそうです。

遺品整理のプロセス

親族死亡 ➡ 処分方法を話し合う ➡ できるだけ自己処分 買取依頼 ➡ 遺品整理業者（見積 数社に依頼して決定 ➡ 分別&査定 ➡ 搬出&処分）

処分方法を話し合う → 形見分け / お焚き上げ

節約のコツ

事前に家族の手で整理をできるだけ行い、売れる物は売って、欲しい方に差し上げて、物を減らしておくこと。

遺品整理の料金相場

業者の多くは「トラック1台いくら」という価格設定をしています。

・軽トラック一台で5万円程度から
・2トン当たり10万円ほど（処分も含めて）
・一軒家…40～50万円（同）　※ゴミは一軒家で4～8トン
・マンション…2LDKで15万円以上、4LDKで25万円以上（同）
※作業員の数、住居の大きさや階数などにより価格が変わります。

業者の選び方のポイント

残念ながら、中にはいい加減な業者もいますから業者選びは慎重に。身なりや言葉使いはどうか、リサイクルできるものは精算してもらえるのか。離れた実家まで行けない場合、整理する前後の写真を提供してもらえるのか。仏壇の魂抜《たましいぬ》き、パソコンのデータは消してもらえるのか。『遺品整理士』（※遺品整理の取り扱い手順や遺品整理に関わる法規制等の知識を身につけた方）の資格も一つの判断材料となります。リフォームや家の売却にも対応してもらえれば、なお助かります。

節約のコツ・形見分け

できるだけお金をかけずに済ませるには、相見積りを取ることはもちろんですが、事前に家族で整理をできるだけ行い、売れる物は売って、欲しい方には差し上げて、物を減らしておくことです。

ただし、遺品と言っても衣類、アクセサリー、家具、書籍、手紙、書類などさまざまな分野があり、遺品整理は想像以上に大変です。日記、住所録、メモ帳、手紙などは、いつ必要になるか分かりませんから、最低1年間は一カ所にまとめて保存しておくことをお勧めします。

不要になった故人の生活用品（寝間着など）は、できれば家族の手で処分してあげた方が良いでしょう。故人を偲び、線香をあげながら…。

形見分けは四十九日の忌明け後に、近親者や友人、知人に対して行うのが習わしです。七七日忌法要の後に行うこともあります。プレゼントとは違いますから、包まずにそのままの状態で渡すのがしきたりです。

なお、目上の人には形見分けを行わないのがマナーですが、希望があった場合には贈ってもかまいません。要らないと言っている人に押し付けるのは駄目です。

法楽寺のお焚き上げは、本堂で供養を行ってあらゆる因縁を解き去り、不動明王の聖火により専用の炉で消却されています

本堂の一角でお焚き上げされるのを待っていた位牌や遺影

お焚き上げ

「お焚き上げ」とは、魂が宿っているように思える品物を、寺院や神社などで僧侶や神主がご供養してから焼却するというものです。

大和町宮床の法楽寺には、お焚き上げ専用のお堂と焼却炉があり、各地からさまざまなものが寄せられています。

引き受け可能なものは、お札・お守・仏像など魂入れの行われた聖なるもの。仏壇・遺影・提灯・神棚・結納品など仏事・神事・葬儀に関するもの。呉服・洋服・時計・掛け軸・刀剣・数珠など亡くなられた方の遺品・形見の品。人形・兜・鯉のぼりなど思いや願いの込められたものです。

料金は定めておらず、依頼される方の良識に任せられています。持ち込みは、午前９時から午後５時まで（１月４日は休日）。郵送の場合は、事前連絡が必要となります。

お焚き上げは月に１度執り行われており、取材で訪ねた時は、遺影、賞状、フランス人形、そしてお彼岸の後だったことから大量のお花がお焚き上げをされていました。「介護施設に入ることになり、仏壇を持ち込めなくなった」といった方や遺品整理で出たものが業者を通じて持ち込まれるケースも増えているそうです。

9 欺《だま》される不安

今日もどこかで、大金を騙し取られるお年寄りがいるのかも(涙)。家族や友人と連携して、欺されないようにご注意ください!

家族の絆で詐欺ブロック

①普段から家族で特殊詐欺について話合う

②離れて暮らす家族とこまめに連絡を取り合う

③家族の間で合い言葉を決めておく

「ゲキタイかるた」は、遊びながら特殊詐欺の手口を学び、抵抗力を向上させるために宮城県警察が制作したものです。県警のホームページに、「ゲキタイかるた」の画像データを載せてありますので、画像を印刷し、厚紙に貼る等すれば、誰でも「ゲキタイかるた」を制作することができます。また、各警察署にも「ゲキタイかるた」を配布しており、貸し出しもできますので、「ゲキタイかるた」を借りたい場合は、お近くの警察署にご相談ください。

最近のオレオレ詐欺の特徴は、警察官や金融庁職員、役場職員などを装う者から、被害者の自宅固定電話機に電話があり、「あなたのキャッシュカードが不正に使用されていて、現金が下ろされている」などと巧みに騙し、暗証番号を聞き出された上、自宅を訪れた犯人にキャッシュカードをだまし取られるものです。

自宅に犯人が訪れるまで、電話を続けるため、第三者が関与できない状況であることや、電話がかかってきてから犯人が自宅に来るまでの時間が短いことも特徴の一つとなっております。

オレオレ詐欺の被害に遭わないためには、**キャッシュカードの暗証番号を教えない、渡さない**ということをしっかりと覚えておくことが大切です。

また、犯人と直接話をしない環境を整えることも大切です。お使いの固定電話機を留守番電話に設定することや、**警告・録音機能付きの固定電話機**に変更すると、声を録音されることを嫌がる犯人が電話を切ることが多いため、被害に遭わずに済むのです。

「他人にキャッシュカードは渡さない、暗証番号教えない!」を徹底し、固定電話機の機能を利用して、被害に遭わないようにしましょう。

宮城県警察からのお知らせ

特殊詐欺の被害金は、被害者が直前に金融機関で現金を引き出し、それを宅配便等で送金したり、犯人に直接手渡したりしています。

県警では、犯人グループの手に現金が渡るのを防止するため、県内の金融機関に対し、高額現金を引き出しする高齢者にアンケート実施と声かけを依頼しています。このアンケートで引き出し理由を確認するとともに、万が一に備えて、振り込みや小切手の推奨も依頼しています。

また、この際に少しでも不明な点があれば、金融機関から警察署へ連絡していただくようお願いしており、場合によっては警察官がお話をきくこともあります。

こうした取り組みは、皆様の大切な財産を守るためのものですので、ご理解とご協力をお願いいたします。

相談先リスト

最寄りの警察署 または

＃9110

消費者トラブル

迷った時や困った時は相談を！

架空請求

実際には利用していないのに「サービスを提供した」と称して代金を請求し、お金をだまし取ろうとする。

点検商法

点検に来たと言って訪問し、「このままでは危険」などと不安をあおり、工事や別の商品・サービスを契約させる。

訪問購入

「不用品を買い取る」と電話で勧誘して訪問し、言葉巧みに指輪などの貴金属を出させて、強引に安価で買い取ろうとする。

被害にあわないためのポイント

- 本当に必要ですか？必要ないときは、きっぱりと断りましょう。
- 「無料です」「もうかります」などのうまい話には注意しましょう。
- その場ですぐに決めないで、家族や友人に相談しましょう。
- 約束したことは、契約書に必ず書いてもらいましょう。
- 契約書や申込書をよく読んで、内容を確認してから署名・押印をしましょう。

通信販売のトラブル

健康食品や化粧品等を「お試し」「1回だけ」のつもりで注文したのに、定期購入の契約になっていたという相談が増えています。定期購入が条件であることが他の情報より小さい文字だったり、注文画面とは別のページに表示されている場合があります。商品を注文する前に定期購入になっていないかなど、契約内容や解約条件をしっかり確認しましょう。

高齢者の消費者トラブルが増えています！

最近はインターネットに関連した相談が非常に多くなっています。それとともに、高齢になるにつれ訪問販売や電話勧誘販売の相談も増えています。「自分は大丈夫」と過信せず、手口や対策を知って被害を防ぎましょう。また、本人が被害にあっていることに気付いていないこともあるため、家族や周りの人の見守りも大切です。

【相談事例】

■スマートフォンに実在する事業者名で「有料動画の利用料金が未納。本日中に連絡がなければ法的手続きをとる」とメール（SMS）が届いた。身に覚えがないがどうしたらいいか。（60代男性）

■突然訪問したリフォーム業者から「屋根が傷んでいる。早く直したほうがいい」と言われた。「雨漏りはしていないので不要」と断ったにも関わらず、強引に工事を勧められ、その場で契約書に署名・押印してしまった。（70代女性）

■一人暮らしをしている母が「不用品を買い取る」と訪問してきた業者に「貴金属はないか」と強引に迫られ、大事な指輪を渡してしまった。取り戻せるか。（60代女性）

■ネット通販で健康食品を1回だけ試すつもりで注文した。2週間後に5回分の商品が届き、はじめて6回の定期購入の契約だとわかった。解約をしたいが電話がつながらない。（70代男性）

知っておきたい「クーリング・オフ」

クーリング・オフとは、電話勧誘や訪問販売など法律で定められた特定の取引について、一定の期間は無条件で契約を解消することができる制度です（※）。

クーリング・オフの手続きは、解除する旨を書面で通知するだけでよく、理由は必要ありません。また、クーリング・オフ期間が過ぎてしまっても、事業者がウソの説明をしたり、問題のある勧誘を行った場合には、契約を取り消せることがあります。

※クーリング・オフが適用されない取引もありますので、詳しくは消費生活センターへお問い合わせください。

あきらめずに相談しましょう

契約のことで困ったら、一人で悩まずに、お住まいの自治体の消費生活センターに相談しましょう。

相談先リスト

仙台市消費生活センター
☎022(268)7867（なやむな）
所在地／仙台市青葉区一番町4丁目11番1号 141ビル(三越定禅寺通り館)5階
※仙台市に在住または通勤・通学している方が対象

宮城県消費生活センター
☎022(261)5161
所在地／仙台市青葉区本町3丁目8番1号

消費者ホットライン
☎188《いやや》 局番不要
最寄りの相談窓口につながります。

10 支え合う希望

“お互い様”の精神で、元気なうちは地域のお役を務めて困りごとを支える側になり、いずれはニッコリ支えてもらいたいですね。

「地域包括ケアシステム」

地域包括ケアシステムは、おおむね30分以内に必要なサービスが提供される日常生活圏(具体的には中学校区)を単位として想定。
高齢期になっても住み続けることのできる高齢者住まい(サービス付き高齢者向け住宅等のケア付き高齢者住宅)の整備も進められています。

自分らしい暮らしを住み慣れた地域で続けるために

団塊の世代600万人が75歳を迎える2025年を目途に、「地域包括ケアシステム」の構築を厚生労働省は推進しています。これは特別養護老人ホームへの待機者が増え続けたり、認知症高齢者数が2025年には700万人になると予想される中、高齢者に住み慣れた地域で最期まで自分らしく暮らしていただこうというもの。

全国共通のモデルは無く、医療機関や介護事業者、住民組織(NPO、社会福祉協議会、老人クラブ、町内会等)、一般の商店、交通機関、民間事業者、金融機関、コンビニ、郵便局などの協力も不可欠です。地域の方々が地域に必要とされるサービスを見出して支え合ったり、高齢者自身にも“支えられる側”という意識からの脱却が求められています。

実現に向けた中核的な機関として地域包括支援センターが設置され、『生活支援コーディネーター』が配置されたり、医療と介護の連携等が進められています。

元気なうちは支える側に!

しかし、地域包括支援センターは数名の職員で何千人もの高齢者の相談に対応しているわけですから、限界があります。「これからの日本の人口を考えると、75歳以上でも元気な人は支える側に回ってもらいたい。サークルやボランティア活動もやってもらえたらいいんですけど」(仙台市内の地域包括支援センターの所長)

一方で定年後も働き続けざるを得ない方が増えており、ボランティアの担い手不足が問題になっています。「地域のボランティアは成り手不足、勤めも65歳か70歳ぐらいまでになるだろうし、どうなるかと案じている」(仙台市内の80歳の女性)

この本でも、支える側になって汗を流している方々をたくさん紹介しています。元気でいられるうちは支える側で、いずれ支えてもらうようになったら地域包括ケアシステムを上手に活用して、住み慣れた街で隠居生活を送りたいものです。

住民主体の支え合い

向陽台に誕生した支え合いの団体
草取り ゴミ捨て等、困りごと受付中

左から、協力員の千葉正参《まさみ》さん(79)、依頼者の佐々木さんご夫妻、越後さん、押野さん

1人住まいの高齢者が増える中、草取りやゴミ捨てなど地域住民による支え合いの活動がますます重要になっていきます。そんな中、泉区向陽台団地で2017年1月に支え合いの団体『向陽台ささえ愛の会』が誕生して住民から喜ばれています。

格安ですが利用者は限定

同会が実施しているのは、日常生活の支援(草取り・剪定・ゴミ出し・雪かき・病院付添・電球交換・安否確認・縫い物等)と屋外サロンの運営。

利用できるのは、町内の1人暮らしの高齢者世帯(65歳以上)か高齢者のみの世帯(※共に家族等から支援を受けられる方は除く)が対象。屋外サロンは、地域住民の方なら誰でも利用可能です。

利用料は、30分単位で200円(※協力員1人に付き)、ゴミ出しは20回で200円という安さ。サロンは無料。利用料の半分が協力員の報酬となり、残り半分は事務局へ納めるシステム。年2回、6カ月分の報酬がまとめて手渡されています。

包括との連携が不可欠

活動の中で最も頭を悩ますことは、依頼された方が支える対象として相応しいかどうかの判断。「業者より安いから頼む」とか、「自分で出来る」「頼れる子供が居る」といった方々は対象外としているため、向陽台地域包括支援センター(以後、包括)に相談したり連携しながら対応しています。また、仙台市社会福祉協議会泉区事務所からは、他の団体との交流の機会や情報を提供されて役立ったそうです。

誕生のきっかけ&アンケート

誕生のきっかけとなったのは、2016年6月に包括が主催した研修。近隣にある仙台白百合女子大学の志水田鶴子准教授の『住民同士の支え合いが大切になる』という講話に、現会長の越後征男さん(80)が深く感銘。町内会長の経験もあった越後さんは、顔見知りだった現副会長の押野孔一さん(72)に相談。包括の指導も受けながらわずか半年ほどで会を設立。

結成直後、町内全域を対象に『生活支援のニーズや会への協力意向、得意なこと等を問うアンケート』を実施。結果は98%の方が活動を評価。30代、40代からも「必要」という回答が多く、「ゴミ捨てぐらいなら時間があれば手伝います」という子育て中の方、賛助会員になってくれた高齢者も。

継続のため苦渋の決断も

2019年度上半期の依頼数は76件、述べ307人が支援に参加。協力員は55人(そのうち女性は23人、年齢は40代後半から80代前半)と順調に推移しています。

しかし今後は、いかに会を継続していくかも問われてきます。協力員の多くは70代のため、徐々に高齢化も課題に。財政面でも、現在は仙台市と仙台市社会福祉協議会から年間10万円ずつの助成金を受けていますが、共に3年間で終了。「利用料の値上げも検討しながら、継続できる組織づくりを進めたい」と越後さん。

行政もバックアップ

会が仙台市から受けている補助金は、3カ年のモデル事業を経て2019年度から市がスタートさせた『住民主体による訪問型地域支え合い活動促進事業補助金』を活用したもの。同補助金は今後も継続される予定で、年度初めに募集が行われています。

市では補助金の他にもボランティア活動に関する研修会を設けたり、補助している団体が交流できる機会を設けてアイデアや経験談等を交換できるようにしています。

高齢企画課の白岩靖史課長は「こうした取り組みを行う団体が今以上に増えていかないと、世の中が持たなくなります。仙台市も支援を続けていきますし、会の皆さんも後継者へバトンタッチできるように組織の運営にも関心を持っていただきたい」と話していました。

向陽台ささえ愛の会
向陽台地域包括支援センター　☎022(343)1512
向陽台ささえ愛の会　☎090(6783)5410(越後)

「住民主体による訪問型地域支え合い活動促進事業補助金」
仙台市 健康福祉局 保険高齢部 高齢企画課　☎022(214)8168

支え合い活動の立ち上げに興味を持たれた方の相談先
各区のボランティアセンター
最寄りの地域包括支援センター

住民主体による訪問型地域支え合い活動促進事業補助金
令和元年度の補助決定団体一覧
- 向陽台ささえ愛の会
- 太白お助けクラブ
- 百縁ひろばネットワーク
- 特定非営利活動法人　暮らしのサポートセンター
- NPO法人　仙台傾聴の会　仙台支部
- 鶴が丘はあとネット
- 特定非営利活動法人　地域生活支援オレンジねっと
- 桂ボランティアの会
- 特定非営利活動法人　FORYOUにこにこの家

サロン活動

地域の支援する方・される方が一緒になって作る「つどいの場」

『サロン』とは、老後をいきいきと暮らすことのできる地域づくりを目指し、1994年に全国社会福祉協議会が提唱したもの。地域の支援する方・される方が一緒になって企画や運営を行い、気軽に誰でも参加できる「つどいの場」です。

全国各地の集会所などで開催されており、体操、歌、脳トレ、塗り絵、囲碁、将棋、講師を招いての講話、コーヒーやお茶を飲みながら談話をしたりと、様々なことが実施されています。

参加することによって身体的・精神的な刺激を受け、認知症の予防や心身の健康維持にもなります。健康や生活に関する情報も得られ、生活にメリハリができるという効果も期待されます。

軽い運動を楽しむ参加者の皆さん

人気のランチ

2015年6月にオープンした『ほっとサロン将監』も、そうしたサロンの一つ。とても好評で年間1000人を越える利用者がいます。運営するのは、将監地区で1998年より高齢者に弁当を届けている『けやぎグループ』と住民ボランティア。手作りの真心こもったランチが提供されて人気となっています。

「けやぎグループで配食しているお年寄りには、1人でポツンと食べている方も多い。みんなと話しながら食べれば、楽しい食事になると思っていたので、サロンを立ち上げました」と、スタッフの方。

将監老人憩の家で、毎週木曜日、10時30から14時30分まで開催。100円の参加費でコーヒー・紅茶は無料（お代わり自由）。人気のランチは500円で20食限定。

近くにあるサロンを探したいといった場合は、地域の社会福祉協議会やインターネットなどから情報を得ることができます。

NPOの地域生活支援

「住民同士の助け合いを広めるまちづくりへ」。『カフェ＆サロン』も併設

南光台の四条通り沿いにある『オレンジねっと』

泉区南光台で2006年に発足したNPO法人『オレンジねっと』は、高齢者・障がい者の生活支援や子育て支援を実施。現在、生活支援を行う会員は40代～70代の主婦を中心に30名ほどで、生活支援の利用者は80世帯ほど。依頼は年々増えており、病院への付き添い、車いすの介助、家事支援等の依頼が多くなっています。

介護事業所や地域包括支援センターからは、介護保険では直ぐに対応できない認知症高齢者の見守りや食事のサポート、緊急時の病院の付添いの依頼もあり、地域の方々にも協力を得ることも多いそうです。

2010年には『カフェ＆サロン』もオープン。カフェは火～金曜日の10時30分から、日替わりランチ（550円）や喫茶を楽しめます。サロンでは毎週金曜日に『脳の若返り教室』を開催。運営の財源は会員からの年会費や生活支援利用会員からの寄付金などですがボランティア精神が支えています。「こうした活動が人をつなげ、地域社会に助け合いが根付いていくように出会いふれあいの種を蒔き続けていきたい」と理事長の荒川陽子さん。

《生活支援の内容》
- ●家事一般（掃除・洗濯・買い物・食事作り・ゴミ捨等）
- ●通院・外出時の付添い送迎（車椅子や歩行介助）
- ●庭の草取りや掃除など
- ●入院・入所時のお世話（洗濯・買い物・見守り・話し相手）
- ●代行支援（薬の受取り・荷物の発送や受取り）
- ●訪問理容 ●介護相談・家族相談

《生活支援の利用方法》
会員登録は入会金1000円、年会費2000円。料金は1時間1000円＋交通費＋コーディネート料500円 （※対象エリアは約10キロ圏内）

NPO法人 地域生活支援 オレンジねっと
☎022(251)6435

民生委員

安心して暮らせる地域に向けて より身近な相談相手へ

民生委員制度は1917年に創設されました。仙台市では約1500人（2019年12月現在）の民生委員が住民の相談に耳を傾け、さまざまなネットワーク（社協・町内会・地域包括支援センター・警察・消防・医療機関他）と連携しながら活動を行っています。

異変に気付き命を救えたことも

民生委員を長年務めている仙台市の大内修道さんに印象的な出来事を尋ねると、「1人暮らしのお年寄りの家のポストに、新聞がたまり始めたことに気付きました。家の中に勝手に入れませんし、門にはカギがかかっていました。交番の巡査を呼んで中に入ってもらったら、おばあちゃんが風呂あがりの状態で倒れていました。救急で一命を取り留めました…」と胸を撫で下ろすように話してくれました。

やはり民生委員を仙台市で長年務めている大友まり子さんは「震災の日に人工透析をしている方から『民生委員さんの電話を貸して！呼んだタクシーが来ないの！』と駆け込まれたり。『出前をしてくれる店が少なくなって、どこかないですか？』と相談を受けたり。目の不自由な方から『大切な書類を飛ばしてしまったので一緒に探して欲しい』とお願いされたり。何気ないことでも、頼りにされることが嬉しいです」と笑顔を見せていました。

近所との交流も薄れつつある中で、1人暮らしの高齢者宅に洗濯物が干されているか？　電気が灯っているか？　といったことを確認する『見守り活動』を行ったり、マニュアルにはない相談にも日々対応することがあるそうです。

また、老人クラブの活動を通して『あの人、出てこないけど病気じゃない？』といった情報を得られたり、お互いにお世話をしたりといった関係づくりも期待して結成を呼びかけ、民生委員を辞めた方がリーダーとなって結成した地域もあるそうです。

気軽に相談を（守秘義務あり）

何か困ったことが起きたら、民生委員に気軽にご相談ください。民生委員には守秘義務がありますから、相談上の秘密は守られます。担当の民生委員の連絡先が分からない場合は、区役所（保健福祉センター管理課）が教えてくれます。

民生委員になる方法は？　もしなったら？

民生委員は、町内会や地域の関係団体等から推薦され、厚生労働大臣から委嘱される特別職の公務員です。

新人へのフォロー体制については、「毎月1回、各地区の定例会で情報交換の時間を設け、分からないことなどは先輩たちが体験談を話してくれます。1人で悩まないように、みんなで支え合っています。」（大友さん）

「民生委員の仕事は幅も深さもあります。時を経るごとに使命感や満足感も出てきますが、あまり深入りしないことも大切。直接、手出しをするのではなくて諸機関への連絡が役目ですから、とアドバイスしています」（大内さん）

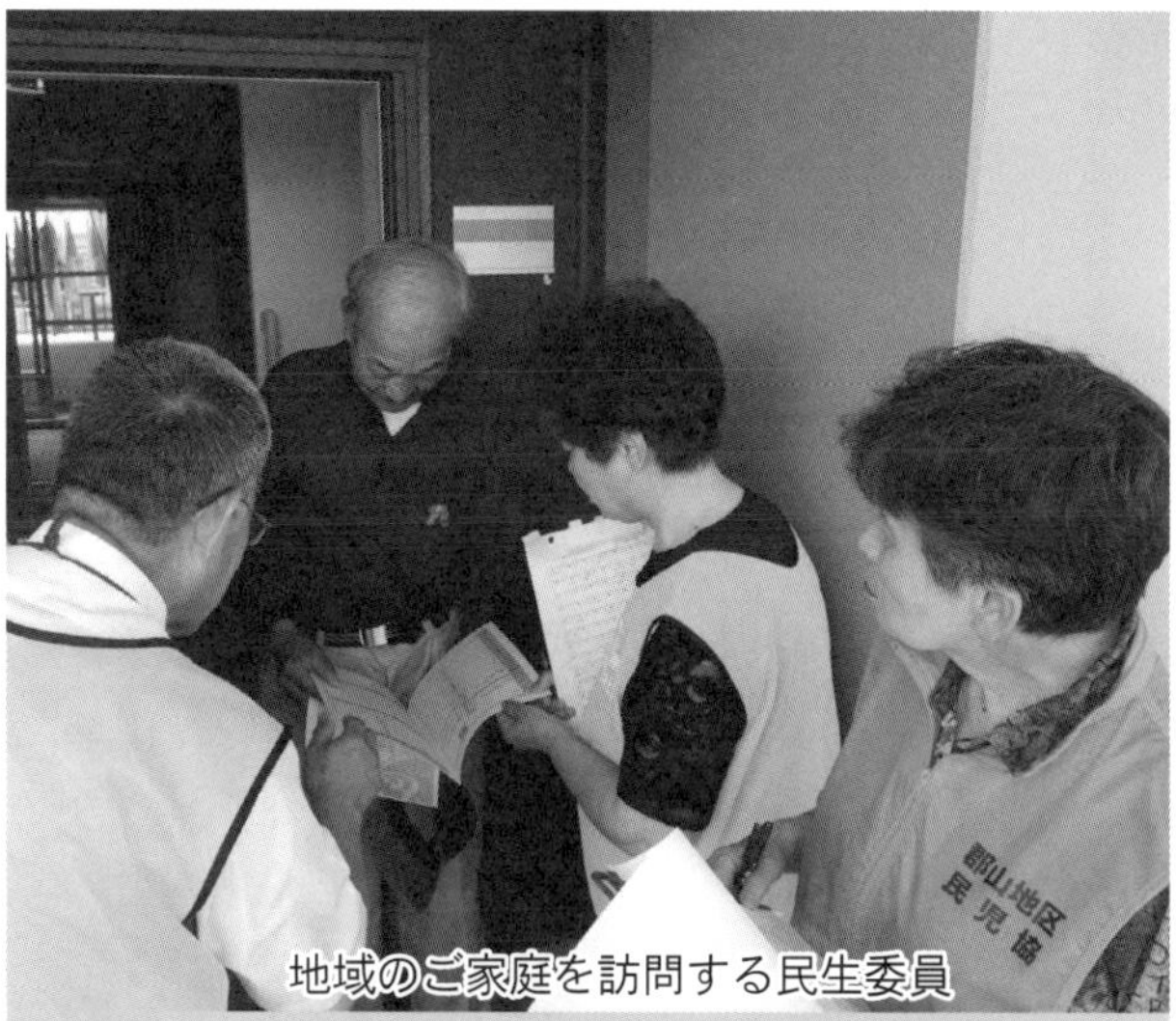

地域のご家庭を訪問する民生委員

民生委員・児童委員ってどういう人？

厚生労働大臣から委嘱を受け、生活や福祉全般に関する相談・援助の活動をボランティアで行っています。任期は3年です（再任が可）。

また、子育て家庭への相談・支援を行う児童委員も兼ねています。相談内容に応じて専門機関につなぐなど、様々な機関と連携して活動しています。

次のような悩みは、ありませんか？

◎ 生活に困っているが、相談先がわからない。
◎ 福祉サービスの制度や窓口がどこになるか教えてほしい。
◎ 長引く介護に疲れてしまった。
◎ 子育てに悩んでいる。
◎ 初めての妊娠で、不安を感じている。

次のような ちょっとした情報 をお寄せください。

❶《安否確認》
（例）最近、〇〇さんの姿を見かけない。
〇〇さんの家に新聞が何日もたまっている。

❷《虐待・消費者被害等》
（例）〇〇さんの家から怒鳴り声と子供の泣き声が毎日する。
〇〇さんが悪質商法の被害にあっているみたい…。

傾聴ボランティア

「語ることで心が軽くなる…」
生きる力を引き出す社会貢献

『仙台傾聴の会』が誕生したのは、2008年4月。福祉の勉強に取り組んでいた代表理事の森山英子さんが「学んだことを形にして世の中に還元したい」と、いろいろなボランティア活動にチャレンジ。その中で「これからは傾聴がどんな活動にも役立つ」と確信。『サロン活動』や老人ホームなどへ出向く『施設訪問』に取り組んでいたところ、東日本大震災が発生。これをきっかけに被災者向けの活動が一気に拡大。仮設住宅の訪問、みなし仮説の入居者を対象とした『茶話会』等を実施。多くの被災者がやり場の無い悲しみや苦しみを打ち明け、助けられたそうです。

“傾聴”とは、『耳を傾け、相手を否定せず、受容・共感することにより自らの答えを見つけられるよう心の援助をすること』。つまり、「悩みごとにアドバイスをする」という単純なものではないところがポイントであり、難しいところ。「聞いてもらえるだけで気持ちが楽になる、話すだけで落ち着く方もいます。受け入れてもらえていると思えるだけで…。うちでやっているところは、そこです」（森山さん）

仙台市市民活動サポートセンターでは毎月第2土曜日の13時30分から『傾聴茶話会』が開催されており、誰でも予約なしで参加できます。「ここがあって救われました。次は何を話そうかしらと考えていると、とても楽しみです」と参加者の女性。部屋を訪ねて来た時は暗い表情だった方が、出て行く時には明るく変わっていることがスタッフの願い…。

ボランティアや賛助会員を随時募集中。傾聴ボランティアについて学ぶ『傾聴入門講座』も随時開催。同会に救われた方たちが「今度は救う側に！」と、スタッフになるケースも増えているそうです。

NPO法人　仙台傾聴の会
☎090(6253)5640

寄り添いボランティア

欧米並のボランティア文化を仙台に
介護の危機を市民のチカラで！

日本の介護事情は、これから極めて困難な状況を迎えます。介護施設も職員も足りなくなり、ボランティアの支えが不可欠になると予想されています。しかし、被災地で活動する災害ボランティアなどに比べると、介護施設におけるボランティア活動は見えにくかったり分かりにくかったりして不足しがちです。

いち早くこの問題に着目して活動してきたのが、NPO法人仙台敬老奉仕会。「ボランティアに洗濯物の整理や庭掃除ばかりさせていたのでは長続きしません。我々のような組織が施設の要望を聞きながら訓練されたボランティアを派遣すること、施設側にも受け入れ態勢の整備を促すことが大切」と同会の吉永馨会長。ボランティアが施設に入ることで、良い意味での緊張感が職員に芽生えることもあるそうです。また、施設の中はいつも同じ顔ぶれのため重たい空気になることもあり、ボランティアの方が来ると空気が一変することも。ボランティアの方が帰った後の様子については、「情緒不安定だった入所者が落ち着いたり、安眠している方もいます。次に来られるのを楽しみにされている方もいます」と施設の方。

何度もうなずきながら入所者に語りかける岡本さん。言葉を失っていても「嬉しい！待っていたわ」と聞こえてきそうな入所者の笑顔…

随時ボランティアを募集中。ボランティアとして10年以上活動してきた岡本仁子さんは「ボランティアをすることで、良い施設かどうかがよーく分かります。将来、自分の行きたいところを探せる、そんなメリットもありますよ」と話していました。シニア世代はもちろんのこと、お子さんの手が少し離れて時間に余裕ができた40代、50代の方々も大歓迎だそうです。

NPO法人　仙台敬老奉仕会
☎022(725)7284

サポセン

行政が市民のやる気を応援

仙台市市民活動サポートセンター（サポセン）は様々な分野の市民活動やボランティア活動の支援施設。「自分たちの住む街や社会を、もっと良くしたい」。そんな市民の自発的な活動を応援してくれます。

◎情報収集・情報発信をサポート

１階のマチノワ広場では、市民活動に関するイベント情報やボランティア情報等のチラシ、ニューズレター、団体パンフレットなどの情報を見ることができます。同時に、市民活動団体のみなさんから、情報の持ち込みを受け付けています。

◎相談・貸室・その他

ボランティアや市民活動に関する幅広い問合せ・相談にも対応。市民活動の各種研修やイベント、会議などに使用できる貸室もあります。随時イベントも開催。活動拠点用のブースやチラシ・ニューズレターなどに使える印刷機・コピー機などの機器も利用できます。

仙台市市民活動サポートセンター
仙台市青葉区一番町４－１－３
☎０２２（２１２）３０１０

ボランティアセンター

ボランティアの総合窓口

仙台市ボランティアセンターは、ボランティア活動を「やりたい人」と「必要としている人」をつなぐことを活動の柱としています。ボランティア情報をセンター内に貼り出したり、『にこボラ』という冊子に情報をまとめて毎月５００部を無料配布、ボランティア講座や体験会等も行っています。ちょっとした打ち合わせ等に使えるサロンスペース、活動の道具を保管するロッカー、車椅子などの福祉機器の貸し出し、印刷機等を借りることもできます。

◎アドバイザーが常駐

経験豊富なアドバイザーが常駐して、相談等にも対応してくれます。たとえば、「ボランティアをやってみたいけど、私にもできる活動はある?」「希望に合うボランティアをさがして欲しい」「近くにどんなグループがあるの?」「私のグループが対象になる活動助成金はあるのかな?」「ボランティア保険に加入したい」、等々。

仙台市ボランティアセンター
仙台市福祉プラザ４階
☎０２２（２６２）７２９４

結婚

人生、まだまだこれからだっちゃ 夫婦で支え合い、周りも安心！

ホテルで開催されている懇親会

「交際希望カード」

「1人は淋しい」と、婚活に興味を示す中高年が増えています。高齢者の1人暮らしは会話も減って孤立してしまいがち。支え合うパートナーができれば、周りも安心してくれるというもの。人生100年時代、熟年離婚の増加や晩婚化の影響もあって婚活に励むシニア世代が増えています。

「セレブの妻になりたいとは思わないけれど、一緒にあったかいごはんを食べる相手が欲しい。孤独死するのも恐い…とおっしゃる会員の方が多い」と話すのは、中高年の結婚相談所『太陽の会仙台』の小野寺梨香代表。1984年に設立された太陽の会仙台は、会員数が現在70人ほど。最年少の会員は男性52歳、女性55歳、最高齢は男性83歳、女性78歳。

太陽の会がホテルで毎月開催している懇親会。渡される出席者名簿には、参加者の名前（※個人情報やトラブル回避の関係で下の名前のみ記載）、年齢、血液型、趣味等が記載。男女が交互に着席して、男性が5分おきに席を移動しながら全員の女性とおしゃべり。気に入った方がいたら『交際希望カード』に相手の名前を記入して提出。両思いであれば双方に連絡をして、デートの日程を調整。片思いだった場合でも「お誘いがありました」と相手に伝えることで付き合いに発展するケースも。聞きにくいことも（お金のこと、将来のこと、年老いたお母さんのこと…）、間に入って聞いてくれます。相手が年収証明書を見たいとなれば出していただき、既往症については自己申告ですが、虚偽が判明すれば退会を求められます。

太陽の会　仙台
☎０９０（７７９０）５４８０

11 輝き続ける夢

人生100年時代、まだまだ新しい出会いや未知の学びに心をトキメかせたいですね。健康維持や脳トレにもなりますから…。

サークルを探す方法

まずは市民センターに相談を！ネットやチラシの情報も参考に

仙台市内には、たっくさんのサークルや講座などが日々どこかで開催されています。その中から自分に合ったものを探したいとなったら、最もお手軽で確実な方法が近くの市民センターに足を運んで情報を集めたり、職員さんに「こんなことをしてみたい」と相談してみることです。市民センターでは『サークル体験会』を開催している所もあり、そういったものに参加してから決めるのもいいでしょう。

見やすく探しやすい
仙台市生涯学習支援センターの『サークルインフォメーション』

仙台駅東口にある仙台市生涯学習支援センターには、情報が特に豊富にあります。『サークルインフォメーション』（写真）という掲示スペースには、メンバー募集のチラシがたくさん。同センターには仙台市内60館の市民センターが発行している『市民センターだより』が全館分設置されているので、どこでどんなサークルや講座が開催されているのか調べることもできます。

他には、市民活動サポートセンターやエル・パーク仙台なども情報の宝庫です。インターネットでは、市民センターのホームページからサークルの情報を検索することができます。スポーツ関係なら、『仙台スポーツナビ』がお勧め。

老人福祉センターや各スポーツ施設、老人クラブや年金協会でも習い事やサークル活動が活発に行われています。

ラジオ歌謡

歌って青春時代へ

終戦の翌年（昭和21年）5月から同37年までNHKラジオ第1放送で放送されていた歌番組『ラジオ歌謡』。流れた歌は荒廃した日本人の心を癒し、活力を与え続けました。「若い時に聞いた曲。テレビの無い時代で、詩がロマンチックできれい。歌うと、その時の私に戻れるんです」と参加者の女性。仙台市内では2つのラジオ歌謡を楽しむ会が活動を行っています。

◎NHKラジオ歌謡　仙台講座
☎080（1677）3706
◎宮城ラジオ歌謡を歌う会
☎090（4310）4601

ラジオ歌謡を一緒に歌いながら楽しむ皆さん

野山の散策

自然と触れあう

『野山ウォーク』は、子供から高齢者まで一緒にゆっくり野山の自然を楽しむことが目的。世界最高峰のエベレスト登山に成功している宮城県を代表する登山家、TOI代表の八嶋寛さんが同行する安心安全の野山散策です。散策コースはハイキングコースが整備され、高山植物や蔵王連峰の山並みも楽しめる仙台市西部の里山。日程等については、シルバーネットのイベント情報に掲載しています。

東北アウトドア情報センター（TOI）
☎090（8616）1397（八嶋）

サイカチ沼の前で

自分史

生きた証しを後世に

ファミリーヒストリーを文章にまとめたり、詩歌集や絵本を出版するといった夢を描くのもいいですね。『家族に伝えたい自分史を書こう』という講座が一番町のサロンで、毎月第2土曜日に開催されています。同世代の受講生たちが山あり谷ありの人生を語り合い、教室オリジナルのテキストを参考にしながら自分のペースで受講できます。めでたく本を完成させた受講生の方は「1冊の本を作ることがいかに大変か分かりました。本を出して人生に一区切りができ、新しい第2の人生に向かって挑戦しています。反響も多く、励みになりました」と話していました。

家族に伝えたい自分史を書こう
☎022(217)0101(シニアネット仙台)

指導する自分史プロデューサーの小泉知加子さんと受講生の皆さん

練功十八法

姿勢が良くなる

高齢者の健康維持や健康づくりに良いとして人気のある練功十八法は、静かな音楽に合わせて誰でもどこでもできる呼吸にウエイトを置いた体操。中国の医師が、首、肩、腰、足の痛みを持つ患者の多さに直面し、痛みを取り除く方法を探究し続けて編み出したものだそうです。

太白区中央市民センターの教室などで指導する長沼羊香さんは「長く息を吐くことによって落ち着き、自律神経や内臓にも良い働きがあります。肺機能も高め、声も出しやすくなるので歌を唄う方にもお勧めです。ここで学んだことは日常生活でも活かせますよ」と話していました。

日本健康づくり協会　宮城支部
☎070(6953)8885

ある生徒さんの話「ドレスアップしても、見た感じが年寄りっぽくて悩んでいたら、姿勢が悪いことに気づきました。それを治したいと思って通い始めて、その後、同期会に行ったら『姿勢が良いね』と褒められました！」

水中運動

水の浮力で健康に

『水中運動』は関節に負担をかけずに運動を楽しめることから、高齢者が健康づくりをするにはもってこいと言われています。元気フィールド仙台で行われている『シニア健康水中運動』は、50分余りの時間に様々なエクササイズに挑戦。水中で回ったり、踏み台を使って上り下りしたりと、けっこうハードに見えましたが皆さん楽しそう。「水中の浮力と水圧と抵抗を利用しています。陸上では出来ないことも出来ます。リラックスもするのでぜひご参加ください」と講師の方。「同じ年代の方と手をつないだりするのが楽しい」「体が軽くなりました」と受講生の皆さん。

元気フィールド仙台
☎022(231)1221

みんなで一緒にやるのも楽しい

健康マージャン

初心者歓迎、脳トレにも

マージャンは介護予防や認知症の予防にもなると、一部の市民センターや老人福祉センターでもマージャンの時間が設けられシニア世代に人気となっています。

そうした公共施設へ講師を派遣したり、麻雀卓を貸し出すなど健康マージャンの普及に取り組んでいるのは、『日本認知症予防マージャン協会』。協会が特に力を入れているのが、初心者でも麻雀を楽しめるようにして愛好者を増やしていくこと。オリジナルのテキストを用意したり、サポーターが巡回しながらアドバイスをしてくれます。協会が運営する一番町の本校でも、大勢のシニアが楽しんでいます。

健康まぁじゃん仙台
☎022(224)8778

サポーターからのアドバイスもあるので初心者でも安心

シニアネット仙台

一番町のサロンを拠点に 抜群の企画力を発揮

一番町サロンでの講座

歩く会・野々島での一コマ

「いくところがある、会う人がいる、することがある」を合言葉にする『NPO法人シニアネット仙台(シニアのための市民ネットワーク仙台)』。

サンモール一番町商店街に面したビルの8階にある70坪の活動拠点『一番町サロン』には、いつも笑顔があふれています。サークル活動、研修会、ミニコンサート、日帰り旅行、ハイキング、会員持ち寄りのバザーなど、さまざまな催しが行われています。

講座は、書道楽、仙台歴史アラカルト。サークル活動としては、健康麻雀の『杜の都の麻雀会議』、朗読教室、俳句の会、短歌の会、囲碁サロン、パソコン教室、伊達治家記録の会、豊齢社会研究会、ボウリング、観光ボランティアの「よっこより」、うたごえサロン、歩く会、デジカメ倶楽部、詩吟の会、ハーモニカの会、ハングルの会、イタリア語の会、名作を読む会 クラシック音楽鑑賞会、ウクレレ愛好会、ラララ・シャンソン、シニアのための歌の練習、やさしい英会話、字・絵手紙、パステルアート、エッセイを書こう、自分史講座、JPOP倶楽部、写経の会、折り紙クラブ、史跡探訪の会、ベランダ菜園友の会、将棋サロン、鉄旅クラブ、仙台・羅須地人協会、CDを聴く会、古代史懇話会。BONおどり体操等があります。年会費3600円。

シニアネット仙台　☎022(266)5650

演劇

年1回定期公演

仙台シニア劇団『まんざら』は、2010年、仙台市健康福祉局介護予防推進室が高齢者の健康維持と生きがい作りを目的に結成した劇団です。劇団名には「シニアの劇団もまんざらではない」という意味に加えて、公演の満座を願い、観客にも楽しんでもらい元気になって欲しいとの思いが込められています。

現在の団員は14人(男性6人、女性8人)、会員の皆さんは月4000円を積立てながら定期公演を年1回開催。これまでに、「銀河鉄道も夜」「歌うシンデレラ」「煙が目にしみる」「喜劇ファッションショー」等を公演。練習は通常週1回。団員募集中。

仙台シニア劇団　まんざら
☎080(6045)2207

2019年定期公演「煙が目にしみる」

演芸で社会貢献

磨いた芸で笑顔に

芸達者な方々が集まって団体を結成し、ボランティアで高齢者施設や障がい者施設などへ慰問に出向いています。いずれも会員の多くがシルバー世代であることから、高齢者の生き甲斐づくりという点でも大きな役割を果たしています。

1964年に創立された『こだま会』、2008年に結成された『芸能ハッスル一座』(※多くは仙台市シルバー人材センターまたは宮城県年金協会の会員)、共に随時会員を募集中で高齢者施設などからのご依頼も受付中です。

◎こだま会
☎090(2889)7474(小磯)
◎芸能ハッスル一座
☎080(1831)6255(佐山)

写真は、こだま会の皆さん

老人福祉センターの趣味の教室

趣味の活動の宝庫

市内に8館ある老人福祉センターでは、さまざまな『趣味の教室』が開催されています。おおむね60歳以上の方なら無料で学ぶことができます。募集の案内は、例年、市政だより3月号に掲載されます。

※市政だより2019年3月号より一部転載。
☆印の教室は9月まで
★印の教室は10月まで
◇印の教室はその他

■亀岡老人福祉センター
青葉区川内亀岡町62−2
☎(225)2811

カラオケⅠ
カラオケⅡ
舞踊(千歳流)
ヨーガ
詩吟(瑞祥流)
民謡
健康リハビリ運動
ダンス初級
ペタンク
川柳
かんたん太極拳

■大野田老人福祉センター
太白区大野田5−23−5
☎(247)1005

★ペタンク教室
★ゲートボール教室
絵手紙教室
山野草教室
初心者から経験者までの
　俳句教室
民謡教室
六和功教室
謡曲教室(喜多流)
ダンス教室
フラワーアレンジメント教室

■泉中央老人福祉センター
泉区七北田字菅間38
☎(373)1285

編み物教室
◇3B体操教室
☆ヨガ教室
☆フラダンス教室
☆マジック教室
☆ラウンドダンス教室
◇英語に親しもう教室
いずみ郷土史探訪
◇介護予防教室
　キラキラくらぶ(1)
◇介護予防教室
　キラキラくらぶ(2)

■沖野老人福祉センター
若林区沖野7−34−43
☎(282)0531

詩吟(瑞祥流)
抹茶(裏千家)
華道(池坊)
民謡
和紙ちぎり絵
アート組ひも
俳句
舞踊(松若流)
編み物(1)
編み物(2)
六和功

■高砂老人福祉センター
宮城野区高砂1−24−9
☎(259)7860

ダンス初級
気功
舞踊(千歳流)
詩吟
大正琴(琴名流)
民謡
☆健康麻雀教室
　(入門クラス)

■郡山老人福祉センター
太白区郡山字行新田9−5
☎(308)5332

ヨーガ
健康太極拳
絵手紙
編み物
◇頭の健康教室
コーヒー教室

■小鶴老人福祉センター
宮城野区仙石2−1
☎(236)4171

社交ダンス教室
詩吟教室(国風流)
舞踊教室(三喜流)
三味線教室
華道教室(仙昇池坊)
六和功教室

■台原老人福祉センター
青葉区台原森林公園1−3
☎(233)3901

台原老人福祉センターでは、「趣味の教室」に代わり、センターに登録した文化系・運動系の愛好会・サークルが自主的な活動を行っています。

活動内容の紹介や入会募集は、「趣味の体験教室」や「入会説明会」を開催する他、随時募集を行っている団体もあります。

詳しくは、センター1階の受付窓口へお問い合わせください。

「老人福祉センター」って、どんなところ？

60歳以上の仙台市民の方が、明るく健康的な毎日を過ごしていただけるように、「趣味の教室」や季節の行事・レクリエーション、健康づくりを応援。生活相談や健康相談も行っており、お風呂もあります。
(※小鶴老人福祉センターはシャワーのみ)

《利用条件》仙台市内にお住まいの60歳以上の方が原則「無料」で利用できます。

よくある質問

問　利用するために、必要な手続は？

答　利用される方の名前、年齢、住所、電話番号、家族等の連絡先などを記入していただきます。

問　費用はかかりますか？

答　利用料金は原則無料ですが、一部の教室や愛好会・同好会等で、材料費などの実費や講師謝礼等の費用がかかる場合があります。

問　どのようなことができますか？

答　❶センターが主催する「趣味の教室」(例：詩吟、茶道、将棋、囲碁、カラオケ、ダンス、卓球、ゲートボール等)や「各種講座」(例：介護予防講座、マッサージ体験教室、パソコン教室等)に参加できます。
❷利用者が自主的に活動している「愛好会・同好会」があります。空いているホール・部屋等を無料で利用できます。
❸「お風呂」を無料で利用できます。
❹映画上映会、センター祭り、芋煮会、演芸会、作品展などのイベントを実施しています。
❺看護師による血圧測定や、健康相談に応じています。

※詳しくは各センターにお問い合わせください。

まめ知識　台原老人福祉センター

仙台市が1988年に設置し、施設の長寿命化のため約1年間の大規模改修工事を終え、2018年9月にリニューアルオープンしました。

照明のLED化や洋式トイレも増え、お風呂、カーペット、カーテンが新しくなりました。開放的になった和室や、新たにシニア活動をサポートするボランティア室も設置し、ボランティアの方々が、館内外の環境美化活動等に協力しています。

館内では60以上の文化系・運動系の愛好会サークルが定期的に活動する他、センター主催の講座や健康づくり、相談会等も実施し、地域での社会参加をバックアップしています。

せんだい豊齢学園

健康で充実した生活をこれからも送るためのシニア向けの学園

『せんだい豊齢学園』は（公財）仙台市健康福祉事業団が１９９２年に開設。『高齢者が生きがいをもち、安心して心豊かに暮らせる豊齢化社会づくりを担う人材を養成する』という目的を担っています。

対象者は50歳以上の市民の方。主に仙台市シルバーセンター（青葉区花京院）を会場とし、年に30日程度の学習を実施。受講生たちは学友たちとの交流を楽しんだり、描いているこれからの生活や地域での人との関わりを語り合うなどして情報を交換。多彩な顔触れの講師陣から知識を習得しながら、外へも飛び出して活動参加や史跡巡りなども行っています。

館外学習の一コマ

修了後はボランティアやサークル、町内会などさまざまな形で活動をする方も多く、またシルバーセンターでは修了生が運営する『交流サロン』を設置するなど修了後の支援も行っています。募集は毎年2月から行っています。

■社会活動コース（50歳～74歳）

これからの生活に必要なコミュニケーションや仲間づくり、健康づくり、福祉、社会参加、知的好奇心を高める郷土の文化や歴史を学ぶほか、地域活動へ向けた学習として各種ボランティア体験や自分たちで企画する史跡巡りなど、学園ならではの充実したカリキュラムとなっています。期間は2年間、令和元年度入学生の受講料は年額2万２０００円。

■アクティブライフコース（75歳以上）

健康づくり、生きがいづくりをベースに構成し、科目により自分の興味のある科目を選択して受講できます。住み慣れた地域で活動的に生活することを目指します。期間は1年間、令和元年度入学生の受講料は年額1万２０００円（選択受講科目は別途）。

☎０２２（２１５）３１２９（学園事務局）

宮城いきいき学園

宮城県内に５校

宮城県社会福祉協議会が運営する『宮城いきいき学園』は、高齢社会に対応した通年制の体系的な学習を通して、高齢者の生きがいと健康づくりを図るとともに、地域社会の発展に寄与できる高齢者のリーダー育成を行っています。

１９９１年に仙南校を開校し、大崎校、石巻校、気仙沼・本吉校、登米・栗原校を順次開校し現在5校を運営しています。

対象者は宮城県内に在住する60歳以上の方で、健康で学習意欲があり、継続して受講可能な方。定員は各校とも40人。2学年制で、１学年の学習回数は21回、2学年間で42回。入学金は５０００円、受講料は年額2万円。

学習内容は、一般教養・健康・福祉・地域活動等に関すること。

自主企画によるボランティア実践活動、健康実践講座（ニュースポーツ等）、クラブ活動（パソコン、民謡、社交ダンス、カメラ、太極拳、俳句等　※各校によって異なります）、文化祭、施設見学や修学旅行（１泊2日）なども実施。卒業の認定を受けた学園生には、学園長より卒業証書が授与されます。

☎０２２（２２５）８４７７（いきがい健康課）

いきいきＳＵＮクラブ

シニアの遊びの玉手箱

『いきいきＳＵＮクラブ』は、宮城県社会福祉協議会が運営する中高年を対象とした会員制のクラブ。県内在住の55歳以上の方なら誰でも入会することができ、年間１００本以上の行事や催事が用意されています。年会費は３０００円（家族は４０００円）。

《8の会員特典》

①会員紙ＳＵＮクラブニュースの送付
②年2回の会員感謝イベントにご招待
③ユニークな趣味の講座を開催
④趣味の講座開設やサークル運営を支援
⑤テーマのある会員旅行を企画・募集
⑥音楽や演劇の鑑賞券を割引販売
⑦ベストシーズンの登山や歩く旅行商品の割引
⑧シニア向け情報誌いきいきライフみやぎの送付

サークル活動や教室には次のようなものがあります。練功十八法、太極拳、うたごえ喫茶、ラフターヨガ、詩吟、英会話、コーラス、俳句、ペン字、手品、麻雀、カラオケ、民謡、ふきや、絵手紙、ボウリング、社交ダンス、着付け、生け花、ストレッチ、パークゴルフ、フラダンス、他。

☎０２２（２２３）１１７１（事務局）

老壮大学

最も身近な生涯学習の場
近くの市民センターで開講中

仙台における最も身近な生涯学習の場である市民センターでは、『老壮大学』を毎年度開催しています。現在、市内60カ所にある市民センターで実施されていて、費用はそれぞれの老壮大学により内容等に応じて決められています。

講義は1年間にわたって月1回ほど。内容は文学や歴史、健康、時事問題などさまざま。クラブ活動を合わせて実施しているところもあります。ネーミングも「寿大学」「豊齢大学」「シニアスクール」等いろいろ。開催期間は通常5月から翌年3月、継続して何年も在籍している方、また『仙台明治青年大学』へステップアップする方もいます。

南光台市民センターの老壮大学『南光台学院』の皆さんは、記念誌を毎年手作りで作成して受講生全員に配付しています。ページを開くと、カラー写真やイラストもたくさんあって読みやすさにも配慮。1年間に学んだ11回の講座をそれぞれ2～4頁に渡って紹介。受講生たちが執筆した思い出や健康づくりについてのエッセイも充実していて、同世代がどのように思ったり興味を持ったりしているのかの指標にもなる内容。センターまつりに出品した作品、川柳や俳句なども掲載されています。

出来上がった手作りの記念誌を手にする南光台学院の皆さん

「記録として残せたり、1年を振り返っていただく機会にもなります。仲間意識も深まります」と学院長の新田稔さん。記念誌は、南光台市民センターで閲覧も可能です。

老壮大学の受講生の募集案内は、例年『市政だより3月号・各区からのお知らせ』に掲載されます。

問い合わせは、各市民センターまで

仙台明治青年大学

自主運営を看板にした伝統大学
生徒824人が大学生活を謳歌

『仙台明治青年大学』は、『老壮大学』の修了生たちが「老壮大学の大学院のようなものを」と提案したのが開校のきっかけ。大学は『自主運営』を大きな看板としており、学生で組織される『運営委員会』が主体となって学習計画から会計まで何でもこなし、司会進行や出欠・受付事務なども学生自らが行っています。

新入学生の募集は、市民センターの老壮大学等修了者(61歳以上)を対象に毎年2月に行っています。費用は年額7000円、学習日は年間24日。学習時間は原則として第2・第4水曜日の午前10時から11時30分まで。

学習内容は、人生哲学、郷土史、時事問題、健康など。学生全員にアンケートを取り、希望に添った学習を学生自ら編成。大学祭、クラブ活動、長寿祝の表彰、学生からの投稿をもとにした文集『老学文苑』、機関誌『団欒』の発行も実施しています。

クラブ活動も盛んで、17のクラブと3つの同好会があります。4月の入学式では、活発な勧誘活動も繰り広げられます。仲間との親睦を楽しんだり、大学祭の時にはステージに立って盛り上げたりしています。

【クラブ】コーラス、囲碁・将棋、暁社交ダンス、民舞セントピア、歌謡部、健康体操&レクダンス部、スクェアダンス、ハワイアン・フラ、郷土史を学ぶ会、里山自然観察会、明青大写真クラブ、時事懇話会、童謡・唱歌を歌う会、パソコンを学ぶ会、パークゴルフ仲間会、書道部、手芸・花クラブ

【同好会】詩吟、花鳩俳句会、つゆ草会(折紙)

☎022(292)4875(事務局)

学習会場は太白区文化センター楽楽楽ホールで開催

宮城県年金協会

会員の生きがい健康づくりが目的
設立50年、サークル数は日本一

『宮城県年金協会』は、会員に豊かな生活を過ごしてもらおうと１９６９年に誕生しました。年金制度の改善や要望を国会や政府に働きかけ、その実現に努力。年金に関する簡易な相談も行っています。

サークル活動も活発。ゴルフ、パークゴルフ、ゲートボール、グラウンド・ゴルフ、ボウリング、卓球、山歩き、フラダンス、レクダンス、社交ダンス、カラオケ、ハーモニカ、民謡、詩吟、囲碁、将棋、麻雀、川柳、写真、園芸、等々。同様の組織が都道府県単位で設置されていますが、同協会のクラブ数は１６０もあり、全国の年金協会の中でも1位を誇っています。

グラウンド・ゴルフ大会

芸達者な方もたくさん

パークゴルフ、グラウンド・ゴルフ、ゲートボール等の県大会を主催しており、愛好者にとっては腕試しの機会が増えることも魅力。県内に7支部（仙台東・仙台南・仙台北・石巻・気仙沼・古川・仙南）があり、旅行会なども実施。ハゼ釣り大会、ボウリング大会等も開催されています。

入会はどなたでもＯＫ（学生は除く）、年会費は２５００円（夫婦会員は４０００円）。

■主な会員特典

①割安な各種保険
②アフラックの割引取扱
③各種クラブ活動　④講習会・交流集会
⑤ＪＲ運賃2割引　⑥各種施設の割引
⑦無料電話相談　⑧葬儀支援サービス

■（例）普通傷害保険・家族傷害保険
「まごころ保険」の４大特長

①年満89歳以下の方対象
②掛金が一般よりも大変割安
（年掛金／ひとり一口８０００円）
③ケガなど突発的な事故を補償
④加入手続がとても簡単です

☎022(266)4184

宮城県老人クラブ連合会
伊達なクラブ仙台（仙台市老人クラブ連合会）

全国に広がる組織力も魅力

高齢者グループの元祖的な存在である老人クラブは、高齢者が共同して社会奉仕活動や生きがいと健康づくりの活動等を行うことにより、自らの老後を健康で実り豊かなものにするための自主的な組織です。

老人クラブでは、会員の親睦交流と健康づくりのため、ゲートボール、ペタンク、グラウンド・ゴルフ、ウォーキングなどのスポーツ活動、そして、手芸、健康麻雀、ダンス、舞踊、カラオケ、民謡、旅行など文化活動に取り組んでいます。

さらに、道路・公園などの清掃や花壇の手入れなどの社会奉仕活動、一人暮らしの高齢者に対する見守りや声がけなどの友愛活動にも力を入れ、地域の一員として、地域貢献にも意を配って活動しています。

また、仙台市老人クラブ連合会をはじめ、市町村の老人クラブ連合会では、多くの老人クラブが参加しての体育会や各種スポーツ大会、芸能祭の実施に加え、老人クラブ活動のリーダーとなる人材の育成、会員に対する各種研修会の実施など老人クラブ活動の推進に努めています。

宮城県老人クラブ連合会は、仙台市老人クラブ連合会を除く、宮城県内の市町村老人クラブ連合会により構成され、それぞれの連合会の活動の推進を支援しています。

老人クラブの魅力

①地域に新しい仲間ができる
老人クラブに加入すると、同じ地域に暮らす同世代の仲間ができます。

②健康の保持・増進につながる
活動へ参加することで、閉じこもりの防止や健康の保持・増進が図れます。

③社会活動への参画と貢献ができる
緑化活動やリサイクル運動など地域への貢献活動を通して、社会とのつながりを保つことができます。

④知識や経験を生かし、能力を発揮できる
これまでの生活や仕事、趣味の知識や経験を生かしたり、若い世代に伝える機会が増えます。

公益財団法人　宮城県老人クラブ連合会　☎022(223)1156

公益社団法人　仙台市老人クラブ連合会　☎022(213)6811

ウォーキングレッスン

病気、ケガ、失意、人生いろいろあって 乗り越えてきたからこその極上美

年1回のファッションショーも大好評！

仙台駅前にある会場で、ウォーキングのレッスンを行っている『うきうきライフ』。45人のメンバーの最高齢は83歳。受講生のほとんどが60歳以上です。

大病を克服してレッスンを生き甲斐にしている方、落ち込んでいた時にレッスンに飛び込み、目標ができて前向きに考えられるようになった方、「普通の主婦ですけど、ステージに立った時は輝けます。女性ですから年齢を重ねてもお洒落をしたい、表現する場が欲しいんです」と話す方など、いろんな方が楽しんでいます。

指導する金澤キミ子さんは現役のモデルとしても活躍中。「回を重ねる毎に皆さん自分をつかんで、楽しそうな表情になっています。音楽に合わせて動くというのはとても身体に良いようです。体調不良でレッスンを休んでいた方も、頑張って出るようになると元気になってきたんですよ！」と金澤さん。

指導法は「こう回らなくちゃならない！といったギリギリした感じの指導はしていません。その人が輝いて美しく歩けるようになって欲しい。ロボットじゃない、人間ですから。その人の人生を歩いて見せることが大切。そして、ウキウキすることで、人にも優しくなれるし健康にもなれる。心が華やぐと、チャーミングに見えるんですよ」と、話していました。

レッスンは合計で月3回、時間は13時～14時、レッスン料は２０００円（1回）、入会金５０００円。好きな時に受講すればよく、月謝制ではないので参加した時だけ支払う良心的なシステムです。

☎０９０(２９５９)７２８４(金澤)

出前講座

東北文化学園大学の『市民学習講座』

大学の講話を無償であなたの街へ 魅力満載の約50講座から選べます

「地域社会と共に発展する大学」という基本理念のもと、東北文化学園大学が地域貢献事業の一つとして２００７年にスタートさせた講師派遣型『市民学習講座』。市民センターからの依頼が多いそうですが、10人以上の参加者を目安に地域のイベントなどにも講師を積極的に派遣しています。

講座は、医療・福祉・地域・建築・環境・デザイン・情報・政治・経済・経営・法律と多彩な分野から約50講座あります。その中でも人気は健康の促進や健康寿命に関する内容。歳を重ね、自信の衰えに気づいた時、興味を持つ方が多いようです。

派遣する会場が仙台市内であることが条件で、コミュニティセンターや集会所等でもＯＫ。講演料はいただかない方針ですが、交通費程度の負担はご協力を…とのこと。

「教員は学んだことを誰かに伝えることが大きな喜び。お年寄りは熱心に聴いてくださいますし、教員の社会貢献の実績にもなります。ご依頼をお待ちしています」と、同大学地域連携センターの貝山道博センター長。

案内用のパンフレット（写真上）は、市民センターや各区の社会福祉協議会等に設置。講師派遣についての詳細は「市民学習講座」パンフレットをご覧いただくか、左記までお問い合わせください。

☎０２２(２３３)３４５１(地域連携センター)

12 相続の不安

家族が遺産でもめたり、困るようなことが無いように、トラブルの芽を摘んでおきませんか。認知症になった時のための供えも…。

時代に合わなくなった点を大幅に変更

２０１８年7月に民法が改正され、相続法も大きく改正されました。これにより、２０１９年7月（一部は1月）から相続に関係する法律（相続法）の改正が施行されています。自分が亡くなったとき、あるいは家族が亡くなったときに生ずる相続に関して、どのような点がどのように変わったのかポイントを紹介します。

誰もが相続に直面

誰もが、この世で生きていくからには何らかの財産を持つことになります。そして亡くなれば、あの世へは何も持っていけませんから、誰かに受け継がなければなりません。お金持ちであろうがなかろうが、人が死ぬ時には必ず相続が発生するのです。

昔だったら家の長男が家の全ての財産を受け継ぐことを誰もが当たり前として受け止め、大きな問題にはなりませんでした。しかし現代では、子供が複数人いれば平等に相続することも珍しくなくなり、遺産を分割する過程で様々な問題が発生するようになっているのです。

40年振りの大改正

相続に関するトラブルを防ぐために、民法では「誰が相続人となり」「何が遺産に当たり」「被相続人の権利義務がどのように受け継がれるか」など、相続の基本的なルールが定められています。この民法の相続について規定した部分を『相続法』と言います。

相続法は、１９８０年に改正されてから大きな改正は行われずにきましたが、高齢化が急速に進むなどの社会環境の変化に対応するため、約40年ぶりに大きな見直しが行われたのです。なお、相続税については、２０１５年に税制改正が行われて増税が行われています。

「老々相続」の増加

日本人の平均寿命は延び続け、亡くなる方の年齢は80代や90代の方が増加。それによって相続する子供が60代や70代ということも珍しくなくなりました。いわゆる、「老々相続」のケースが増えているのです。高齢になってから相続することになる配偶者を保護しなければならなかったり、遺言書を書きやすくして作成を促したり、手続きを簡単にしたりするといった法律の改正に迫られたのです。

遺産分割前の預貯金の払い戻し制度

2019年7月1日～

故人の預金が引き出せる

改正前

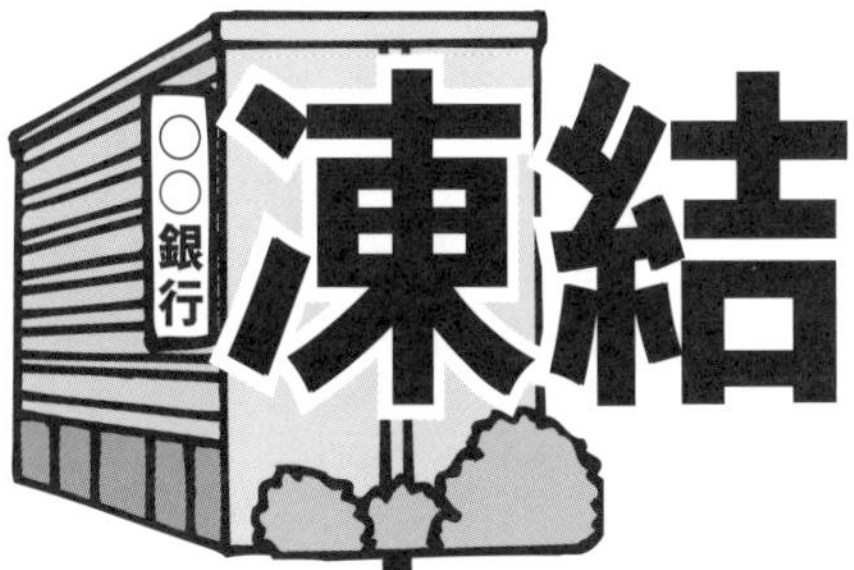

遺産分割協議

各相続人の取り分決定

各相続人が引き出し

金額は分割協議後の自らの取り分

遺産分割協議書…必要
印鑑証明書　　…全員分

改正後

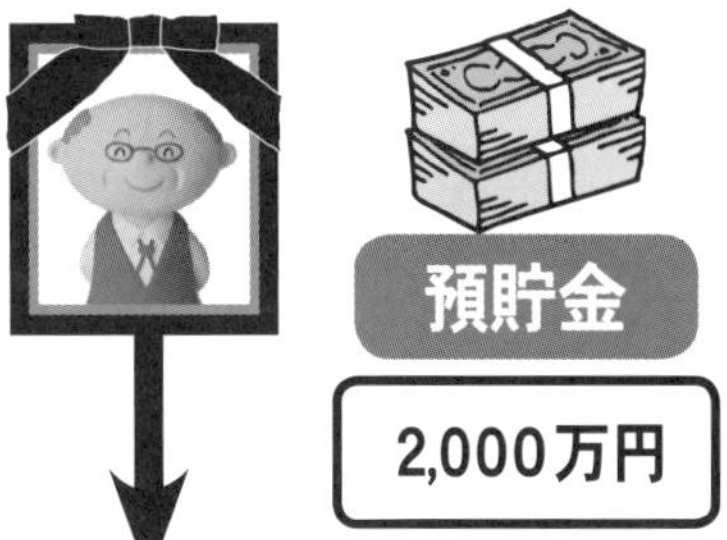

各相続人が引き出し

単独での払い戻し請求が可能

※金融機関によって上限あり

金額は
相続時の預貯金× 1/3 ×法定相続人の取り分の割合

150万円が上限

(例)たとえば、預貯金が2,000万円で
妻と子供３人が相続人の場合

妻 2,000万円×1/3×1/2=333万円→**150万円**
子 2,000万円×1/3×1/6=111万円→**111万円**

遺産分割協議書…不要
印鑑証明書　　…本人分のみ

上限は150万円

亡くなった方の預貯金は遺産分割協議が終わるか、相続人全員の同意がないと引き出すことができませんでした。そのため、葬儀費用や未払いの医療費といった、緊急に必要な分だけのお金といえども引き出せないという問題がありました。

預貯金を引き出す2つの方法

今回の法改正によって一定額については、遺産分割協議が終わっていなくても相続人が単独で引き出せるようになりました。預貯金を引き出すには、次の２つの方法があります。

①金融機関に直接依頼する方法
②家庭裁判所に申し立てをする方法

①の「金融機関に直接依頼する方法」には、金融機関ごとに預貯金残高×１／３×相続人の法定相続割合という上限額があり、かつ１つの金融機関から引き出せる上限額は１５０万円となっています。

故人が同一金融機関にいくつか口座を持っていても、１つの金融機関から引き出すことができる金額は、上限１５０万円になります。

自筆証書遺言の方式緩和

2019年1月13日〜

遺言の作成が手軽に

改正前	改正後	
本人	本人	作成者
全文を自筆で書く	全文を自筆で書く。財産目録はワープロやパソコンでの作成が可能に。不動産登記事項証明書、通帳のコピーの添付もＯＫ	作成方法
費用は不要	費用が安い。 数百円の印紙代のみ	特徴
自宅などにこっそり保管	①法務局に預けられる	①〜④は 2020 年 7月 10日から施行
家庭裁判所の検認が必要。 （相続手続きに時間がかかる）	②家庭裁判所の検認が不要。 （すぐに相続手続きができる）	
形式や内容に間違いあると無効になる	③法務局の事務官（遺言書保管官）が審査時に形式チェック、不備を指摘	
第三者に内容を改ざんされる恐れがある	④第三者に内容を改ざんされる恐れがない	

財産目録に限りパソコン等でＯＫ

これまで、自筆証書遺言は全ての内容を自筆で書かなくてはなりませんでした。しかし今回の法改正で、「財産目録」はパソコンやワープロで作成しても遺言書としての効力が認められるようになりました。これによって、手間が軽減できる上に、書き写す際に間違えるなどの問題もなくなるようになりました。

不動産登記簿謄本や通帳もコピーでＯＫ

不動産登記簿謄本や通帳も、コピーなど自書によらない書面を添付することができるようになりました。偽造防止のため、添付する書類には、すべてのページに署名してハンコを押してください。

パソコン等で良いのは一部！お間違えのないように

なお、遺言書の本文については、従来どおりに手書きで作成する必要があります。パソコンが使えるのは、添付する書類だけですから気をつけてください。

自筆証書遺言の保管制度の創設

2020年7月10日～

紛失や隠匿《いんとく》を防止

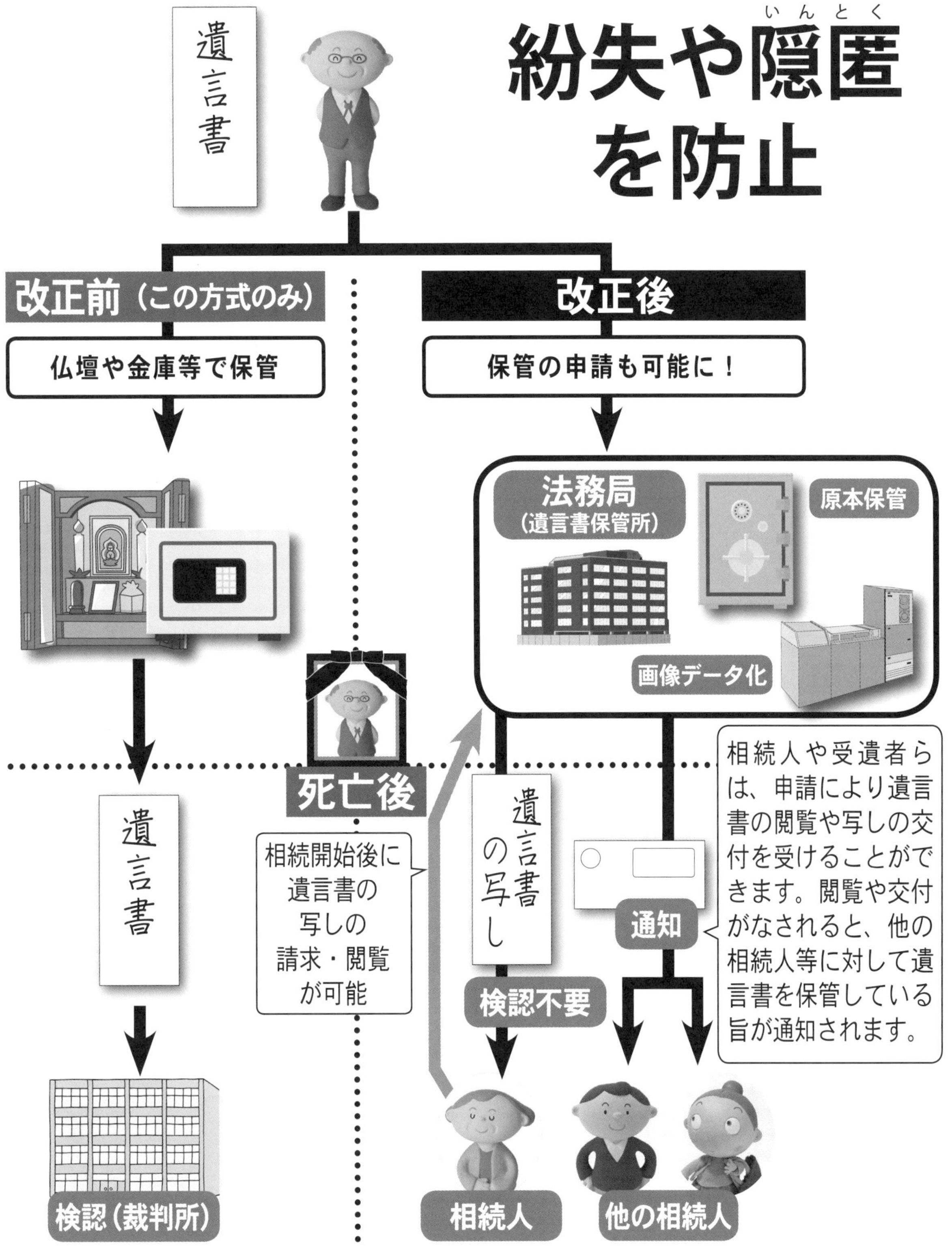

検認が不要に

遺言書で困るのが、置き場所です。誰も分からない所に置けば、自分が亡くなった後、家族が見つけられず無駄骨になります。作成後に認知症になってしまい、保管場所を忘れてしまう方もいます。

２０２０年７月10日から、自筆証書遺言を法務局が保管してくれるようになります。さらに、これまでは自筆証書遺言を相続人が家庭裁判所に持って行き『検認』という手続きをしなければなりませんでしたが、法務局に預けていた場合には検認の手続きも必要なくなります。

気を付けたいのは、この新しい保管制度を利用せずに今までどおり遺言者自身が保管していた場合は、今までどおり『検認』が必要になるということ。

また、法務局の事務官が審査時に形式のチェックや不備を指摘してくれるようになりますが、過大な期待は避けるべきと考えられています。内容面に踏み込んだチェックはありませんし、争いの種はいろんなところに隠れています。保管申請が受け付けられたからといって、その遺言書の有効性が法的に確認されたというものではないので注意が必要です。

より多くの財産が配偶者へ

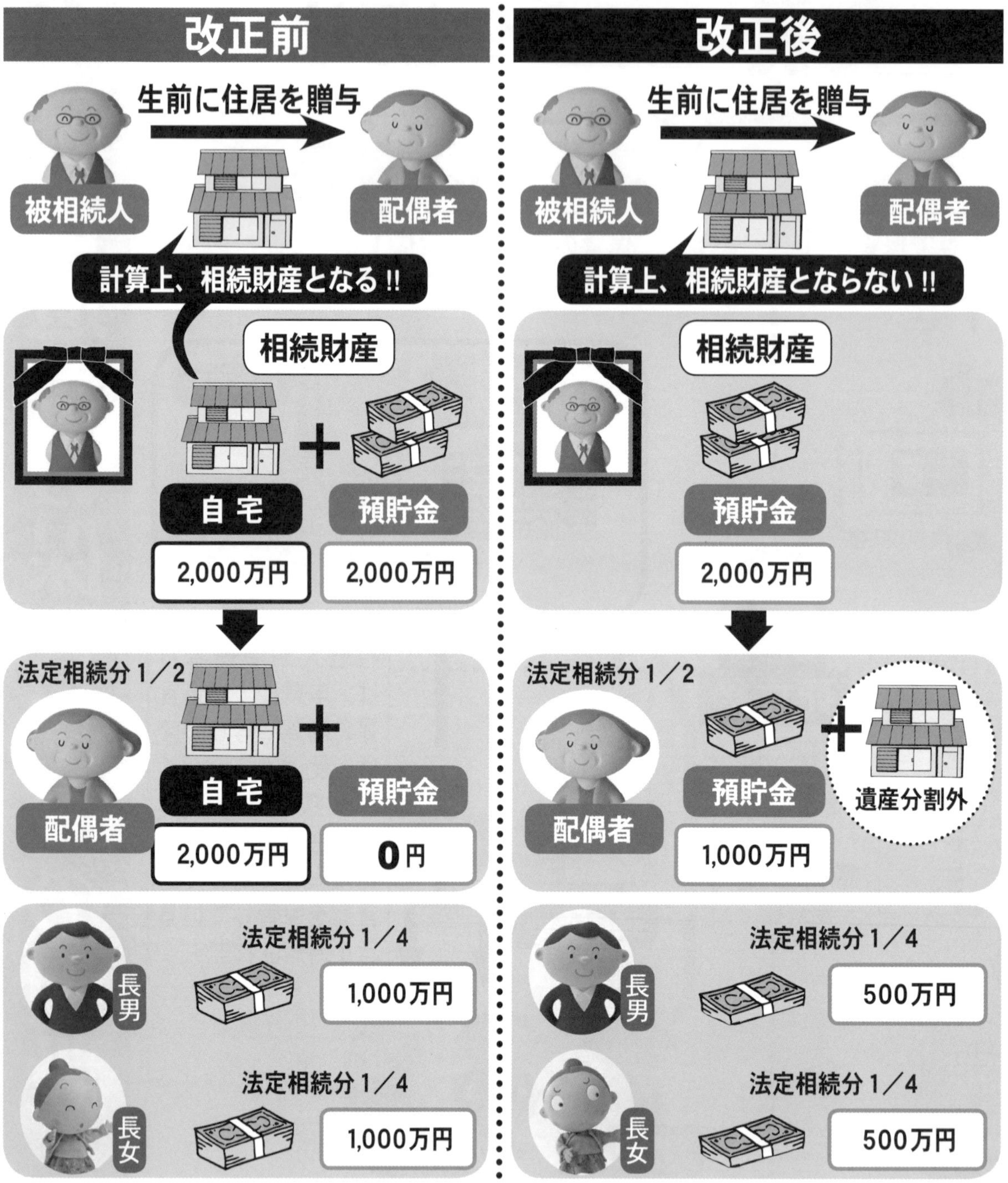

結婚20年以上の夫婦間の自宅贈与の特例

2019年7月1日～

自宅は相続財産とせず

婚姻期間が20年以上の夫婦間で居住用の不動産（居住用建物又はその敷地）の遺贈又は贈与がなされた場合、原則として、遺産分割における配偶者の取り分が増えます。

たとえば、上の図のように被相続人の財産が評価額２０００万円の自宅と２０００万円の預貯金の合計４０００万円で、相続人が配偶者と子供2人の場合、配偶者は１０００万円を受け取れるようになりました。

改正前では、被相続人が配偶者に自宅を生前贈与していたとしても、「遺産の先渡しをしたもの」と取り扱われるため、２０００万円の自宅も遺産分割の対象となります。その結果、子供たちが１０００万円ずつ、配偶者が得られるのは自宅のみで預貯金は1円も受け取れませんでした。改正後、配偶者は結果的により多くの相続財産を得て、生活を安定させることができるようになります。

ただし、配偶者が亡くなり子供2人が相続人となる『二次相続』の時に、遺産が増えたことにより相続税額が上がる場合もありますから注意が必要です。

相続人以外の者の貢献を考慮

2019年7月1日～

義父母の介護が報われる

改正前

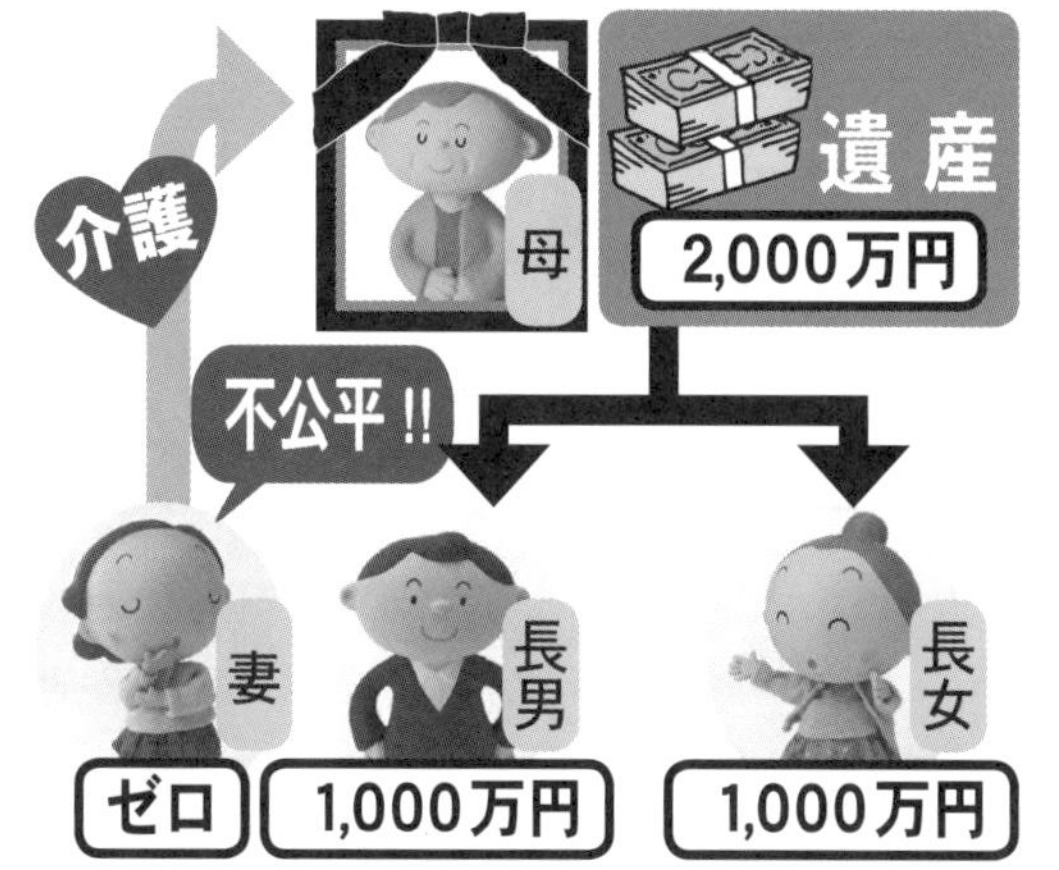

改正前は、被相続人が死亡した場合、相続人（長女と長男）は被相続人の介護を全くしていなかったとしても、相続財産を取得することができます。一方、長男の妻はどんなに被相続人を介護をしても分配はありませんでした。

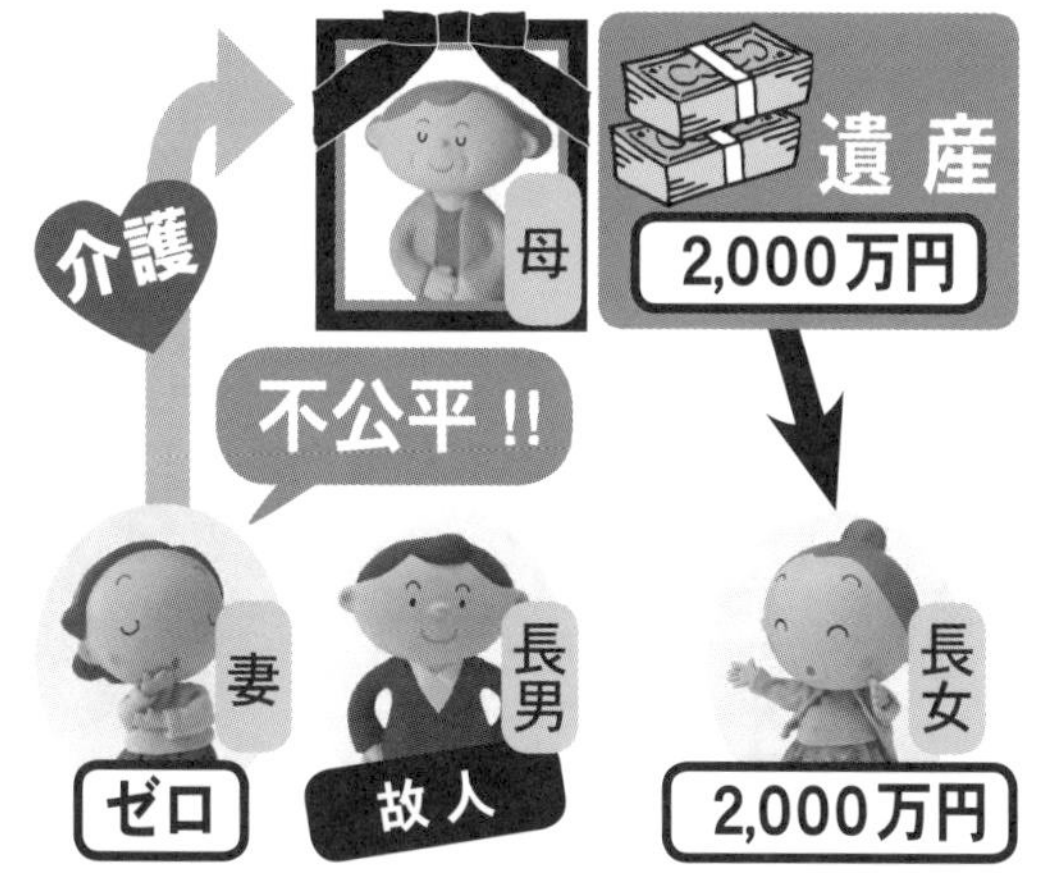

改正前、長男が亡くなっていた場合、長男の妻は長男が健在だった時よりもさらに不公平を感じることになります。

改正後

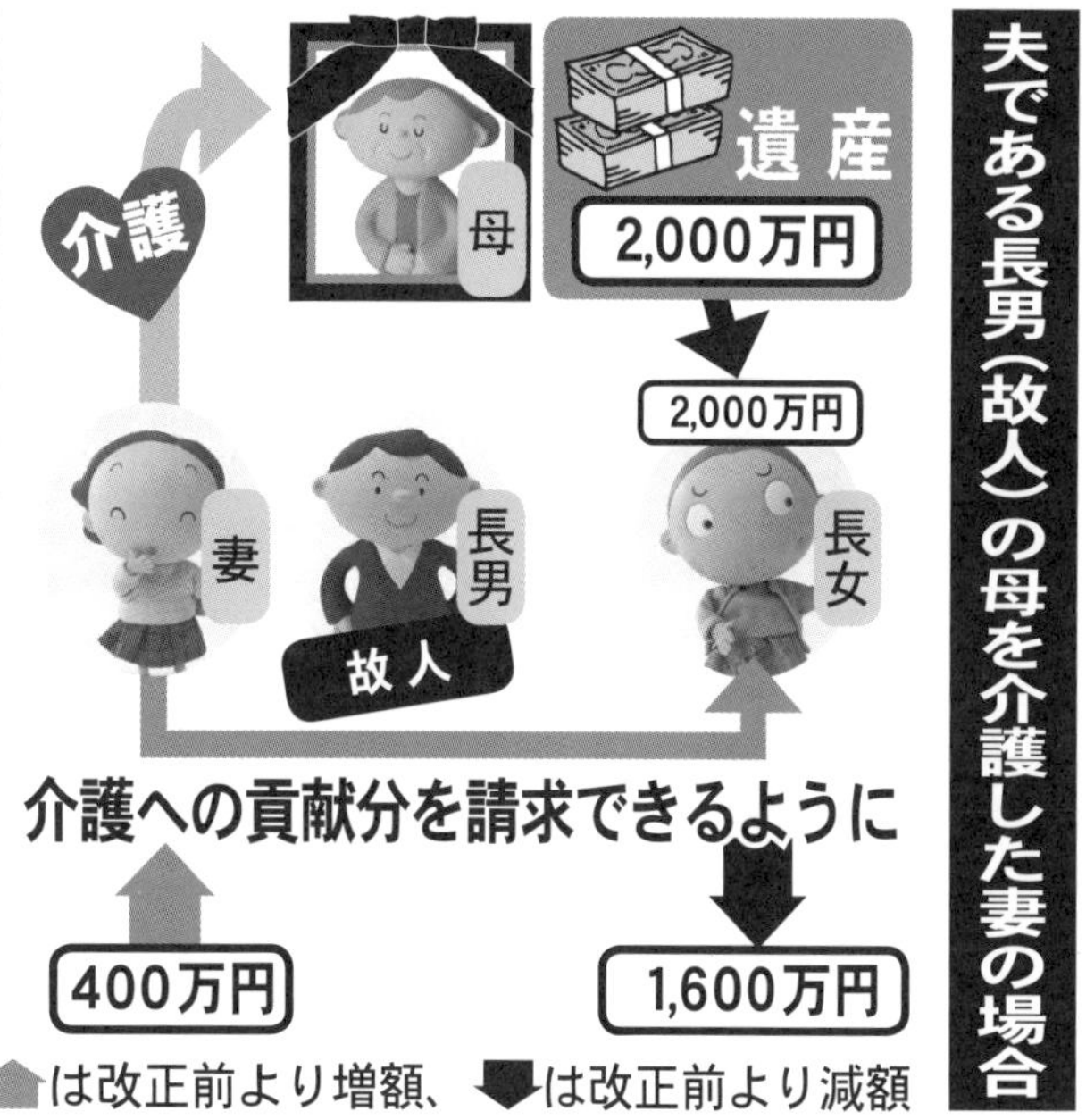

※特別寄与料を４００万円と仮定。⬆は改正前より増額、⬇は改正前より減額

貢献分を請求可能に

亡き長男の嫁が、長男の母である被相続人の介護に尽力していたとしても、これまで長男の嫁は相続人ではないため、被相続人の死亡に際し、相続財産の分配にあずかれません。他方、他の相続人（長女や次男等）は、被相続人の介護を全く行っていなかったとしても、被相続人が死亡した場合、相続財産を取得することができます。そうした不公平が改正後は無くなり、貢献した分の金銭を受け取れるようになりました。『特別寄与料』というもので、請求できるのは、相続人ではない親族（例えば子の配偶者など）。

請求するためには証拠が必要となります。介護日記を付けたり、介護事業者とのやり取りを残したり、おむつや薬など購入した物のレシート、タクシー代の領収書等を保存しておく必要があります。

介護に対する金額の目安は、介護の日当に日数をかけた数字。なお、請求については、相続の開始及び相続人を知った日から6カ月を経過したとき、又は相続開始の時から1年を経過したときは、請求できなくなります。相続が開始した場合には、すぐに請求を考えてください。

配偶者の居住権を保護

2020年4月1日～

自宅に住み続けながら遺産分割時にはお金も受け取れるように

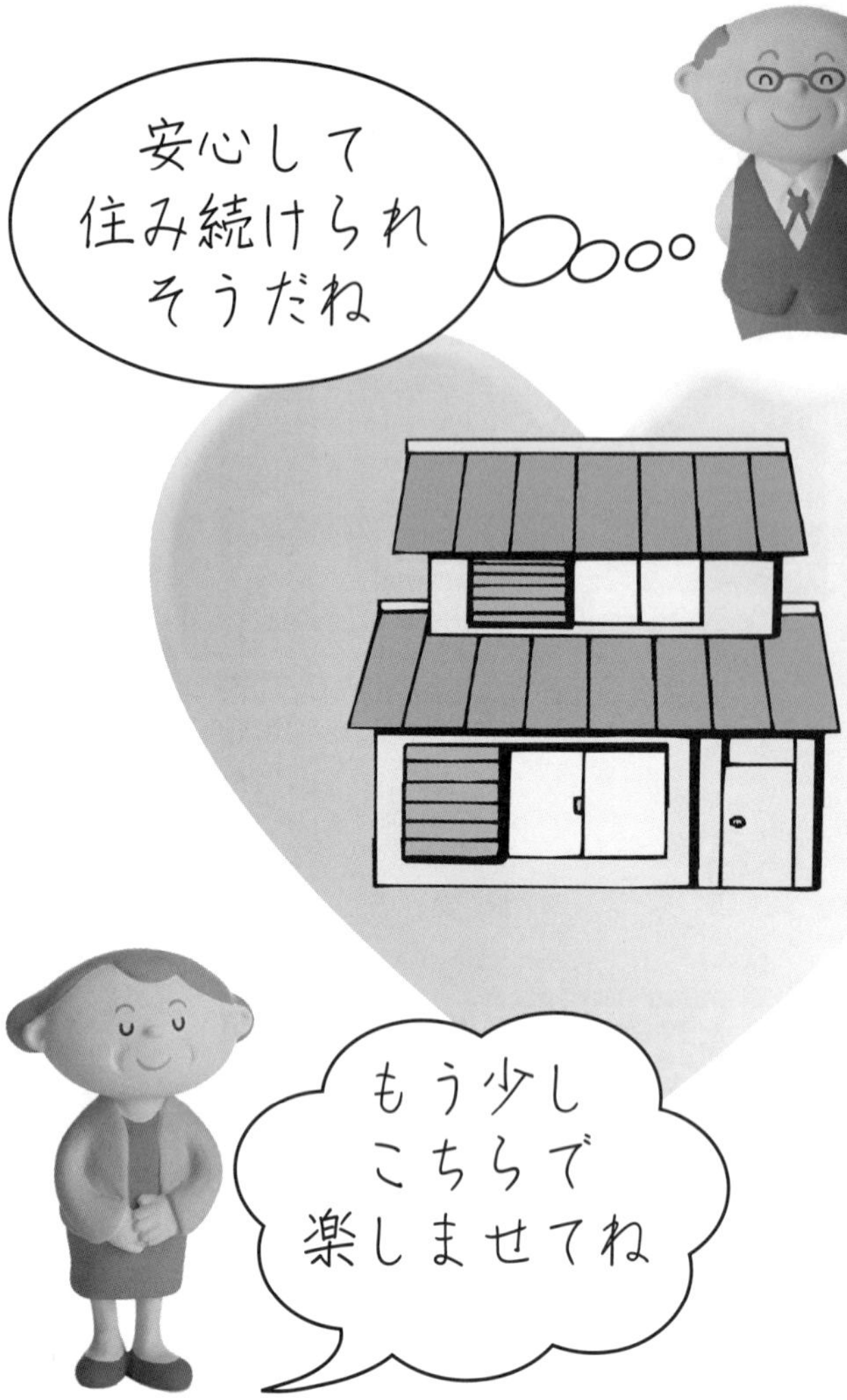

安心して住み続けられそうだね
もう少しこちらで楽しませてね

「遺産分割のために自宅を売却しなければならない」という問題を解決

これまでに無かった考え方

今回の改正により、新しい考え方を取り入れた『配偶者居住権』というものが創設され、夫が亡くなってからも妻は自宅に住み続けられる権利を得られるようになります。

これまでは、残された配偶者は遺産分割に伴い、家を売って現金化したうえで子供に一部を渡したり、家を相続したために現金が手元に残らない…というケースもありました。法改正後は、自宅にそのまま居続けながら、遺産分割時にお金も受け取れるようになります。

妻が受け取る預貯金も増加

たとえば、次頁の図のように被相続人の財産が評価額２０００万円の自宅と３０００万円の現金の合計５０００万円で、相続人が配偶者と子供１人だけの場合、仮に法定相続分で分けるとすると、改正後は妻が受け取れる預貯金が１５００万円となり改正前の３倍に増加します。

同じケースにおいて、自宅の評価額が５０００万円だった場合は、仮に法定相続分で分けるとすると、子供には４０００万円を渡さなければならないため、手持ちの現金では足りなくなります。そのため、泣く泣く自宅を売却して現金化する必要がありました。

高齢の妻の相続リスクを軽減

このように、法改正の前は残された配偶者が遺産分割に伴って自宅は相続できたものの、手元に現金がさほど残らず、その後の生活費や医療費等に困ってしまうというケースが見受けられました。

高齢になってから住み慣れた自宅を失うということは、とても大きなリスクを伴います。住まいを見つけられたとしても、友達も居ない、買い物も不便などといった環境の変化が大きなストレスになります。

しかし法改正後は、配偶者は安心して自宅に住み続けられる上に、受け取ることのできる他の財産も増加することになります。

夫の死後も自宅に住み続けられる

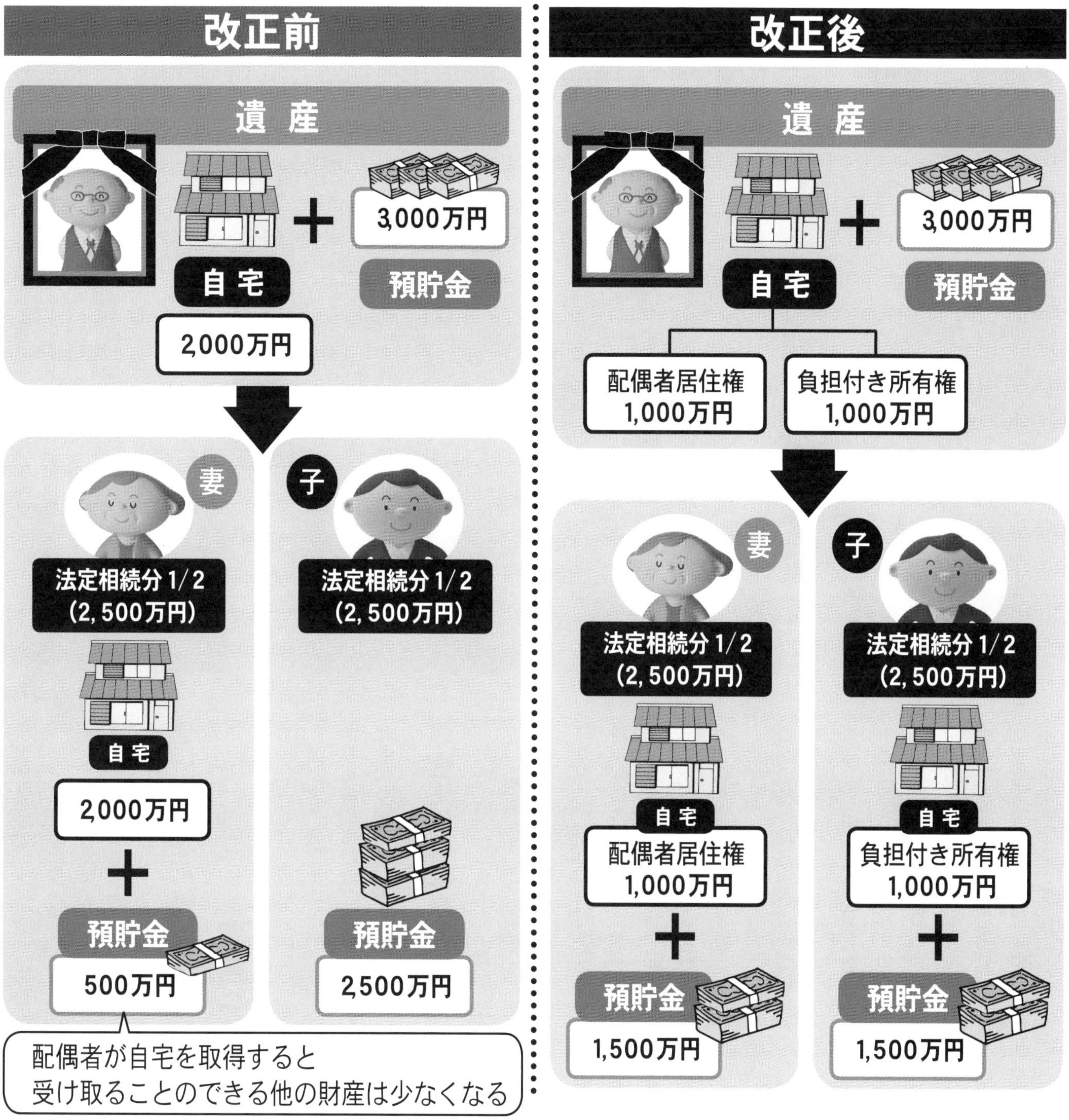

《配偶者居住権の主なポイント》

・自宅の権利を『所有権』と『居住権』に分けた。

・預貯金などの取り分も実質的に増える。

・居住権は譲渡や売買はできない。

・配偶者居住権は登記されるので長男が家を第三者に売ったり借金で家が差し押さえられても、妻が居住権を失うことはありません。

・配偶者居住権を得るには、相続開始時にその家に住んでいること。夫と別居していて、賃貸住宅に住んでいれば、夫の持ち家に居住権は発生しません。

・居住権の評価額は妻の年齢（平均余命）や築年数から算出されます（高齢であるほど低くなり、所有権よりも安くなる。居住権の価値は、遺産分割の話し合いで決める）。

・居住権は短期（相続を始めてから6カ月、または自宅を誰が所有するか決まった日のいずれか遅い日まで）と長期（原則として妻が亡くなるまでの終身）の2種類があります。

《この権利を使うには》

被相続者が「配偶者居住権を妻に与える」といった遺言書を残すか、配偶者が遺産分割協議で「配偶者居住権を使う」と伝えることなどが必要となります。

高齢者の確定申告

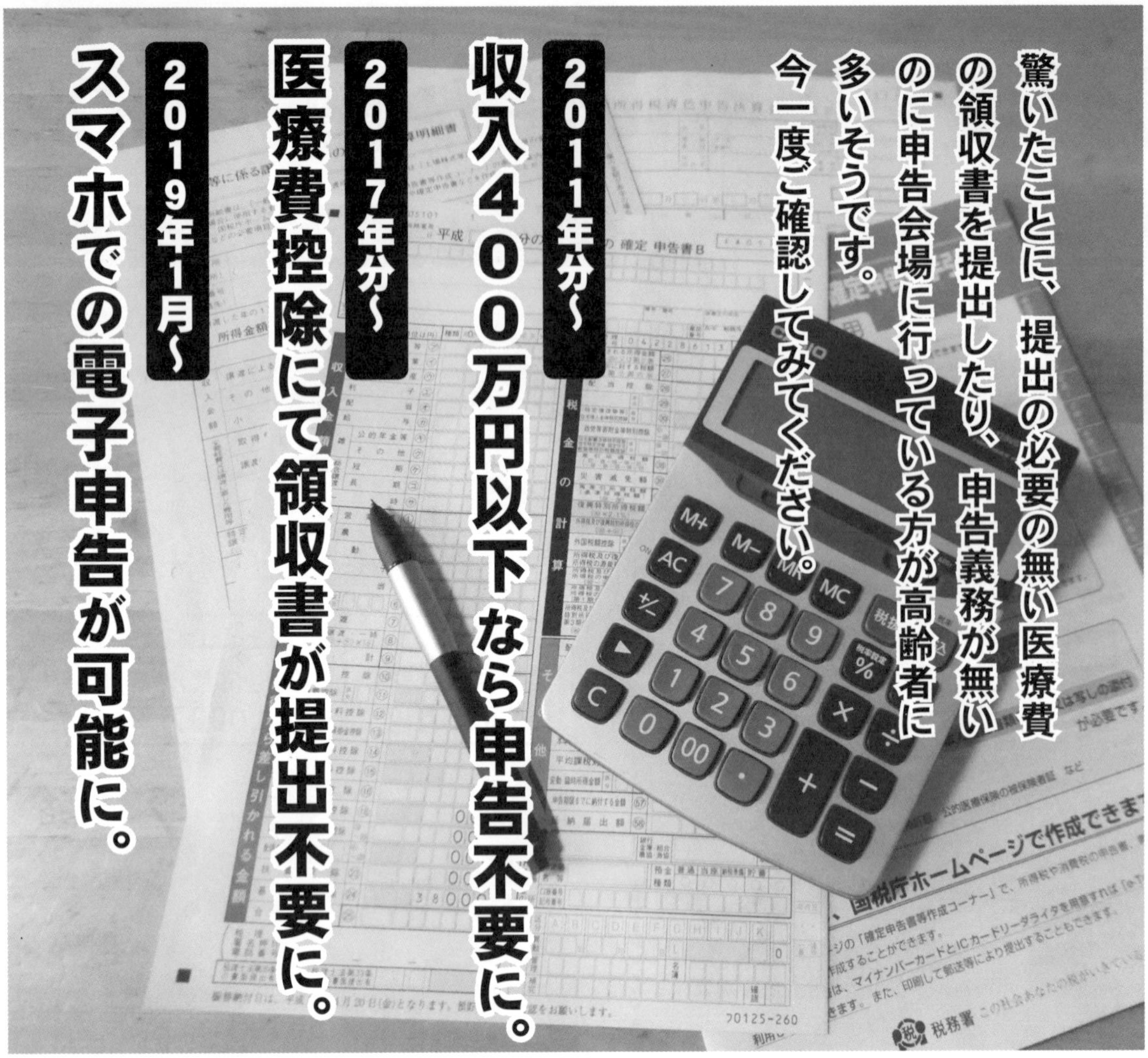

驚いたことに、提出の必要の無い医療費の領収書を提出したり、申告義務が無いのに申告会場に行っている方が高齢者に多いそうです。今一度ご確認してみてください。

2011年分～
収入400万円以下なら申告不要に。

2017年分～
医療費控除にて領収書が提出不要に。

2019年1月～
スマホでの電子申告が可能に。

高齢者に知らない方が多い 確定申告のルール等の変化

スマホでの電子申告が2019年1月から可能になるなど、確定申告のやり方は変化し続けています。

年金生活者は申告不要!?

たとえば、2011年分からスタートした『年金所得者の確定申告不要制度』によって、公的年金等の収入金額が400万円以下で、かつ、公的年金等に係る雑所得以外の各種の所得金額が20万円以下である場合は、確定申告の必要がなくなりました。つまり、年金だけで生活している方の多くは、確定申告の必要が無くなったのです。ただし、所得税の還付を受ける場合は、確定申告書を提出することができます。

「収入や所得控除など人それぞれなので一概には言えませんが、申告が必要かどうかについては、次頁の別表1により判定のうえ、提出していただければと思います」（仙台北税務署広報官）

また、『医療費控除』（※医療費がたくさんかかった年に確定申告をすることで、軽減されて税金が還付されるというもの）においても、2017年分の確定申告から領収書の提出が不要となり、明細書の提出が必要となりました。その際は、領収証を5年間自宅で保管することになります。

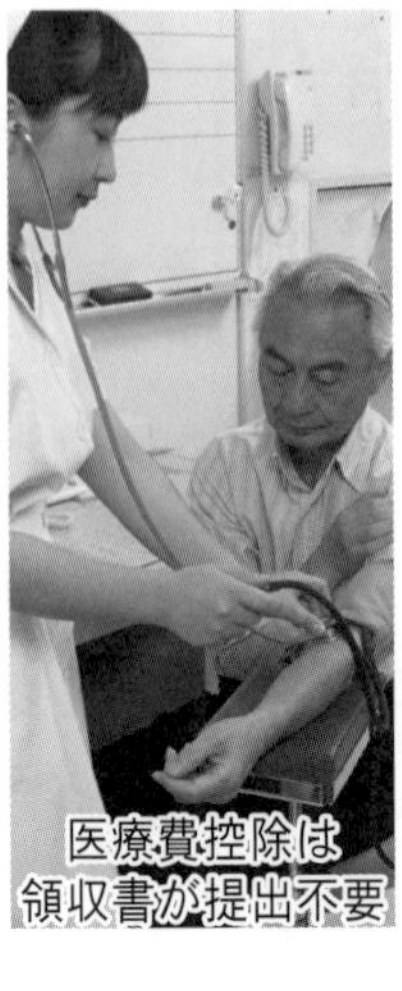

医療費控除は
領収書が提出不要

電話での相談窓口を開設

一方、相続や遺族年金、満期を迎えた生命保険についてなど、税金に関する相談も高齢者から数多く寄せられています。最寄りの税務署へ電話をかけて音声案内に従って番号を押すと、東北6県では仙台国税局の担当者が対応してくれます。

《仙台市内の税務署の電話番号》
仙台北 ☎（222）8121
仙台中 ☎（783）7831
仙台南 ☎（306）8001

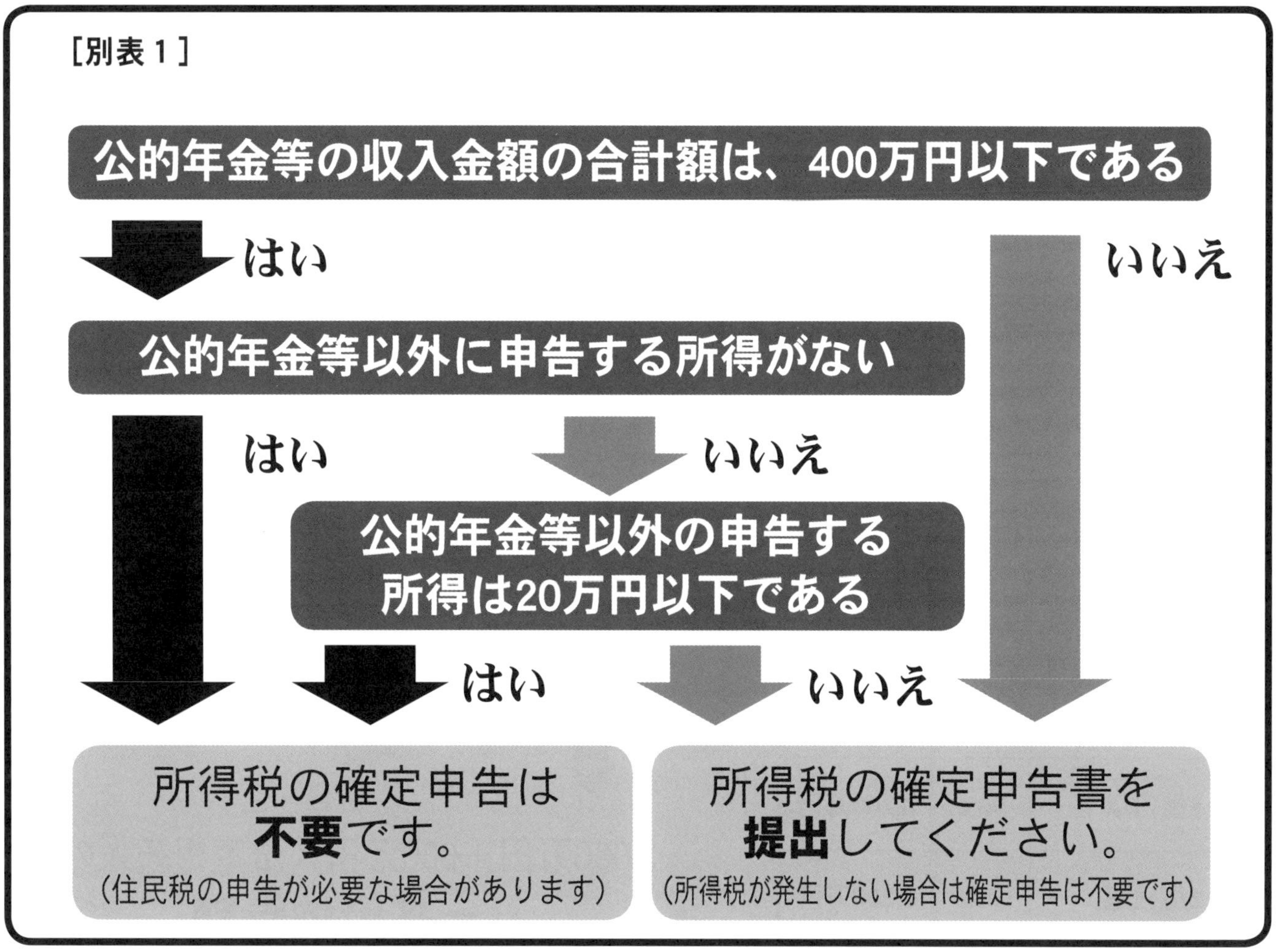
［別表１］
公的年金等の収入金額の合計額は、400万円以下である
はい
いいえ
公的年金等以外に申告する所得がない
はい
いいえ
公的年金等以外の申告する所得は20万円以下である
はい
いいえ
所得税の確定申告は不要です。
（住民税の申告が必要な場合があります）
所得税の確定申告書を提出してください。
（所得税が発生しない場合は確定申告は不要です）

夫が亡くなったら、税務署に届出書や申告書を提出する必要がありますか？

相続のQ&A

高齢者から多く寄せられている質問とその答えについて、仙台北税務署広報官に教えていただきました。

Q　長年連れ添った夫が先月に病気で亡くなりましたが、税務署に届出書や申告書を提出する必要がありますか？　夫が10年前に会社を定年退職してからは、夫婦２人で年金生活、子供は結婚して独立しています。

A　ご主人の収入が公的年金等の雑所得のみで、収入金額が４００万円以下であれば、所得税については税務署に届出書や申告書の提出の必要はありません。

仮に、所得税の確定申告をしなければならない人が年の途中で亡くなった場合は、相続人が、１月１日から死亡した日までの所得を計算して、相続の開始があったことを知った日の翌日から4カ月以内に申告と納税をしなければなりません。

Q　相続税は、どのような場合にかかるのですか。

A　相続税は、相続や遺贈によって取得した財産及び相続時精算課税の適用を受けて贈与により取得した財産の価額の合計額が基礎控除額を超える場合にその超える部分（課税遺産総額）に対して、課税されます。

Q　具体的にどのような財産が対象になるのですか。

A　現金、預貯金、有価証券、宝石、土地、家屋などのほか貸付金など金銭に見積もることができる経済的価値のあるすべてのものをいいます。相続時精算課税の適用を受ける贈与財産のほか、死亡退職金、被相続人が保険料を負担していた生命保険契約の死亡保険金なども相続税の課税対象の財産となります。

なお、亡くなった人が残した借入金などの債務のほか、葬式費用などは相続税の課税対象の財産から差し引くことができます。これに相続開始前3年以内の贈与財産を加えたものを正味の遺産額といいます。（次頁の別表2を参照）

［別表２］　課税遺産総額の計算

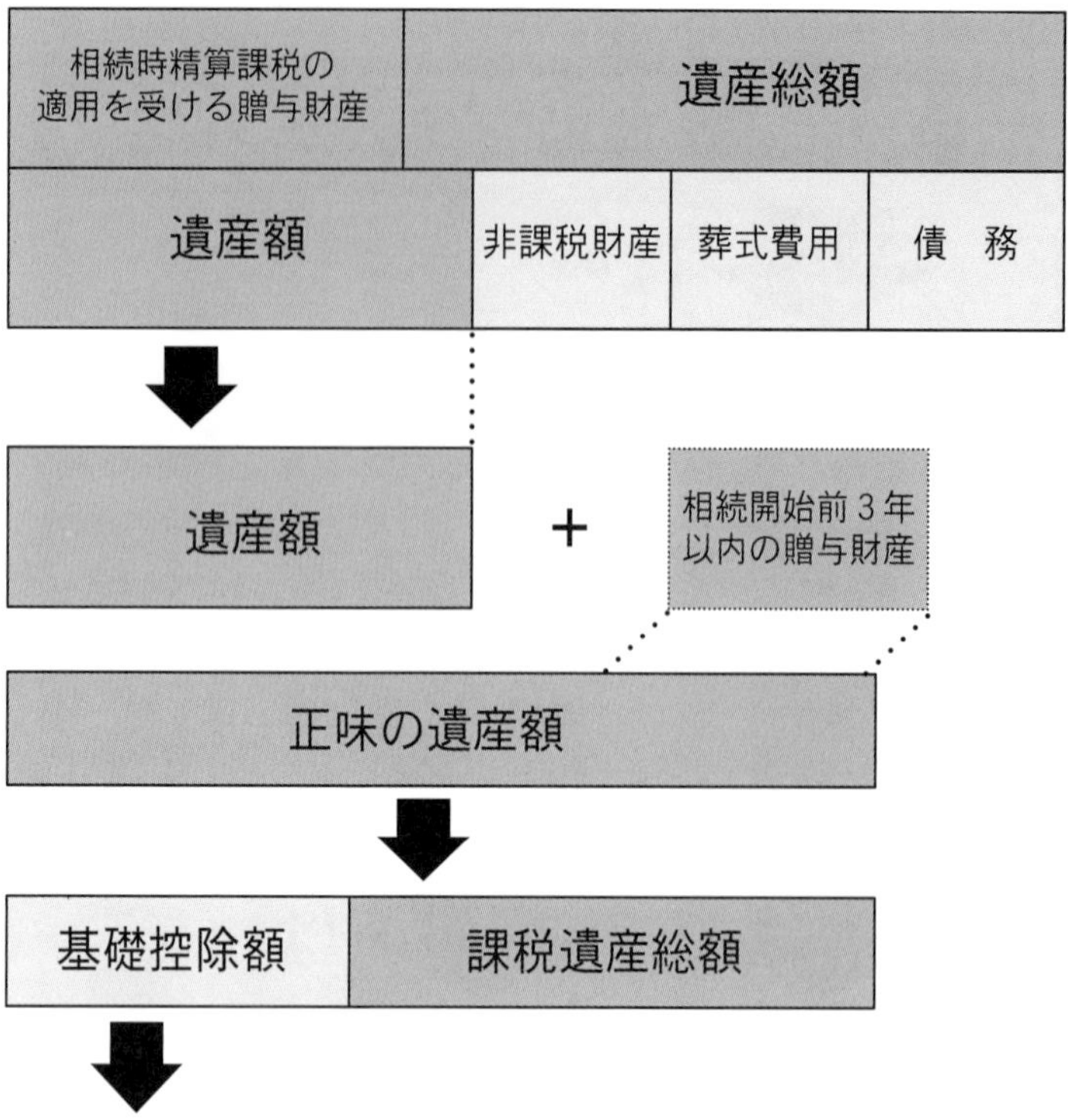

3,000万円＋600万円×法定相続人の数

＝基礎控除額

［別表３］　相続税の速算表

法定相続人の取得金額	税 率	控 除 額
1,000万円以下	10%	－
3,000万円以下	15%	50万円
5,000万円以下	20%	200万円
1億円以下	30%	700万円
2億円以下	40%	1,700万円
3億円以下	45%	2,700万円
6億円以下	50%	4,200万円
6億円超	55%	7,200万円

Q　配偶者が相続する場合は税額が軽減されると聞いたことがあるのですが…。

A　被相続人の配偶者が遺産分割や遺贈により実際に取得した正味の遺産額が、1億6千万円か法定相続分相当額のいずれか多い金額までは配偶者に相続税がかからないという制度です。ただし、配偶者の税額軽減の明細を記載した相続税の申告書に、配偶者の取得した財産が分かる書類を添えて提出する必要があります。

Q　相続税の税率を教えてください。

A　正味の遺産額から基礎控除額を差し引いた残りの額を民法に定める相続分（法定相続分）によりあん分した額に税率を乗じます。

これによりあん分した法定相続分に応ずる取得金額を「別表3　相続税の速算表」に当てはめて計算し、算出された金額が相続税の総額の基となる税額となり、法定相続人ごとの税額を合計したものが相続税の総額になります。

Q　申告納税の期限を教えてください。

A　相続税の申告納税は被相続人が死亡したことを知った日の翌日から10カ月以内に行うことになっています。相続税の申告書の提出先は、被相続人の死亡の時における住所が日本国内にある場合は、被相続人の住所地を所轄する税務署です。

Q　土地や持ち家の評価等わからないことが多いので、税務署に出向いて相談してもいいですか？

A　具体的に書類や事実関係を確認する場合など、電話での回答が困難な相談内容については、所轄の税務署において面接にて相談をお受けしております。面接相談は、分かりやすく説明するため、電話で事前に相談日時等を予約いただき、十分な面接時間を設けています。

分からないことは、最寄りの税務署にお気軽にご相談ください!!

ヨシキリザメ軟骨の驚異的効果!!

変形性関節症（膝・股関節など）、ヘルニア、腰痛、リウマチ、糖尿病、高血圧、骨粗しょう症、脊柱管狭窄症、腰椎症

痛みが取れる!!

「コンドロイチン」と「サメ軟骨」の効果の違い

知人が手術に失敗し車椅子に…。それを見て手術に踏み切れず、悩んでいました。

髙島満子様 73歳 栃木県

ヨシキリザメ軟骨を飲み始め正座も出来るように。

ヨシキリザメ軟骨との出会いは10年ほど前になります。変形性ひざ関節症で何年も通院していましたが、いつまでたっても快方に向かわず整形外科医の手術宣告！まだ若かったので仕事のこと、手術のこと（知人が手術の失敗で車椅子の姿を目の当たりにして）悩んでいたところ、テレビで藤沼先生の患者のカルテのデータを拝見しました。すり減った軟骨再生あり！まさか!?でもデータに嘘はないと信じて早速電話しました。

一縷の希望を託して…。1年は飲んで下さいとの事でした。飲み始めてから半年も経たないころ、今まで20年以上悩んでいたひざが今までになく調子が良くなっているのを実感しました。一番驚いた事は、何十年と出来ず困っていた正座がちょっとの時間出来るように…。でも昔の様に何時間もの正座は出来ないけど（怖いので試す事はしないです）疲れた時、ひざの痛みを感じても湿布などで1日か2日で元通りになります。これもヨシキリザメのお蔭と感謝しております。もっと早く出会いがあったらと悔やむ気持ちもありますが、遅ればせですが現在があるので、ポジティブに余生を送ろうと思っています。ありがとうございました。

ほとんどの軟骨成分を摂取できることがヨシキリザメ軟骨の強みです。数多くの臨床データが裏付けています。

髙島さんのひざがそうだったように、関節痛の主な原因は関節軟骨のすり減りです。関節軟骨は、そもそもすり減りと再生が繰り返されていますが、加齢等により再生が追い付かず、痛みの原因となるのです。したがってサプリや健康食品の多くは、痛みに着目したものが多いのに対しヨシキリザメの軟骨は軟骨に成分を届ける目的、他の商品と比べて単体摂取ではなく、ほとんどの軟骨の成分を摂取できることが強みだと藤沼医院院長の藤沼秀光医師はお話しされています。

「グルコサミンやコンドロイチンの多くは、ひざや股関節などの軟骨に届く前に体内で分解されてしまうのです。ですから病院での治療でも軟骨を再生させることは難しく、痛みを軽減する処置をするより他、手立てがありませんでした」

髙島さんが飲んでいる特殊製法によるヨシキリザメ軟骨はこの点が他と違います。

「ヨシキリザメ軟骨の最大の利点はコンドロイチン、コラーゲン、プロテオグリカンといった成分をひとつのみではなく、総合的かつバランスよくとれることです。これなら不足している軟骨成分を十分に補う事が可能でしょう。」（藤沼先生）

一般的な軟骨成分は高温で加熱処理されているのに対して、このヨシキリザメ軟骨は60℃以下の低温加熱製法で加工したもので、たんぱく質が変質しないのが特徴です。特殊製法のヨシキリザメ軟骨の効果は、数多くの臨床データによって裏付けており、医療現場でも使われることも多いのです。このヨシキリザメ軟骨であれば、大いに期待できるでしょう。まずは、日本サメ軟骨普及協会へご相談のお電話をしてみてはいかがでしょうか。

藤沼医院院長、栃木県 警察医。天然の食品で治療することが人間にとって望ましいと語る。

ヨシキリザメ軟骨に関する詳しい問い合わせは

代替医療データ集積センター
日本サメ軟骨普及協会®

ご相談は無料ダイヤル **0120-88-9632**

〒060-0013
北海道札幌市中央区北13条西16丁目3番10号
[E-mail] info@same-kenkou.net [ウェブページ] http://www.same-kenkou.net
※体験談は個人の感想です。効果を保証するものではありません。
※治療中の方は医師と相談の上、ご使用ください。
■受付時間／9:00〜17:30・日、祝日、休み

相続と遺言書

スムーズな相続へ 準備できること

遺産分割でもめるのは 3割が遺産額1000万円以下

家庭裁判所で扱われる遺産分割事件件は、年間1万2千件を超えて高止まりしている状況です。統計上の数字には表れない、〝小競り合い〟も相当な数に上っていると思われます。

遺産分割事件のうち約30%は遺産額1000万円以下、約75%が遺産額5000万円以下という統計結果もあります。つまり、お金持ちでもなんでもない一般家庭でも、相続トラブルに巻き込まれてしまう可能性が充分あるのです。

相続トラブルが増加している背景としては、核家族化により親族関係が希薄になったことや個々人の権利意識が高まったこと、相続に関する情報が得やすくなったこと、分割しにくい不動産が遺産として多いことなどが挙げられます。

争わないための必勝法は 遺言書と誠意

遺産相続においては、相続人全員が遺産分配の話し合いで意見が一致しなければなりません。しかし、兄弟ですら利害が対立することがあります。それぞれの配偶者や親族も口を出してきて揉めてしまうと、解決は更に困難になります。

また、あなたが「後継ぎの長男に財産の大半を与えたい」「介護で苦労かけた親戚にも少し与えたい」と思っていても、遺言でその意思を表明しておかなければ、意に添った相続が行われるとは限りません。

特にお子さんのいないご夫婦は、遺言書が欠かせません。遺された奥さんに対し、亡くなったご主人の兄弟が権利を主張してくる可能性があるからです。

きちんとした遺言書を書いておけば、そうした心配もいらなくなります。財産の多少にかかわらず、どう処分するかを遺言に記すことは、残された者に対する責任でもあるのです。

一方、もめそうな兄弟がいるとか、見ず知らずの相続人がいる場合もあります。相続登記をする際に付き合いのない義理の兄弟からハンコをもらうことだって、意外と大変なことです。そんな時には感情的にならず、誠意を見せることが大切。柔らかい文章で『よろしくお願いします』『ハンコを押してくださいね』と手紙を書くのもお勧め。ただし、自己流で手紙を書くことは危険が伴いますから、プロのアドバイスを受けた方が良いでしょう。

「遺言を書いて」とは 家族から言いにくいもの

遺言の必要性が分かっていても、家族の方から「お父さん、遺言を書いて」などとは言いにくいものです。遺言は存命中なら、いつでも修正や取り消しが可能ですから判断力のしっかりしている時に早めに書いておくことをお勧めします。

普通方式の遺言には「自筆証書遺言」と「公正証書遺言」の2つがあります。それぞれ、方式が厳格に定められていて、方式に従わないと遺言状は無効となってしまいます。

法定相続人の順位

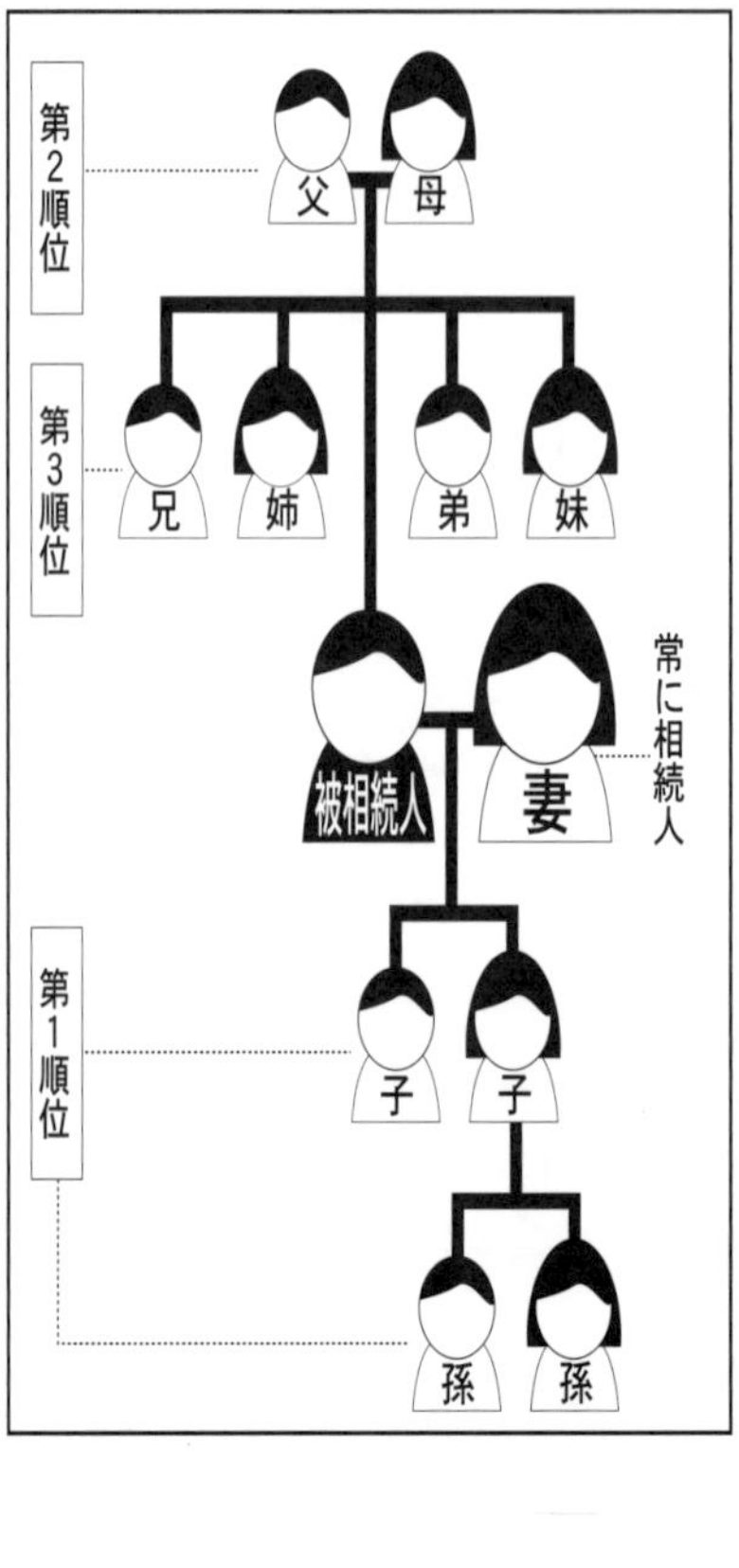

「公正証書遺言」は安全確実
病院や自宅への出張も可能

公的機関が証書を作成する公正証書遺言は、作成のために多少の費用が必要ですが、遺言者の意思を実現するために最も確実かつ簡易な方法です。

　法律専門家の公務員である公証人が、遺言者から説明された内容を証書に作成し、証書末尾に遺言者及び立会証人2名以上と公証人が署名捺印します。公証人に病院や自宅まで出張してもらうこともできます。

①遺言者は、文章が書けなくともよろしいのです。判断能力を備え、遺言したい内容を口頭で表明することさえできれば、その説明に基づいて法律専門家である公証人が文章を書きますから、遺言者の意思は的確に記述され、その法律構成にも疎漏がありません。もちろん、公正証書で遺言を作っておけば、前述したような相続人を確定しなければならないといった面倒な手続は不必要です。

②遺言公正証書は、戸籍・登記簿並の証明力の高い公文書ですから、遺言者の死亡後には家庭裁判所で検認を受ける必要はありません。

③遺言公正証書に基づいて、不動産の登記名義を変更したりすることができますし、金融機関も自筆証書遺言の場合と異なり、公正証書の遺言を呈示すれば、面倒な手続なしで預貯金払戻しに応じてくれます。

④遺言証書の原本は公的機関が保管するので、偽造変造隠匿の余地がありませんし、遺言検索システムを備えているので証書原本の所在はすぐに分かります。

　被相続人が公正証書遺言を作成していた場合、指定相続人（又は受遺者）はこれを的確に活用することにより、2週間ないし4週間もあれば財産の承継手続を完了することができます。

公正証書遺言の作成手数料（受益者毎）

財産価格（時価）	手数料
100万円まで	5,000円
200万円まで	7,000円
500万円まで	11,000円
1,000万円まで	17,000円
3,000万円まで	23,000円
5,000万円まで	29,000円
1億円まで	43,000円

【遺言加算】財産の合計額が1億円以内の場合には11,000円加算。1億円超の場合は超過額5,000万円までごとに3億円まで13,000円。10億円まで11,000円。10億円を超えるもの8,000円を加算した金額

遺言でできる行為

①認　　知
②財産の処分
③未成年後見人の指定
④相続人の廃除　及びその取消
⑤相続分の指定又は委託の指定
⑥遺産分割方式の指定又は指定の委託
⑦遺産分割の禁止
⑧相続人相互間の担保責任の指定
⑨遺言執行者の指定又は指定の委託

豆知識

「法定相続分」とは

法定相続分は、共同相続人各自が分配を受ける割合として示される基準です。

血族相続人第一順位の「子」が相続する場合には、子が2分の1、配偶者が2分の1です。同順位の血族相続人が複数の場合には、均等の割合になります。

　ただし、非嫡出子（婚姻外に生まれた子）の割合は、嫡出子の2分の1です。

　血族相続人第二順位の「親」が相続する場合には、親が3分の1、配偶者が3分の2です。

　血族相続人第三順位の「兄弟姉妹」が相続する場合には、兄弟姉妹が4分の1、配偶者が4分の3です。

　父母の一方が異なる兄弟姉妹の割合は、父母を同じくする者の2分の1です。

「遺留分」とは

遺留分は、被相続人による決定内容を相続人側で否定する制度です。しかも、相続財産が遺言で指定されたとおりに異動が完了した後に、事後に取戻を請求するものです。

　たとえば、父親が三男に家督を継がせ事業後継者に定めた場合、父の決定に承服できない長男が相続手続完了後に三男を相手に侵害額請求し、法定相続分の2分の1の限度で取り戻そうとするものです。

けれども、親の意思で決めたことを子の側から否定しようという行為であることに加え、遺言の事実を知ってから1年以内に請求し、三男相手に民事訴訟を提起して勝訴しない限り実現される見込もありませんから割に合わないし、容易に活用できるものではありません。

　因みに、遺留分の割合は、直系尊属が法定相続人の場合は法定相続分の3分の1、配偶者や子（孫）の場合は法定相続分の2分の1です。

　他方、被相続人には、虐待・重大な侮辱を与え・その他著しい非行がある相続人につき、家庭裁判所に申立して「相続廃除」により遺留分を失わせる手続があります。

遺言書の書き方

遺　言　書

遺言者、仙台太郎は、この遺言書により次のとおり遺言する。
一、妻、仙台花子には次の物件を相続させる。
(1)仙台市青葉区〇〇三丁目〇番地〇号所在
宅地三〇〇平方メートル
(2)同所同番地同号所在
木造瓦葺二階建居宅一棟
二、長男、仙台一郎には、〇〇株式会社株券全部
ただし、遺言者の経営する〇〇商店の経営を
引き継ぐことを条件とする。
三、前記以外の遺産は、相続人全員の協議の上、各人の
生活を考慮して、円満に配分すること。
なお、この遺言の執行者に左記のものを指定する。
仙台市太白区〇〇二丁目〇番地〇号
広瀬仙太郎
右遺言のために、遺言者自らこの証書の全文を書き、
日付および氏名を自書し、自ら押印した。
平成十六年八月十六日
仙台市青葉区〇〇三丁目〇番地〇号
遺言者　仙台太郎　印

自筆証書遺言の書き方

作成の大まかな流れ

①遺言書に書く内容を決める
②遺言書の下書きをする
③遺言書を清書、押印、封印
④遺言書を保管

所定の方式を備える

紙とペンと封筒、印鑑があれば法的効力のある遺言書を書くことができます。遺言書が数枚綴りで構成される場合には、各頁毎に割印を押して一体化を図ります。

遺言書の記述を訂正する方法は、削除した文字は線を引いて抹消して加入する文字を記載し、その箇所に捺印します。

そして、欄外に「〇行目に×字削除、▽字加入」と記入し、その横に「遺言者が署名」します。所定の方式を守らないと、遺言者の死亡後に無効と判定される虞(おそれ)があります。

遺言書本体は、代筆やパソコンを使ったものは無効

遺言者本人がペンか筆を使って、全文を記述し、日付を記入し、署名捺印します。他人が代筆したり、音声や映像を電磁的方式により記録しても駄目です。本人の筆跡に拠らない遺言は、一切駄目です。

相続法改正で書きやすく

なお、２０１９年１月から「財産目録」はパソコンやワープロで作成しても遺言書としての効力が認められるようになりました。不動産登記簿謄本や通帳も、コピーなど自書によらない書面を添付することができるようになりました。偽造防止のため、添付する書類には、すべてのページに署名してハンコを押してください。

保管場所についても、２０２０年７月10日から、自筆証書遺言を法務局が保管してくれるようになります。

有効期限・認知症・ペット

遺言書に有効期限はありません。それを取り消す遺言書を作るまで、有効です。気が変わって書き直すことも可能ですが、前の遺言書はトラブルにならないように破棄してください。

認知症の方が書いた遺言は、無効と判断される可能性が高いですが、こういう遺言書を書くことは自然だと裁判所が判断すれば有効になる場合もあります。

ペットに遺産を相続させることはできません。遺されるペットのためなら、世話をしてくれる方に負担付遺贈の遺言書を作成してください。

《遺言公正証書の作成嘱託にあたり、公証人に対し交付するメモの例》

第一例『財産全部を妻に残したい』

主な資産は、イ　家屋敷　（登記簿謄本のとおり）
ロ　山林原野　（固定資産税納付通知書のとおり）
ハ　○○○銀行××支店の預金
普通預金口座番号一二三四九八七六
定期預金５００万円、証券番号五六七八四三二一
ニ　○○証券××支店に預けている株券、国債
『遺言執行者は妻』
証人は、凸山凹男（住所、職業、生年月日）
△川□子（住所、職業、生年月日）

第二例『妻、長男、長女、二女に分配する場合』

1『妻に残す』
①居宅及びアパート。登記簿謄本のとおり。
②○○○銀行××支店の預金
③○○証券××支店に預けている株券、国債
④郵便貯金
2『長男に継がせる』
①居宅及びアパートの敷地。登記簿謄本のとおり。
②○○農業協同組合の貯金
3『長女、二女と二男に三分の一ずつ分配する』
①○○○銀行××支店の預金
普通預金口座番号一二三四九八七六
定期預金５００万円、証券番号五六七八四三二一
②○○銀行××支店の預金
4『長男を遺言執行者に指定する』
5 証人を紹介して下さい。

第三例『駐車場の土地だけ孫に残す』

固定資産税納付通知書記載の○○町一―一の土地

公正証書遺言の作成を嘱託する手順

遺言者が法律専門の公務員である公証人に対し、死後の財産処分方法等について持参した資料に基づいて口頭で遺言したい内容を説明し、その説明された内容を公証人が文章に書き、遺言書を作成する方法です。遺言書の意思が最も的確にかつ確実迅速に実現できるので、遺言の主流をなす方式です。作成手続は簡単ですし、経費も低額です。

作成嘱託の手順

遺言者本人又は推定相続人・代理人が公証人役場に電話さえすれば、どうすれば良いか教えてくれます。あらかじめ調べておく必要などもありません。

①公証人から用意するようにと頼まれる資料等は、概ね次のものです。

イ実印と印鑑登録証明書。遺言者を特定するために必要。運転免許証等と認印で間に合わせることもできますが、保険証や住民票は不可。

ロ遺産を取得する人を特定するために、戸籍謄本（相続人の場合）か住民票。

ニ相続又は遺贈する財産に不動産が含まれる場合には、登記簿謄本（権利証で代用も可）及び固定資産課税明細書（納税通知書）。

ホ預貯金については、銀行支店名を記載したメモ。預金口座番号まで示した方がいっそう良し。

②遺言者（又は推定相続人・代理人）が遺言したい内容を口頭で説明します。上記にあるようなメモなどを用意しておくと、さらに良いです。

③遺言者（又は推定相続人・代理人）が用意した資料及び説明に基づいて、公証人が文章を作成し、ファックス又は郵便で原稿を遺言者に送付します。

④遺言者から原稿のとおりで宜しいとの承諾が得られると、公証人はこれを証書に印刷します。

⑤遺言者と証人２人が公証人役場に出向き、公証人から遺言内容を読み聞かされて、その内容に異存がなければ証書に署名捺印します。

証人には、相続人やその配偶者・直系血族者は適格がありませんが、相続関係にない兄弟姉妹・従兄弟・知人（夫婦でも可）は適格があります。なお心当たりの人が居なければ、公証役場でも紹介しています。

⑥遺言書が完成すると、公証人役場で原本を保管し、遺言者には正本及び謄本が交付されます。

遺言者が死亡した後の手続

遺言により財産を承継することが定められた相続人または受遺者、あるいは遺言執行者は、遺言者の「除籍謄本」及び「遺言公正証書正本（謄本）」に基づき不動産の所有名義を移転し、預貯金を払戻することができます。他の相続人から同意を得る必要はありませんし、遺言書を披露する必要もありません。

仙台合同公証人役場の

遺言相談

法定相続より　遺言を

Q 遺言と法定相続との違い、また、遺言のメリットを教えて下さい。

A

遺言とは、民法の定めるルールに従い、死後における自らの財産の処分を決め、遺言公正証書等を作成することです。

他方、法定相続は、遺言がない場合に、民法に従い財産分けがなされることです。

いずれも相続制度ですが、違いは自ら内容を自由に決めるか、法律任せにするのかという点です。

そして、遺言には多くのメリットがあります。それは、⑴法定相続に優先、⑵法定相続人以外への財産分けが可能、⑶法定相続分の変更が可能、⑷相手方に分ける相続財産の具体的特定が可能、⑸相続争い等のトラブルを未然に防止、⑹遺産分割協議が不要なことなどです。

たとえば、⑵では①内縁関係の夫婦同士　②面倒をかけた息子の嫁　③世話になった知人　④相続権のない孫に遺産分けできます。

⑶では①子供のない夫婦同士　②精神遅滞の子供や身体障害者等　③介護等してくれた人などに相続分以上の遺産分けができます。

⑷では①農地や事業資産を特定の人に承継　②相続人ごとに特定の財産を承継できます。

⑸では①先妻の子供と後妻がいる　②相続人の中にトラブルメーカーがいる　③相続人同士が不仲　④行方不明・海外居住の相続人がいる場合にトラブルを未然に防止できます。

このように遺言には多くのメリットがありますので、是非とも遺言を活用されるようにお勧めします。

以上の説明の中で不明、不詳な点、疑問に思われる点があれば、まずは公証人に電話をかけるなどして気軽にお尋ね下さい。

執筆者…公証人 長谷川高章

死後の事務処理（遺言と委任契約）

Q 葬儀や納骨・埋葬など、自分の死後に処理しなければならない色々な事柄について、どのように対処したらよいでしょうか？

A

わが国は、今後ますます高齢者が増加してゆきます。最近の新聞報道によると、約20年後には、単身の世帯が全世帯の約4割を占め、特に65歳以上の高齢者の1人暮らしが急増するそうです。「立つ鳥、跡を濁さず」といいますが、後に残る人に面倒をかけたくないと考えるのは、世の常でしょう。

遺言は、自分の財産を、後に残る人にどのように振り分けるか、ということを元気なうちに決めて、書類にしておくのが本来の姿です。

しかし、財産の振り分け以外の事柄を遺言書に記載してはいけないということではありません。自分の葬儀をどのような形で執り行ってほしいのか、遺骨はどこに納めてほしいのか、年忌法要はいつまでやってほしいのか、借金が残っているときはどのように対処してほしいのか、などなど、自分の死後に発生すると思われる様々な事柄についても、自分の考えを遺言の中に盛り込むことができます。

たとえば、「葬儀は、家族葬として、簡素に実施してください」、「葬儀費用は、〇〇が支払ってください」、「〇〇銀行からの住宅ローン債務は、自宅を相続する妻が支払ってください」、などと記載することが考えられます。

ただ、葬儀や年忌法要等については、お寺さんとの話し合いが必要な場合がありますし、借金（債務）については、債権者との関係で単純には処理できないこともありますので、注意が必要です。

また、自分の死後の諸々の事務処理については、遺言で対処するほかに、死後事務の委任契約というものを結ぶことでも対処できます。

ただ、この方法による場合、信頼できる相手を見つけて、その人との間で契約を取り交わす必要があります。その人に死後のどのような事柄（たとえば、葬儀の手配、死亡届など役所への各種届出、入院費用・施設利用費用など未精算の各種費用の支払い等々）をお願いするのかを契約で取り決めるわけです。自分の周りに信頼できる親族がいれば、その人に頼めばよいですし、そのような親族がいない場合でも、司法書士の有志で作っている団体などに依頼する方法があります。

執筆者…公証人 柏村隆幸

遺言書を作るタイミング？

Q **私は、自宅にしている土地・建物を所有しており、他に、ゆうちょ銀行とB信用金庫に預貯金を保有していますが、この先、不動産を売却処分して施設に入所することも考えており、預貯金も他の金融機関に預け替える可能性があります。このような状態なので、いずれ遺言をするとしても、今するのではなく、財産状態の変動を見極めた上で遺言するほうがいいでしょうか？**

A 財産を承継させたい相続人や遺贈したい人が決まっているのであれば、今のうちに遺言をしたほうがいいと思います。病気等で意思能力が著しく低下してしまったり、万が一死亡してしまったりして、遺言を遺すことができなくなる可能性があるからです。遺言しないままお亡くなりになると、法定相続人の間で遺産分割の合意が整わなくて相続手続が円滑にできなくて困る事態になりかねません。財産の変動ですが、たとえば、遺言した後に、不動産を売却処分したとします。その場合、遺言に記載された不動産については、その記載部分に意味がなくなるだけで、ゆうちょ銀行やB信用金庫に関する記載部分は有効ですから、B信用金庫の口座に売却代金が入金されたのであれば、その預金を相続する人が残高を取得します。新たに口座を設ける可能性があるとしても、「その余の一切の財産」を○○に相続させると遺言に加えておけば、対応できます。さらに、遺言は、一度しかできないわけではなく、後日、新たな遺言を作成することもできますから、とりあえず、今の段階で遺言しておいても差し支えないと思います。

執筆者…公証人 鈴木陽一

「遺言書」と「遺書」の違い？

父親「そろそろ遺言書を書こうかな。」

娘「お父さん！縁起でもない。止めて下さい！」

父親「おまえ、勘違いしてないか？」

娘「だって、遺言って死んじゃう人が書くものでしょ。」

父親「違う違う。おまえの言っているのは遺書だ。遺書と遺言の区別もつかないのか。」

娘「どこが違うの？」

父親「遺書というのは、おまえが言うとおり、遺書を書いた人は、その後、自殺したり重い病気で死が間近にあることを悟って、その人の思いを書き連ねるもの。これに対して、遺言というのは、今ある自分の財産をずっと先の将来に自分が死亡した後、その行く末を決めておくもの。というわけで、遺言をした人は、直ぐに死亡することを前提としていない、という違いがある。」

娘「でも死んだら財産をやるという話でしょ。」

父親「生命保険も死んだら財産をもらえる制度だが保険に入ったら、直ぐに死んでしまうことはないだろ。」

娘「そうね。まだ学生の時から入れる生命保険があるのは知っている。」

父親「将来万が一の時に備えて保険金の受取人を定めるというのと、今ある財産を将来誰かに残すことを決めておくということ、殆ど違いがないだろ。生命保険だって、保険金額を書き換えたり、家族構成に従って何度も増やしたり書き換えたりするけど、遺言も、自分の生活状況や資産状況に合わせて何度でも書き換えることができる。つまり、遺言をした後の財産や家族関係といったことも含めて自分の人生設計の基盤とするのが遺言なんだ。そしてその中に家族や世話になった人たちに対する思いを込めるという意味で、愛情を伝えるということだ。」

娘「そうなんだ。お父さん、遺言を書いたら、長生きしてください。私もいっぱい親孝行するから。」

執筆者…公証人 北見映雅

成年後見制度

認知症になったときに財産管理や身上監護を支援

将来、病気などにより認知機能が低下して判断能力が衰えたとき、回りに迷惑をかけてしまわないか…、財産を奪われてしまわないか…、食べ物もろくに与えられず非人道的な介護を受けたりしないか…、といったことが心配になります。

そんなとき、心強い見方になってくれるのが、『成年後見制度』。高齢者の認知機能が衰えて判断能力が低下したときに、本人に代わって後見人などが財産管理などを手がけるという制度です。

家族と同居している人ならまだ安心ですが、高齢者だけの世帯では「振込め詐欺」や「物品販売詐欺」など悪質な犯罪の被害に遭うことも懸念されます。そうした方々のために、２０００年からこの制度がスタートしました。

成年後見制度は、まだ元気なうちに自分で後見人を選んでおく『任意後見制度』と、すでに認知症などにより判断能力が低下してしまった場合に裁判所に後見人などを選任してもらう『法定後見制度』の２つがあります。

認知症などになる前に後見人を選んでおく「任意後見制度」とは？

任意後見制度は、「認知症などになったときに財産管理などの手助けを受けたい」と思っているお年寄りが、まだお元気なうちに自分で自由に選んだ後見人予定者（受任者）と契約しておき、将来認知症等になったら、その契約に基づいて預貯金などの財産管理や医療・介護・その他の施設入所に関する手続などを行ってもらうというものです。後見人受任者には制限がなく、実務上は身近にいる子や甥・姪などの親族の方が最も多く、適当な親族・知人がいない場合は司法書士やファイナンシャルプランナー、社会福祉法人などの専門家にお願いするケースもあります。

契約するときは法律のスペシャリストが関与

任意後見契約は、契約内容が法的に有効であることを制度的に保証するため、法律的知識と経験のある公証人に嘱託し、その作成する公正証書によって行います。同手続には、本人の戸籍謄本、印鑑証明書、受任者の印鑑証明書が必要となります。詳しいことは公証役場にお問い合わせください。

任意後見契約では
公証人に嘱託して公正証書を作成

本人の判断能力が低下すると任意後見人が仕事を開始

任意後見契約を結んだ後、本人が実際に認知症などになり判断能力が衰えたときは、不正防止等のために、受任者などが家庭裁判所に『後見監督人』の選任請求手続をし、裁判所でこれを選任したときに契約の効力が発生します。任意後見監督人には弁護士や司法書士など後見行為に公正中立な立場にある専門家が選任されます。そして、後見人は、後見監督人選任後、法務局が発行する『登記事項証明書』を受領し、これを相手方に呈示することにより本人に代わって各種代理行為をすることができるようになります。なお、任意後見監督人選任請求の際に本人の診断書が必要になります。その他この手続については家庭裁判所にお尋ねください。

費用と謝礼はいくら？

『任意後見契約公正証書』を作成するための公証人手数料は、合計2万数千円です。内訳は、①公正証書作成基本手数料1万1000円、②登記嘱託手数料1400円、③法務局に納付する印紙代4000円、④当事者に交付する証書代6000円程度、⑤登記嘱託書郵送費などです。

財産管理や療養監護の事務処理にかかる費用は、本人の財産から支出されます。

任意後見人に対する謝礼は、契約で有償なのか無償なのか、有償ならいくらにするか当事者同士で決めることになります。この報酬も本人の財産から支出されることになります。

一方、任意後見監督人の報酬は、これを選任した家庭裁判所で決めることになっています。ちなみに、親族や知人が後見人になる場合、後見人は無報酬という事例が多いようです。

まだ判断能力がある段階で特定の者に財産管理を任せたいときは？

まだ元気なうちに、身近にいる子供などに介護保険サービスの手配や預貯金の出し入れなど身辺のことを任せたいという場合は、任意後見契約に『身上監護・財産管理契約』などの名称で委任契約を付加した内容の公正証書を作成します。前者の後見契約だけのものを『将来型任意後見契約』、後者の委任契約を付加したものを『移行型任意後見契約』などと呼んでいます。移行型任意後見契約では書類を作成したときから第1段階の委任契約の効力が発生し、公正証書の呈示により受任者は契約内容に基づいて本人の財産管理などの各種代理行為をすることができるようになります。この場合は、受任者等の判断により本人の判断能力が低下したと認めた時点で第2段階の任意後見契約に移行し、その手続をとることになります。

■任意後見制度の流れ

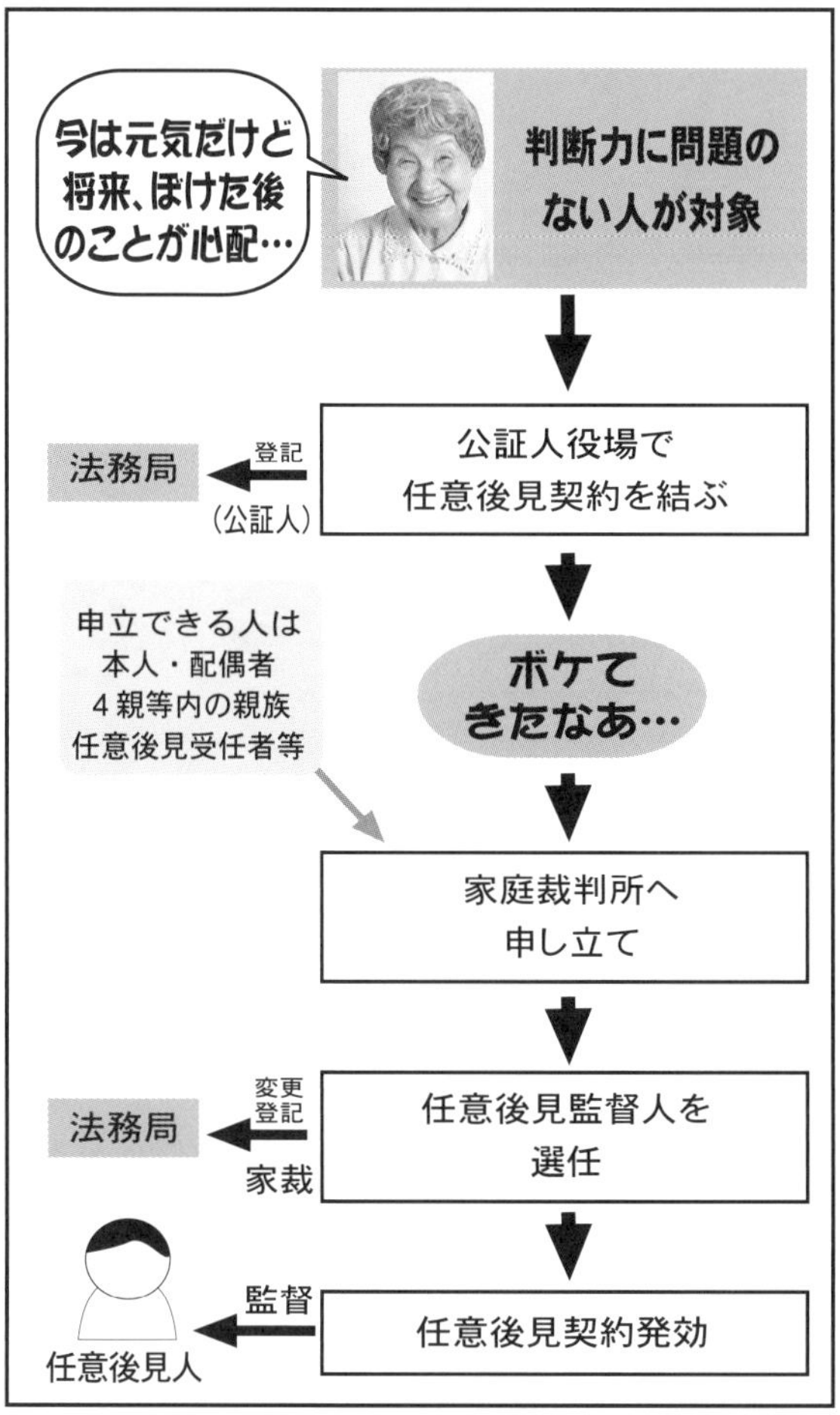

すでに認知症になっていたら・・・

認知症等になってから後見人を選任する「法定後見制度」とは？

既に認知症などによって判断能力が低下していて任意後見契約の手続がとれないときは、親族など一定の関係にある者が家庭裁判所に申し立てて後見人等を選任（後見等開始の審判）してもらい、この後見人等を通じて財産管理などをすることになります。本人に代わり財産管理などをする『後見人等』は、本人の判断能力の程度に応じて、『後見人』、『補佐人』、『補助者』と3種類に分かれます。

後見人等は、申立人が上申することができますが、事情を勘案して裁判所が選任することになっており、必要に応じて司法書士などの専門家が選任されることもあります。法定後見制度では申立人が自由に後見人を選ぶことはできません。

仙台市の「成年後見制度支援事業」

仙台市では、判断能力の不十分な認知症高齢者などを保護・支援するため、四親等内の親族がいないとき、または虐待等の理由により親族による申立が期待できないときなど特に必要と認められるときに、市長が家庭裁判所に対して後見開始などの審判の請求を行っています。また、市長が家庭裁判所に対して後見開始などの審判の請求を行った場合で、本人が成年後見人等に対して報酬支払いの能力がないときは、一定の基準によりその報酬の助成を行っています。

既に認知症になっていれば、財産管理も複雑になってしまう…

問い合わせ先

各区役所障害高齢課

各地域包括支援センター

仙台市成年後見総合センター
☎ 022-223-2118

仙台家庭裁判所
☎ 022-222-4165

（社）成年後見センター・リーガルサポートのホームページ
https://www.legal-support.or.jp

（任意後見契約について）
仙台合同公証人役場
☎ 022-221-6031
☎ 022-266-8398
☎ 022-222-8105
☎ 022-261-0377
仙台市青葉区二日町 16-15　武山興産第２ビル 2F

不安に悩み苦しむ高齢者を知恵と愛で支える『頼れる家族』

一般社団法人 シニアパートナーズ

喜びと感謝の手紙

お手紙（2015 年　仙台市太白区・K 様から）

子供に恵まれなかった私共夫婦の心配の種は、老後必ず訪れる葬式・病気・認知症、そして孤独死やあれこれです。近くに兄弟や姪がおりましても、気軽にお願い出来ることとは違います。
どうしたらよいのか術も無く、心に重くのしかかっておりました。

そんな時、シニアパートナーズさんの家族代わりの支援をする「頼れる家族」のことを知り、こんな素晴らしいものがあるのだろうかと身体が震えるほどでした。直ぐに資料請求をして、市民センターでの説明会で皆様の人柄に触れ、「大丈夫、安心できるところだ」と納得し、全てを託してお世話して頂こうと決心いたしました。もうこれからは何も心配することは、なくなったのです。

お手紙（2018 年　契約してから 3 年後・K 様から）

いつも温かくお見守りくださいまして、ありがとうございます。

あれほど心配し、悩み苦しんだ事々、「誰が葬儀をやってくださるのか」「病気になった時、どなたに助けを求めたら…」「認知症になった時はどうしたら…」といった不安や心配事が一気に吹き飛んでしまったかのようです。

自宅訪問の見守りでは、口下手な私たちも訪問していただくに連れて、言わなくてもよい話までしてしまうようになりました。団体旅行の緊急連絡先になってもらったり、脳梗塞により救急搬送された時も入院時の身元引受人になっていただき、遺言や尊厳死の手続きもお手伝いいただきました。私たちは、もう二人きりではないんだ！シニアパートナーズさんがいつも後ろ盾になってくださると思うだけで、安心して生きることができます。本当に感謝です。ぜひ、大勢の皆様をお見守りくださいますようお願い申し上げます。

法人として成年後見制度の普及・受任・発展に尽力

頼れる人がいないために、認知症になったらどうしよう？　入院もできない、施設への入居も無理、お葬式はどうしようと悩んでいる方が増えています。

そうした方々の力になりたいと、2013年から成年後見制度の普及に取り組んでいるのが、一般社団法人シニアパートナーズです。こちらは「法人」であることから、長期的な援助を安心して受けられるメリットがあります。なぜなら、個人の後見人であれば、後見人に何かあれば援助者が不在になってしまうからです。

また、独自にスタートさせた任意後見契約『頼れる家族』は、成年後見制度にプラスして、24時間・365日体制での見守り、施設の入所や入院の手続き、介護保険の申請手続、公共料金や納税の支払い、死後事務まで任せられるというもの。費用は月額3000円から、預託金はゼロ。いろいろな所を検討した末に、こちらに申し込まれる方が多いそうです。

「僧侶でもある私が、困っている高齢者や震災で大変な思いをされている方に接したことが設立のきっかけ」と、鈴木佳寿《よしひさ》代表理事。亡くなる直前に「あなたに会えて良かった」と言われたり、不仲だった親族が亡くなった後に来た時は「ご本人（会員）が悪いと思っていると話されていました」と、大切な言葉を引き継げたことも…。

身元保証サービス

入院時や入居時に求められる身元保証人の提示

病院に入院する時、老人ホームや介護施設等へ入居する際、身元保証人を求められることが多くなっています。理由は、「費用を支払われなかった場合の保証」や「亡くなった時の遺体の引き取りの心配」などがあるからです。

『身元保証サービス』とは、家族に代わって事業者等が身元保証人になってくれるというもの。身元保証人となった事業者は、緊急時に駆けつけて治療方針の判断を下したり、施設の利用料を支払えなくなったら連帯保証人の役割を担ったりします。さらに、死後事務委任契約をしておけば、葬儀社の手配や役所の手続きまで行ってくれます。

次のような方々が、利用者の多くを占めています。

・1人暮らしで身近に頼れる人がいない
・家族や親族に頼みにくい、迷惑かけたくない
・家族が身元保証人を引き受けてくれない
・子供のいない夫婦

一方、ニーズが高まる中で提供する業者も増えていますが、サービスの内容や料金についてはそれぞれ異なりますから、よく調べる必要があります。

サービス内容は、入院・入所の際の身元保証だけでなく、オプションで日常の生活支援（定期訪問・福祉施設への見学同行・病院受診の付き添い・買い物や墓参りの付き添い）や利用者が亡くなった後の引き取り、葬儀、遺品整理などの「死後の事務」をセットで行うところも多くなっています。

かかる料金は、業者によって数10万円から100万円を超えるケースも。オプションのサービスを付けることで、別途費用が加算される仕組みです。

2016年に破綻した『日本ライフ協会』のこともあり、信頼できるところを見極める必要があります。また、病院から身元保証人を求められて、慌てて契約するようなことも避けたいもの。早めに備えておくことが、大切となります。

契約時のポイントは次のようなもの。

◎何をしてほしいのか明確にして伝える
◎かかる費用と支払い能力とで検討
◎事業者が「できないこと」を確認
◎契約内容を書面に残す
◎契約内容を変更したり解約する場合の手続き方法を確認する

できれば、誰かの助言を受けたいもの。地域包括支援センターや消費生活センターなどに相談するのも良いでしょう。

死後事務委任契約

死後の埋葬や事務を行ってくれる人がいない場合に

「墓は購入しているが、頼れる人がいないので死後のことが心配…」といった不安を抱いている方が少なくありません。実際にあった話しですが、先に亡くなった夫は自分たちのお墓に入れましたが、後に1人暮らしになった妻が亡くなった時には、身寄りがなくどこに墓があるのかもわからず、自治体が火葬にして無縁墓に収められてしまったそうです。

死後に頼れる家族や親族がいない場合、『死後事務委任契約』を締結しておくことで、亡くなった後の手続きをしてもらうことができます。たとえば、「葬儀の代金を支払って」「購入した墓に入れて」といった希望を叶えることができます。

委任する内容は、双方の合意で自由に決められます。死後事務委任に盛り込める内容には、次のようなものがあります。

・役所への諸届
・納骨、埋葬、遺品の整理に関する手続
・医療費等に関する手続
・老人ホーム等の施設利用料等の支払い
・公共サービス等の解約、清算手続
・親族等への連絡に関すること
・デジタル関連の解約や退会処理、等々

必要なものは契約書と預託金

資格が必要な制度ではありませんが、弁護士や司法書士など家族以外の専門家と生前に委任契約を結び、後に手続きを代わりに行ってもらうケースが多いようです。報酬に決まりは無く、高いと感じたら別の専門家に問い合わせてみると良いでしょう。契約書（できれば公正証書）を残しておくことが望ましいです。

なお、死後事務は委任者の死亡によってすぐに開始されるため、葬儀や病院代の支払いなどの費用が発生します。そのため、一定額の金額を契約時に委任者から受任者に対して預託しておく必要があります。預託金は100万円～150万円程度になることが一般的のようです。

成年後見人の死後事務が可能に

似たような制度で『成年後見制度』と『遺言』があります。2016年の民法改正で成年後見の事務の円滑化が図られることになり、被後見人死亡後の相続財産の保存に必要な行為、火葬又は埋葬に関する契約の締結等といった一定の範囲で死後事務を行えるようになりました。

遺言書は、死亡後に執行されますが、法的な効力があるのは財産などです。

エンディングノートの書き方

思いを上手に伝え喜ばれる書き方とは

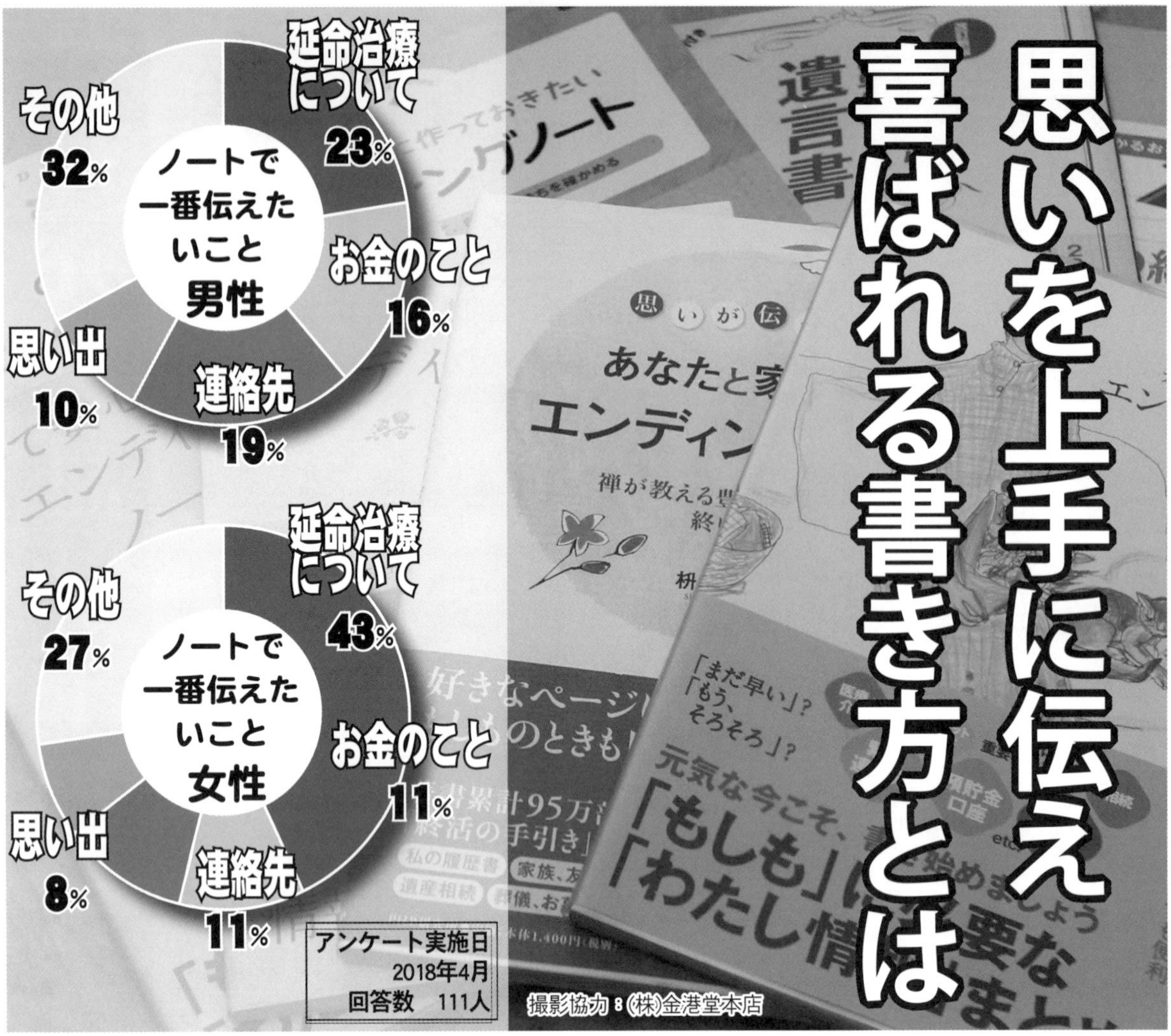

撮影協力：(株)金港堂本店

遺言書とは別に、数年前にエンディングノートを購入した読者のNさん(80)。書斎の机の上に置いて、2人のお子さんがいつでも見られるように、思い出したらいつでも書き加えられるようにしているそうです。「あまり気構えないで、遊び心で書いた方がいい」と、Nさん。

大切な事柄を考える良い機会に

エンディングノートは、遺書のようにあらたまったものではなく、自由に誰もが気軽に書けるものです。業者などから無料でもらえるようなものもありますが、一般的なのは書店で1000～2000円程度で売られているもの。ページを開くと次のような項目があり、質問に答えるようにしながらスラスラと書けるようになっています。

・資産一覧
・介護や延命治療についての考え、希望
・葬儀や墓についての希望
・遺産相続における希望、遺言書の有無
・家族へのメッセージや友人への言葉
・自分史(人生を振り返った思い出など)

記入事項の中には、延命治療のことなど家族といえども会話にすることがはばかれること、夫婦間でも聞きにくいデリケートなことも見受けられます。しかし、もしもの時には「聞いておけば良かった!」と、家族が後悔させられるものばかり。タブー視されてきた大切な事柄をしっかり考えさせることも、エンディングノートの大きな役割なのです。

書き初めは「完璧を目指さない」

残念なことに、「エンディングノートを買ったけど、さっぱり書けていない…」という方が多くいます。書き進めるには、それなりのコツが必要となります。

まずは、書くタイミングですが、死期が差し迫ってからというのではなく、Nさんのように元気なうちから手元に置いて、思い出したら書き加えるといった書き方が理想的です。70歳、75歳といった節目にとか、誕生日にとか、体調を壊した時とかに書く方も多いようです。

書きやすいところ、興味のあるところからどんどん書いていって良いのですが、緊急時に必要なこと(既往症、医療についての希望、貴重品や保険の情報、友人・知人の連絡先など)を最初に書いておくと安心です。

完璧を目指さず、気持ちを楽にして取り組みましょう。見てくれは関係ありません。多少の誤字脱字や書き直しも、気にせず書き進めましょう。書きやすいよ

親から子に伝えておくべきこと

- □ パスワード、電子機器のＩＤ、スマホのロック解除
- □ 解約するもの（契約しているサービス、カード、購読紙）
- □ お金のこと（銀行口座、不動産、加入保険、相続について）
- □ 死亡時の連絡先（仲の良い友人、加入していたサークル等）
- □ 延命治療について（服用中のクスリ、かかりつけ医）
- □ 介護の希望（認知症になったら…）
- □ 自分や先祖の既往（遺伝学的なこと）
- □ 葬儀の希望（加入している互助会名）
- □ お墓のこと（希望等）
- □ 持ち家をどうして欲しいか
- □ 御先祖のこと、かけがえのない思い出、感謝の思い
- □ その他（要望、ペットのこと）

アンケート実施日
2018年4月

うにと、質問事項に答える形式や選択させる形式のものが多いですから、真っ白な紙に書くような難しさはありません。

トラブルにならぬように…

注意が必要なのは、エンディングノートには遺言書のような法的な効力はないということです。

「妻に全財産を」「後継者である長男に財産の半分を」といった財産や相続に関することを書いても、何の効力も持ちません。もちろん、印を押していてもです。そうしたことは公正証書遺言を作れば良いことで、遺言書とエンディングノートは、相互に補完する関係にありますから、できれば両方準備するとよいでしょう。

介護や葬式についても、法的な強制力はありません。「延命治療は求めない」と書いても、家族の意志で治療を受けさせられることだってあります。「葬式に金をかけないで良い」と書いても、遺されたもの世間体だってあります。

そうしたことを避ける手段として、延命治療を求めないのであれば、その理由まできちっと書き添えることが大切。納得の行く理由が書かれてあれば、家族も迷わずに済むのです。

また、家族を傷つけたり、恨みを感じさせるようなことにならない配慮も必要です。書いた内容の意味がよく分からないものだったり、無理なお願いを書くのも困らせることになります。

置き場所が問題！

置き場所も大切。部屋の目立たないところに置けば、見つけることが難しく、何年も経ってから出てきて遺族を悩ませることにもなります。シルバーネットの読者の方からも、「せっかく亡夫が遺影と一緒に用意していたのに、葬儀の後に出て来た」といった話を耳にしています。

書いている姿を見せる

親に書いてもらいたいといった場合は、ノートを２冊用意して親子でそれぞれ書き進めていくと、親の拒絶反応が薄れてペンが進むということがあります。

書いていることを内緒にする方も多いようですが、書いたものを家族に見せながら話し合うことも大切。「ここを具体的に書いて欲しい」とか「これは無理、できない」などと意見されながら、加筆修正を加えられれば安心だからです。

また、記憶を呼び戻して書いていけば、祖先に対する理解が深まり、言い伝えてくれる子や孫も現れるでしょう。何より書くという作業は、過去を振り返り、伝えたいこと、捨てていいもの、捨てて欲しくないものを選り分ける、人生の棚卸しに向き合う貴重な時間ともなります。

こうして完成したエンディングノートは、家族の指南役となり、あなたの温かい愛情を末永く実感できるものとして喜ばれることでしょう。

13 死後の手続き

もしもの時に慌てないため、必要な手続きについて時系列にまとめました。もらえるものはもらい、知らせることは知らせて。

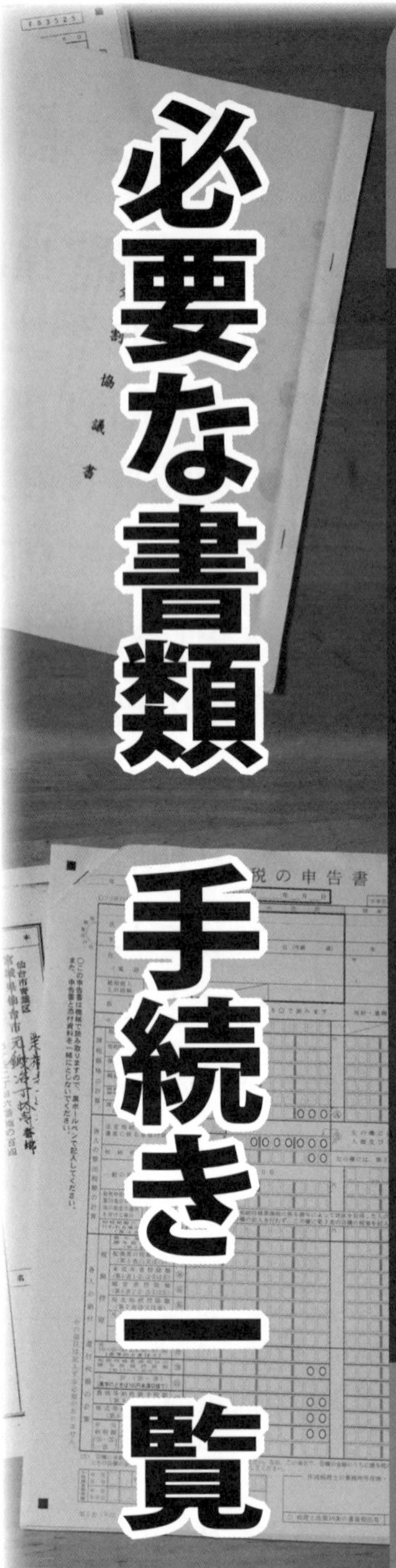

必要な書類 手続き一覧

※必要な手続きの中で代表的なものを掲載。特に期限が定まっていないものもあり、一般的にこの辺りまでにやっておいた方が良いと思われるものとして掲載しています。法律の知識が必要な場合は、公共の相談機関や弁護士などの専門家にご相談を。不動産の手続きは複雑ですから、司法書士などに依頼するとよいでしょう。

期限	7日以内	
ジャンル	死亡届等	死亡届等
必要な手続	死亡の届け出	遺体の火葬・埋葬
解説 注意点	医師から死亡診断書を受け取ったら、役所に行って死亡届を提出します。他の手続きにも必要となりますから、死亡診断書はコピーをしておきましょう。	埋・火葬許可証の取得は、役所への死亡届出書の提出と同時に取得します。火葬場所と日時を確認して届け出ください。火葬死亡届と埋・火葬許可申請書の提出は、葬儀前に済ませておかなければなりません。
必要な書類	死亡診断書 死亡届け	火葬許可証
手続き先	役所・病院	火葬場

14日以内

保険・年金関連

年金受給の停止

死後も年金を支給され続けると、後で返さなければなりません。そこで遺族は、年金受給者死亡届を提出しなければなりません。国民年金は14日以内、厚生年金は10日以内です。

受給者の死亡届

年金事務所

（年金）未支給分の請求

たとえば3月末に亡くなった場合、この請求書を出せば、2月と3月の2カ月分の年金を家族が受け取ることが出来ます。配偶者が亡くなっていれば、子が受け取れます。

未支給請求書

年金事務所

健康保険の資格喪失の届け出
介護保険の資格喪失の届け出

資格の喪失を14日以内に市町村に届出し、保険証を返還しなければなりません。自治体によっては、死亡届提出により手続きが不要になる場合もあります。

国民健康保険資格喪失届
介護保険資格喪失届

役所

世帯

世帯主の変更の届け出

世帯主に変更があった者（政令で定める者を除く。）は、その変更があった日から14日以内に、その氏名、変更があった事項及び変更があった年月日を市町村長に届け出なければなりません。

世帯主変更届

役所

基本書類

基本書類の入手・住民票
戸籍謄本・除籍謄本・印鑑登録証明書

手続きの過程では、何かと書類が必要になります。住民票、戸籍謄本、除籍謄本、印鑑登録証明書、等々。コピーしたものは認められないことも多いため、必要枚数を予め取得しておくと良いでしょう。

それぞれの交付請求書

役所

速やかに　3カ月以内

相続・名義変更関連

遺言書を探す

自宅の金庫や重要書類を収納している引き出し、隠し場所等に遺言書がないか、確認しましょう。
また、自宅以外の場所、例えば貸金庫などに保管していないか確認しましょう。

エンディングノート
家族への伝言等

自宅・他

相続財産の調査

相続財産を調査し、遺産分割協議前に確定する必要があります。預貯金通帳、キャッシュカード、有価証券等の証書、不動産の権利証、固定資産税の通知書等が保管されていれば、それらを基に調査します。

残高証明依頼書
固定資産評価証明申請書

銀行等

相続放棄・限定承認

マイナスの財産が多い場合、相続人であることを知った日の翌日から3カ月以内に家庭裁判所へ申述。受理されれば相続が開始したときにさかのぼって、一切の権利義務が生じなかったことになります。

相続放棄申述書
戸籍謄本

家裁

諸々の手続き

・電話
・電気・ガス・水道
・インターネットの契約
・NHK受信料
・クレジットカード
・運転免許証　・身分証明書
・所属していた団体、同窓会

◎電話(加入先)
◎電気・ガス・水道(各加入先)
◎インターネットを介した契約の退会
◎NHK受信料
◎運転免許証の返却(警察署・公安委員会)
◎クレジットカードの脱会届け(カードの発行元)
◎身分証明書・無料パスなどの返却(各発行元)
◎故人が所属していた団体、同窓会、老人会、クラブ等(事務局)
◎賃貸等の諸契約について有効性の確認と名義変更(契約先)
●形見分け…四十九日の忌明け後に、近親者や友人、知人に「形見分け」をするのが習わしです。七七日忌法要の後に行うこともあります。

各々

10カ月以内 ◀ **4カ月以内**

所得税の申告（準確定申告）

通常、所得税の申告期限は3月15日ですが、所得者が死亡した場合には、相続の開始があったことを知った日の翌日から起算して4カ月を経過した日の前日までに相続発生年の故人の所得を申告します。

確定申告書

税務署

預貯金の相続

遺産分割協議書を作成したら、相続財産を相続人に移転させます。預貯金については亡くなってから10年以内に払い戻し等をしなければ、払戻しを受ける権利が消滅する場合があるのでご注意ください。

相続関係届出書
除籍謄本・戸籍謄本
印鑑登録証明書

銀行等

有価証券の相続

名義変更を行わない限り、株を引き継ぐことはできません。そのため、証券会社に必要書類を提出して名義変更をします。必要書類は証券会社ごとに異なります。

株式名義書換請求書
除籍謄本・戸籍謄本
印鑑登録証明書

証券会社

不動産の相続

不動産登記については、期限は設定されていませんが、地面師などの詐欺や、その他トラブルを避けるためにも登記を早めにしておきましょう。

登記申請書
除籍謄本・戸籍謄本
印鑑登録証明書

法務局

自動車の相続

故人が乗っていた自動車の名義人が、リース会社である場合もあります。自動車の名義人が故人である場合は、遺産分割協議で自動車を誰が相続するのか決めます。

移転登記申請書
除籍謄本・戸籍謄本
印鑑登録証明書

運輸支局

10カ月以内				1年以内
相続・名義変更関連				
生命保険の保険金請求	遺産の分け方を決める	相続税の申告	相続税の修正申告	遺留分の減殺請求
死亡保険金は基本的には保険事故発生から3年が過ぎてしまうと、保険金請求権が消滅します。なお、遺産分割の対象にはならないため、遺言書の検認や遺産分割協議を待たずに受け取ることができます。	相続人全員で遺産分割に関する協議を行い、遺産の分割内容などを決めます。遺産分割協議書の作成には、相続人全員の合意はもちろん、全員の実印と印鑑証明書も必要となります。	遺産に係る基礎控除額は、3000万円+(600万円×法定相続人の数)という計算式で計算します。各人の課税価格の合計額が、この基礎控除額を超える場合には、相続税の申告が必要です。	財産評価や税額計算に誤りがあったり、後から遺産が見つかったり、遺留分減殺請求を受けて相続した遺産が減少した場合等、一度提出した相続税の申告書を修正して申告をやり直す必要があります。	一定の取り分(遺留分)を認めて、多く財産をもらった人から遺留分に達するまで財産を分けてもらう制度があります。時効がありますから、請求を検討している方は早めに行うことをおすすめします。
死亡保険金請求書 印鑑登録証明書 戸籍謄本	遺産分割協議書	相続税の申告書	相続税の修正申告書	内容証明など
保険会社	銀行等	税務署	税務署	相手宅・家裁

5年以内　2年以内

保険・年金関連

手続き	内容	必要書類	窓口
葬祭費の支給申請	健康保険から支給される給付の中に「葬祭費」「埋葬料」があります。後期高齢者医療の被保険者が亡くなったとき、葬祭を行った方（喪主）に葬祭費として5万円が支給されます。	国民健康保険葬祭費支給申請書	役所
高額療養費の払い戻し	医療費を先に支払って後から申請する方法と、事前申請する方法があります。限度額適用認定証の交付手続きが必要なのは70歳未満の方のみで、70歳以上の方は自動的に支払いが限度額までとなります。	高額療養費支給申請書 除籍謄本・戸籍謄本	役所
高額介護サービス	公的介護保険を利用し、自己負担の合計額が同じ月に一定の上限を超えたとき、申請すると払い戻されます。国の制度に基づき各市町村が実施、個人の所得や世帯の所得に対して上限が異なります。	介護保険高額介護サービス費支給申請書 除籍謄本・戸籍謄本	役所
死亡一時金の受け取り	国民年金を3年以上納付した方が年金を受け取らないまま亡くなった場合に、その遺族に支給される保険料掛け捨て防止の一時金制度。老齢基礎年金や障害基礎年金を受け取った方は対象外となります。	国民年金死亡一時金請求書 除籍謄本・戸籍謄本	役所
各種年金の受給手続き 遺族基礎年金・遺族厚生年金・寡婦年金	遺族基礎年金は、国民年金加入中の方が亡くなられ、その方によって生計維持されていた「18歳到達年度の末日までにある子（障害の状態にある場合は20歳未満）のいる配偶者」または「子」が受けることができます。なお、寡婦年金は65歳で支給停止となり、受け取れるのは自分の年金だけになります。	年金請求書 除籍謄本・戸籍謄本	年金事務所

シニアのための
入院保障付死亡保険 !!

入院保障付死亡保険

フローラル共済

ニーズに合わせて標準タイプⅠ型　医療保障重視タイプⅠ型と
保険金額が倍額となるⅡ型からお選びいただけます。

フローラル共済は生後6カ月以上から満75歳以下の方までお申込みでき、最長で満85歳までご継続が可能です。

ポイント1
満75歳まで
新規加入ができ、
満85歳まで更新が可能！

ポイント2
入院1泊目から
入院保険金を
お支払いいたします。

ポイント3
現在、入院中もしくは
入院予定がなければ
持病があっても
お申込みいただけます。

ポイント4
保険金のお支払いは
請求書到着後から2～5
営業日と早いから安心。

男　性	医療保障重視タイプⅠ型				
年　齢	交通事故死亡保険金総額	不慮の事故死亡保険金総額	死亡保険金	入院日額	月払保険料
60～64 歳	200 万円	200 万円	90 万円	5,000 円	4,400 円
65～69 歳	200 万円	200 万円	90 万円	3,000 円	4,500 円
70 歳	100 万円	80 万円	80 万円	2,000 円	4,700 円
71 歳	100 万円	80 万円	73 万円	2,000 円	4,700 円
72 歳	100 万円	80 万円	67 万円	2,000 円	4,700 円
73 歳	100 万円	80 万円	59 万円	2,000 円	4,700 円
74 歳	100 万円	80 万円	53 万円	2,000 円	4,700 円
75 歳	100 万円	80 万円	47 万円	2,000 円	4,700 円

女　性	医療保障重視タイプⅠ型				
年　齢	交通事故死亡保険金総額	不慮の事故死亡保険金総額	死亡保険金	入院日額	月払保険料
60～64 歳	200 万円	200 万円	100 万円	5,000 円	2,900 円
65～69 歳	200 万円	200 万円	100 万円	3,000 円	2,900 円
70 歳	200 万円	200 万円	100 万円	2,000 円	3,900 円
71 歳	200 万円	200 万円	100 万円	2,000 円	3,900 円
72 歳	200 万円	200 万円	95 万円	2,000 円	3,900 円
73 歳	200 万円	200 万円	83 万円	2,000 円	3,900 円
74 歳	200 万円	200 万円	72 万円	2,000 円	3,900 円
75 歳	200 万円	200 万円	65 万円	2,000 円	3,900 円

※月払保険料の割安な標準タイプもございます。

詳細につきましては、商品概要書、重要事項説明書、ご契約のしおり、約款等をご請求の上ご確認ください。

通話料無料
0120-26《フローラル》-8160《はいろう》

受付時間／9:00～18:00（土・日・祝日・年末年始の当社休業日を除く）

[本 社] 〒981-0962 宮城県仙台市青葉区水の森3-41-15 4F

フ募 19021 ／ 5,000

シルバー川柳 傑作ヒストリー

みやぎシルバーネット2015年1月号から2019年9月号までに投稿された作品の中から、優秀作と秀作に選ばれた作品を一堂に集めました。3年8カ月分の傑作を心ゆくまでお楽しみください。

2015年1月

【家族へ一言】

母さんや 子供等巣立った 名前呼ぼう　東宮城野　星　明 65
死ぬ時は 一挙に言おう ありがとう　上杉　長内正治 74
ねえあなた たまには外出 してお願い　大崎市　阿部澄江 61
娘来る いいから触るな おらの部屋　福田町　佐藤はる子 81

2015年2月

【振り込め詐欺】

◎県警選

週一度 息子と電話 詐欺防止　上杉　長内正治 74
オレオレよ 自分の親に かけなさい　栗生　岡村美恵子 82
自立しろ 息子娘も 突き放せ　土手内　保志　豊 64
老人会「振り込め来たか」が ご挨拶　苦竹　太田一義 78
留守電の 真っ赤な明かりが 味方です　荒井　末永貞子 80

◎シルバーネット選

怪しげな 電話とたんに ボケたふり　郡山　鈴木　實 81
オレオレに 騙されバアチャン 知らん顔　歩坂町　清野輝夫 84
偽息子「だっちゃ弁」で 追っ払え　中山吉成　佐藤和則 83
オレオレに 自信過剰が 墓穴掘る　双葉ケ丘　矢野つとむ 71
ウソつきに 育てた覚え ないと切る　虹の丘　佐藤健三 89

2015年3月

【同窓会・友へ】

初恋の 老婆に会える 同窓会　春日町　堀江良彦 71
今ひとり 同窓会で PRす　台原　中鉢紀雄 74
若作り 一等賞 マイティーチャー　リハ青山　大槻珧子 78
吾が友は 明るく長生き LED　荒井　末永貞子 80

2015年4月

【将来の自分へ一言】

カルチャーに 小さな自分 光らせる　大阪府　吉川　勇 72
佛にはなれない老いが 老いの世話　文化町　守屋輝雄 86
閻魔様 妻より一寸 先にして　下関市　浅谷　寿 83
ありがとう ありがとう いい感謝して　文化町　高橋知杏 86

2015年5月

【裏】

うちの人 妻アレルギーの 裏がある　茂庭台　高橋はつゑ 73
孫多数 裏番組で 年を取る　鷺ケ森　氏家正彦 63
自画像の 裏に美人と 書いておく　茂庭台　大塚徳子 72
墓の裏 父母と会うのか 気恥ずかし　春日町　須藤好敏 87

2015年6月

【爺・ジジイ】

子育て卒 今度は爺は 孫仲間　日本平　石森朝子 82
孫達の 元気そろえば 財布泣く　文化町　佐藤哲造 76
この坂は 唯一爺に 勝てた場所《とこ》　五十人町　伊藤恭子 75
朝顔の ように爺ちゃん からみつく　小田原　山田和子 72

2015年7月

【歌・唄】

カラオケに 遠い昔を 買いに行く　河原町　佐藤　清 88
窓しめて 歌ってください お父さん　ひより台　佐々木利明 75
星仰ぎ 母と唄いし わらべ歌　金剛沢　大泉忠夫 80
姉見舞う 思い出の歌 一つ持ち　美里町　斎田てい 79

2015年8月

【買う】

爺のもの 買うなら百均 婆の知恵　幸町　齋藤美江 80
まだ人を 愛せるうちに 買うケーキ　中山吉成　小野幸子 77
家を買い 払い終えたら ごみ空家　栗生　岡村美恵子 82
割安の 戒名買い出し 寺巡り　福田町　佐藤成己 77

2015年9月

【ケチ】

朝一番 娘《こ》の声ひびく 消し忘れ　若林　小笠原登美子 88
たそがれに ケチケチ人生 もうやめた　山田自由ケ丘　熊谷みよ子 67
掃除機で お米一粒 回収し　福田町　佐藤はる子 81

ケチな爺 仙人なみに 空気食べ　沖　野　秋葉秀雄68

【ハプニング】　2015年10月

オーイお茶 途端に湯呑み 飛んでくる　南中山　堀江喜代彦67

チャーミング 振り向きドッキリ まだ男　向陽台　宮坂　正90

どうしたの? 年金前日 刺身出し　遠見塚　佐藤孝子73

何気ない 一言グサリ ハプニング　郡　山　佐佐木脩67

【介　護】　2015年11月

寝たきりに 備えた録画 四百本　友愛町　田村蒸治74

妻逃げる 俺の介護は 孫娘　茂庭台　菅野宏司83

待合室 付添人で 倍になり　旭ケ丘　兎原健夫80

折りに触れ クイズに挑戦 呆け防止　黒　松　藤田昭子84

【豊か】　2015年12月

スイーツは 年金前夜 下見する　田　子　玉造ミユ64

ゴミの山 見れば見るほど 豊かです　立　町　高澤昭市郎89

豊かさは 妻の機嫌で すぐ変わる　友愛町　浅利勝志75

貧富の差 健康比べで 撥《は》ね返し　富谷町　門馬　旭82

【ババァ（婆）】　2016年1月

顔のシワ バームクーヘン 美味しそう　友愛町　鈴木洋子79

過ぎ去れば 苦労が運の 花畑　虹の丘　佐藤健三90

親きめた 赤い絆で 曽孫まで　花　壇　松田瞭子89

ババァとは とんでもないと 美容院　人来田　糸井綾子87

【運】　2016年2月

運いらず 日向ぼっこの ジジとババ　荒　井　末永貞子81

過ぎ去れば 苦労が運の 花畑　虹の丘　佐藤健三90

親きめた 赤い絆で 曽孫まで　花　壇　松田瞭子89

ババァとは とんでもないと 美容院　人来田　糸井綾子87

【酒・ダイエット】　2016年3月

年金日 夕食膳に 銚子立つ　新　田　佐藤　勉86

唾液出ず ひ孫のよだれ 羨まし　春日町　阿部麗子84

ダイエット 美人になって 姥桜　安養寺　今野二男77

一杯と 決めてグラスが デカくなり　大衡村　瀬戸睦子67

【男・女・スター】　2016年4月

美人湯か 長寿の湯かで 迷う年齢《とし》　泉　崎　大友寛子79

テレビから イケメンスター ボケ防止　虹の丘　塚本洋子83

ジジババの 大会熱くも 恋は無し　多賀城市　菅野孝司69

髪うすく 間違えられた 爺ちゃんと　八木山　伊藤清子87

【しびれ・ひざ】　2016年5月

ひざうけば 浮気ばれた日 思い出し　青　山　山谷　明76

ピンポーン 声だけ先に いらっしゃい　友愛町　小向芙美子75

膝痛の 婆は座って 指揮をとり　歩坂町　清野輝夫86

友の通夜 長い読経に 膝も死ぬ　幸　町　齋藤美江82

【花・野菜（園芸）】　2016年6月

若い時 花から花へ よく飛んだ　郡　山　鈴木　實82

プランター 孤老と寡婦《かふ》を つなぐ橋　桜ケ丘　今井久男84

まァいいか 色褪せるほど 咲きました　山田本町　奥田定夫70

咲き誇る 妻には言えぬ 姥桜　大阪府　石川正二63

【ごめん】　2016年7月

妻の世話 ごめんねと言われ 頑張るぞ　旭ケ丘　今野昭夫88

屁とクシャミ 一つになって ごめんなさい　旭ケ丘　兎原健夫81

悪かった! 言われてみたい 夫から　上飯田　鈴木ひろ子65

泣きながら あやまる孫に ババ涙　南小泉　宮崎恭子82

【年金・貯金】　2016年8月

待ちわびる 年に六度の お金持ち　リハ青山　遊佐サヨ子92

年金日 支払い済めば つまらぬ日　扇　町　伊藤順子73

なぜ増えぬ 通帳ゼロと 孫のゼロ　西の平　大沼洋子72

年金日 仲直りする 老夫婦　福　室　今野義朗89

【美人・化粧】　2016年9月

化粧して 若くなったの 杖が邪魔　黒　松　斉藤恵美子89

化粧箱 今はババァの クスリ箱　平　成　佐瀬　嵩80

夜勤明け 帰るナースの 美しさ　ひまわりデイ　三浦敏郎75

化粧する 時代 戦争 真っ最中　松島町 角田はつよ 90

【先生・師】
2016年10月

凛《りん》と立つ 八十路教師の ハイヒール　霊屋下 岡本幸子 74
嫌なとこ 似てきた姑 師に至る　鈎取本町 中村勇子 61
ペテン師に 見える日もあり 我が夫　緑ケ丘 佐々木孤松 77
年三度 担任変わった 召集で　北中山 加藤いさお 85

【うっかり】
2016年11月

オモチャ菓子 うっかりかじって 入歯折れ　蒲町 佐藤孝子 74
カラオケ店 唄っていたら 席がない　山手町 難波豊子 75
妻寝言 うっかり俺も 返事する　茂庭台 菅野宏司 84
温泉の 同じ浴衣に 惑わされ　岩切 木野田美惠子 80

【楽園・天国】
2016年12月

天国で 待てば来た来た ババの声　緑ケ丘 佐々木孤松 77
天国に 来ました地獄 満員で　泉崎 大友寛子 80
看護師さん 天国からの 使者に見え　鈎取本町 中村佐江子 87
脚きたえ 天国の階段 らくらくと　福室 原子加代子 68

【飾る・だます】
2017年1月

白髪を 茶髪にしたら 赤富士に　燕沢 鈴木實 83
この笑顔 シワがなしでは 決まらない　荒井 安田きよこ 67
少しでも 触診願い 服選び　富谷市 菅原育子 70
だませない 現状維持が 精一杯　上杉 田中あい子 84

【お年玉・寄付】
2017年2月

お年玉 消費税もと 孫せがむ　宮町 越後屋和男 68
子や孫の 態度次第で ユニセフに　友愛町 今野田紀子 75
婆に お年玉だと 歌聞かせ　鈎取本町 中村弘道 85
見舞いくる 我娘の笑顔に お年玉　大衡村 石川和子 85

【借りる・貸す】
2017年3月

湯たんぽの 替わりに貸して 一夜孫　土手内 保志豊 67
借りた本 返すつもりが 今形見　友愛町 今野幸男 76
介護の身 返す術無し 手を合わす　大和町 市川京子 90

孫の歳 覚えて忘れた 我の歳　ひまわりデイ 千葉三男 80

【怒る・怒られる】
2017年4月

怒られた まだまだ伸び代 あるような　台原 中島富美枝 67
しかっても ほほえみ返しの 認知症　中倉 佐藤典子 89
病み上がり 怒り復活 ホッとする　高森 髙田豊 68
百四十歳 聞こえて来そうな 祖父の怒声《こえ》　羽黒台 山家一生 85

【お宝・お荷物】
2017年5月

お荷物は かあさんですよ 末永く　リハ青山 大里みや子 83
子に勝る 宝が無くて 今日も無事　桜木町 三浦和 90
わが宝 メガネと入れ歯 その他ナシ　太子堂 坂部宏子 76
若い日の 友達今は 通信網　岩沼市 西潟己代子 75

【趣味】
2017年6月

月謝かけ 晴れの舞台は ボランティア　将監 庄子とみ子 74
趣味ゴルフ ゲートボールと 言えなくて　土樋 土田光 80
苦労して 育てた子供は 趣味三昧　旭丘堤 熱海三枝子 82
母認知 今日も女優で がんばるぞ　柳生 及川裕子 70

【助けて・ぼやき】
2017年7月

ノムさんの ぼやき今年は 梨田ろう　幸町 天谷行雄 80
「年齢」と「無職」を書く欄 ウンザリだ　友愛町 田村蒸治 76
贈り物 来るのはいいが 返せない　原町 今部治朗 79
動かねば 止まって終《しま》うと ボケ爺っちゃん　名取市 米倉和子 77

【恋・男・女】
2017年8月

同窓会 枯れ組 燃え組 組別れ　福室 鈴木信子 70
初恋は 思い出すたび 価値がでる　小田原 小野寺廣明 86
家庭内 痴漢をすれば おかず無し　郡山 渡辺不二夫 71
老いらくの 少子化手助け 出来ぬ恋　袋原 佐藤文子 81

【おりあい】
2017年9月

折り合うも 明日は忘れて やり直し　福室 阿部栄一 79
茶飲み友 話題はいつも 痛い場所　宮町 大和田久美 74
嫁姑 ケチとドケチが いがみ合い　小松島 佐藤英雄 84

どうするか 天下分け目の 遺産分け　河原町　大橋庸晃 72

【服・髪】 2017年10月

本物か 毛をば引っ張る クラス会　落合　高橋スマノ 91
昔着た ミニスカート今 エプロンに　西の平　山口重子 70
副作用 カツラが似合い ホッとする　千葉県　渡辺正思 74
思いでの 服を着こなし 部屋闊歩　中山吉成　村上重作 79

【懺悔】 2017年11月

無理したよ この戒名で ゆるしてね　荒井　小野さうき 74
朝シャンして まばゆさ抑え 老人会　幸町　天谷行雄 80
若い靴 そろりそろりと 杖借りて　八幡　笠間せい子 83
スマホ見せ 会う人みなに 孫自慢　山形市　保科節子 64

【お節介・助け合い】 2017年12月

7泊も してくれるのは ビデオだけ　ひまわりデイ　梅田眞繁 80
募金箱 避けて通って けつまずき　宮町　伊藤英哉 84
目も合わず 体もさわらず 出るクスリ　春日町　堀江ふみゑ 98
貸し過ぎた 俺もお前も ボケたかな　鶴ヶ谷　二郷徳夫 86

【これだけは伝えたいこと】 2018年1月

玉手箱 開けてないのに 白髪に　友愛町　浅利桂子 73
孫が描く 忖度なしの バアバの絵　山田自由ヶ丘　長谷川茂子 67
背負った子に 今は背負われ 幸せね　南小泉　菱沼みつ子 88
天国の 待ち合せ場所 どこにする　五橋　児玉悟 71

【元気・結婚】 2018年2月

口紅を 一本引けば 立ち直る　台原　菊池幸子 81
クラス会 金回りより 未亡人　原町　今部治朗 80
出てこない 前頭葉を 押してみる　中山吉成　小野幸子 79
座りたい 時はよろける 演技して　東京都　石川昇 64

【好きな人・嫌いな人】 2018年3月

ラブラブと 間違えられた 転倒予防　中山吉成　佐藤和則 86
好きな人 回想しても 床冷える　台原　板橋敏男 88
孫が好き ババのお家《うち》 ジジの部屋　長崎市　中田利幸 65

シルバーが 抜けて頭は 金メダル　千葉県　伊東真 63

【物(への愛着)・遺品】 2018年4月

やるもんか 紙幣に名前 書いて死ぬ　沖野　秋葉秀雄 71
ラブレター 取っていたけど 顔忘れ　桂　松田凡徳 83
遺品 陽に 当てて婆さん 偲ぶ春　緑ヶ丘　佐々木久義 78
終戦後 母のタンスは カラばかり　白鳥　大岩京子 81

【子へ・若人へ】 2018年5月

金次郎 驚く姿 手にスマホ　鷺ケ森　氏家正彦 66
嫁に行け 行かなければ 俺が行く　南中山　堀江喜代彦 70
犬逝って 猛婆注意と 貼り替える　霊屋下　岡本宏正 76
オーマイゴット 入歯押さえて クシャミする　向陽台　宮坂正 94

【敵・友・ライバル】 2018年6月

立ち話 一日無言が 爆発し　虹の丘　渡邊美奈子 81
スッピンで お茶友誘い 夜桜へ　西の平　石森清子 77
元気でね 友との電話 一番いい　日本平　石森朝子 85
注目を 浴びること無き 我が優勝　多賀城　菅野孝司 71

【変る・移る】 2018年7月

初デート 互いの杖が 邪魔になり　黒松　斎藤恵美子 91
俺移動 G・P・Sが 見張ってる　春日町　堀江良彦 75
試着室 出たとこ孫に 拍手され　岩切　髙橋陽子 65
2年ぶり 化粧したのに 気づかれず　旭丘堤　熱海三枝子 82

【ご先祖様へ】 2018年8月

死んでなんかいませんと ご先祖様は 強気なり　リハ青山　伊勢つね 100
おじいちゃん 迎えに来ないで 彼出来た　茂庭台　高橋はつゑ 76
孫娘 なぜか私に 手を合わす　山田本町　奥田定夫 72
供え物 嫁の好物 朝昼晩　岐阜県　日比野勉 77

【墓・寺・盆・命・夏】 2018年9月

熱帯夜 薄着の妻に 寝そびれる　富谷市　門馬旭 84
長生きの 女に男 息が切れ　小松島　山口省三 83
我が家では 墓の消滅 目に見える　松陵　髙橋勝見 75

墓場まで 行く径《みち》だけは ゆずり合い　福　室　今野義朗 91

【ボケ・認知症・物忘れ】　2018年10月

同級会 入歯忘れて 二度温泉　富谷市　髙橋義雄 80
お父さん 散歩徘徊 どっちなの　ひより台　佐々木利明 78
名前出ず アイウエオ順に 探してる　富谷市　菅原育子 71
忘れてた！ でももうちょっと 忘れとこ！　友愛町　田村蒸治 77

【家】　2018年11月

リフォームし 操作間違い 大騒ぎ　南光台　菅井栄子 82
築40 暑さ寒さに 満ちあふれ　大衡村　瀬戸睦子 70
ローン完済 ジジ施設 ババ 生き残る　西の平　山岸文子 75
亡き母に 我が身重ねて 湯気の中　大和町　市川京子 91

【乗り物・バス・鉄道】　2018年12月

エッ私？ 見た目 年上 席立たれ　泉　崎　大友寛子 82
豪華船 イケメンさがして 婆フラれ　花　壇　松田瞭子 92
ウォーキング 乗り物代が 飲み代に　青　山　末永　均 75
バス乗らず 歩けば落ち葉の カーペット　泉　崎　遠藤英子 81

【悪知恵・工夫・いじわる】　2019年1月

ワクワクと 夫のヘソクリ 場所移す　鶴ケ谷　菊地カツ子 75
初夢は 貴女に会うの 望みです　中山吉成　源間重雄 86
車椅子 乗って気が付く 人景色　名古屋市　埴崎八重子 78
友達と 昔話も 飽きてきた　太長会デイ　青木節代 94

【生きる・病院・延命治療】　2019年2月

千の風 ちょっとお待ちを 治療中　春日町　堀江ふみゑ 99
ユーチューブ そんな治療は 止めてくれ　若　林　菅野春雄 68
通院の 日にち合わせる 雀《ジャン》仲間　落　合　遠山邦夫 75
訂正印 年々増える 遺言書　東京都　福田ハナ子 100

【隠す・遠慮・はずかしい】　2019年3月

歳重ね 臭い消しだと 孫乗せる　岩　切　手嶋康夫 80
一人占め お菓子隠して カビがはえ　上飯田　鈴木ひろ子 68
初夢は サーブ・スマッシュ 杖持たず　桜ケ丘　白取悦子 87
命とは 幸せ感じる 胸の音　ひまわりデイ　眞野昭子 92

川柳のご投稿、募集中!!

川柳の課題はシルバーネットの紙面に毎月発表されます。自由句でも結構です。

ハガキに5句まで書いてお送りください。初めての方もご遠慮なくどうぞ！

氏名（※できるだけ本名で）・年齢・住所・電話番号・アンケートの答えを明記ください。

難しい字にはフリガナを。投句料は無料です。
※投稿された川柳の著作権は、発行元に帰属いたします。

〒981-0905
仙台市青葉区小松島2-9-5
みやぎシルバーネット 宛

【独身・未亡人・男やもめ】　2019年4月

サプリ飲み 鮮度抜群 老いひとり　沖　野　林　忠夫 81
同級会 未亡人組 スゴ元気！　旭ケ丘　本郷祐子 78
ばあちゃんと 呼ばれてからの 不良道　鷺ケ森　氏家さゆき 90
身の丈に 合うもの探し 見つけかね　鶴ケ谷　青木敏浩 85

【働く・稼ぐ・貢ぐ・ボランティア】　2019年5月

家庭でも 同一労働 求められ　昭和町　紙谷義和 69
スイッチオン 今日も動いた ポンコツ体　鹿　野　岩見弥生 91
置き忘れ 戻るボタンが いま欲しい　岐阜県　谷口敏子 70
球児らの どの子を見ても 我が好み　太長会リハ　久慈レイ 91

【ご近所さん・親戚・兄弟姉妹】　2019年6月

うさ晴らし 婆、婆三人 焼肉へ　南光台　木村紀子 90
みそ醤油 貸し借り今じゃ あっち向いてホイ　鶴ケ谷　菅原角一 77
平成さん お令和できず スミマセン　松岡町　小田中榮市 88
十七階 病室 天に 近そうだ　鹿　野　齋藤　宏 89

【運動・スポーツ・リハビリ】　2019年7月

婆たちも ラケット持てば 可愛いね　なないろの里　安達　董 76
認知保険 爺と婆とで 譲り合い　名取市　米倉和子 78
寝たふりに 死んだふりかと 孫笑い　東中田　横尾千枝子 82
名前ほど 歩けませんネ 万歩計　小田原　山田和子 76

【通帳・印鑑・カード・診察券・パスワード（暗証番号）】　2019年8月

年金日 千鳥足が 治ってる　落　合　髙橋スマノ 92
葬祭代 貯めたはずだが どこいった　八木山　佐藤栄子 102
照れるなあ 診察券に 囲まれて　岩　切　村上泰子 79
これからの 生き方考え 3000万　南小泉　宮崎恭子 85

【相続・遺産】　2019年9月

2000万 貯める途中に 遺産なり　将　監　庄子春吉 76
相続かー ゴミしか残らぬ 予定です　太子堂　坂部宏子 79
ドッキドキ 残せる遺産 見つからぬ　村田町　小関美枝子 74
死ぬの嫌 ドバッと朝から 薬飲む　鈎　取　中村佐江子 90

為に なる話題

イベント 情報

シルバー 川柳

投稿 歓迎

無料

地元の話題と
シルバー川柳が
人気の情報紙

シルバーネット

発行日／月末（毎月 25 ～ 30 日頃）
部　数／ 36,000 部　創刊 1996 年
お問合せ／☎ 022-274-1004

《設置場所》

地下鉄の駅

泉中央駅・黒松駅・台原駅・北四番町駅・勾当台公園駅・広瀬通駅・仙台駅・五橋駅・河原町駅・長町一丁目駅・長町南駅

公共施設等

市民センター（全６０館）　老人福祉センター（全８館）

その他の公共施設等（仙台市シルバーセンター・せんだいメディアテーク・仙台市生涯学習支援センター・仙台市福祉プラザ・他）

病院

東北大学病院／仙台市立病院／仙台オープン病院／仙台医療センター／国立西多賀病院／県立がんセンター／東北労災病院
JCHO 仙台病院／仙台循環器病センター／仙台赤十字病院／広南病院／ＪＲ 仙台病院／徳洲会病院／ JCHO 仙台南病院
東北医科薬科大学病院／東北医科薬科大学若林病院／仙台東脳神経外科病院／星陵クリニック／仙塩病院／仙塩利府病院
岩切病院／しかない整形外科／仙台胃腸クリニック／東北整形外科・仙台北整形外科／石巻赤十字病院／せんだんホスピタル
佐藤病院／泉整形外科／泉病院／朴澤耳鼻咽喉科　他

その他

杜の都信用金庫

スーパーモリヤ／（一部）みやぎ生協／ヨークベニマル（同）／ザ・ビッグ（同）／鶴ヶ谷ショッピングセンター

《配布先・設置店を募集》

30 人以上の老人クラブや団体サークル等、スーパーや病院等の配布先を募集中。（※費用ゼロ。仙台市内限定。できない場合もあります）

《郵送サービス》

個人宅への郵送もいたします。その場合は郵送費（年間 1,800 円）がかかります。

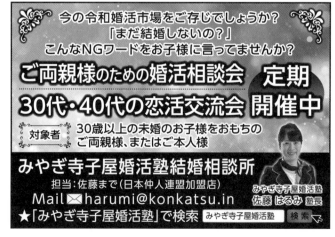

「相談窓口」リスト

宮城県庁	☎022-211-2111
仙台市役所	☎022-261-1111

夜間や休日の病院探し

おとな救急電話相談
＃７１１９（プッシュ回線・携帯電話）
☎022-706-7119（プッシュ回線以外・PHS）

休日・夜間の急な病気やけがについて，医療スタッフが受診の必要性や対処方法等の助言，医療機関を案内します。

案内受付時間　平　日／ 19：00～ 翌8：00
土曜日／ 14：00～ 翌8：00
日・祝／ 24時間

介護や医療、福祉全般、権利養護（虐待の通報）

地域包括支援センター
☎各地の地域包括支援センター

平日8：30～17：00（緊急の電話相談は24時間受付）

民生委員児童委員
☎各区役所の保健福祉センター管理課

民生委員児童委員は厚生労働大臣の委嘱を受け、地域において各種の相談や援助活動・福祉サービス情報の提供を行うとともに、区役所保健福祉センターその他関係機関等への協力活動を行っています。

藤崎一番町館にある相談所

行政困りごと相談所
☎022-263-6201

総務省行政相談センター。相談無料、秘密厳守。
①道路・河川　②年金・医療保険　③社会福祉　④雇用
⑤登記　⑥税金　⑦電波・通信　⑧郵便　⑨相談窓口他

どんなことでも相談できるところ

高齢者総合相談
☎各区役所の障害高齢課内　（各区役所　内線 6307）

認知症を含めた介護に関すること、ひとり暮らし高齢者の日常生活の支援に関することなど、高齢者や家族の方からのさまざまな相談に応じています。

①在宅福祉サービスに関する相談
②保健サービスに関する相談
③養護老人ホームへの入所に関する相談
④医療機関、サービス提供事業者等の関係機関・団体との連絡調整等
⑤高齢者虐待に関する相談　⑥認知症に関すること

宮城県高齢者総合相談センター
☎022-223-1165

高齢者とその家族の方が抱える様々な悩みや心配ごとなどの総合的な相談に応じてくれます。
◎相談受付（センター相談員）…　月曜～金曜　9：00～17：00
◎専門相談
・法律（弁護士）　…　毎月第１・３水曜（予約制） 13：30～15：30
・認知症・うつなど（精神科医）…　第４木曜（予約制） 13：30～15：30
・介護・健康（保健師等）…　月曜～金曜　9：00～17：00

所在地／青葉区本町3-7-4（宮城県社会福祉会館）

仙台市シルバーセンターの総合相談センター
☎022-215-4135

◎高齢の方に関する一般相談（センター相談員）
開館日毎日10：30～12：00　13：00～16：30
◎専門相談（要予約）　※祝日の場合は、休みか日にちが変わります。
・税　務（税理士）　…第１月曜　13：30～15：30
・年　金（社会保険労務士）…第３木曜　13：30～15：30
・法　律（弁護士）　…毎週金曜　13：30～15：30

所在地／青葉区花京院1-3-2（仙台市シルバーセンター２階）

高齢者向けの住宅を探す

仙台市…住宅政策課	☎022-214-1269
宮城県…長寿社会政策課	☎022-211-2556
宮城県…住宅課	☎022-211-3252
宮城県住宅供給公社	☎022-261-6164

地域包括支援センターや担当のケアマネージャー、高齢者向け住宅を専門に紹介する事業者等に相談するのも良いでしょう。インターネットからも情報を得られます。

悪質商法

消費者ホットライン　☎188

振り込め詐欺、犯罪等

警察相談専用電話　＃9110（または、最寄りの警察署）

税金について

仙台国税局　☎022-263-1111

法律について

法テラス宮城　☎0570-078-369

仙台弁護士会の『無料電話相談』☎022-224-6155

※高齢者の相続、遺言、離婚、後見、介護、虐待、借金、契約をめぐるトラブル（１回限定30分程度）。平日の9：30〜16：00

宮城県司法書士会の『無料電話相談』☎0120-216-870

月曜〜金曜日　13：00〜20：00

かいけつ（認証紛争解決）サポート

宮城県司法書士会調停センター　☎022-263--6755

※近隣トラブルや金銭の貸し借りなど、裁判まではしたくないことの円満解決を目指します。なお、宮城県司法書士会調停センターで取り扱える事案は、140万円以下の民事紛争に限られます。

国民健康保険について

☎各区役所の保険年金課・各総合支所の保険福祉課

年金について

仙台北年金事務所	☎022-224-0891
仙台東年金事務所	☎022-257-6111
仙台南年金事務所	☎022-246-5111

介護事業所を探したい

厚生労働省の「介護サービス情報公表システム」
→　インターネットで「介護　公表」と検索を

※全国の介護サービス事業所の情報を検索・閲覧可能。近くの地域包括支援センター、生活支援等サービス、住まい（サービス付き高齢者向け住宅）に関する情報等も。

認知症について

認知症電話相談
公益社団法人　認知症の人と家族の会・宮城県支部
☎022-263-5091

月曜〜金曜　9：00〜16：00（祝日・年末年始を除く）

認知症の方が行方不明になったら

認知症の人の見守りネットワーク事業
仙台市 地域包括ケア推進課　☎022-214-8317

ＳＯＳネットワークシステム
近くの交番または警察署へ

※認知症の方が行方不明になったときに、警察署、タクシー会社、放送局等が連携して発見、保護します。無料。

成年後見制度ついて

仙台市成年後見総合センター　☎022-223-2118

福祉サービスの苦情や訴え

宮城福祉オンブズネット「エール」☎022-722-7225

医療機関、高額療養費

仙台市の医療相談コーナー　☎022-214-0018

高額療養費　☎各区役所・各総合支所保健福祉課

編集後記

5年ぶり5冊目となる「みやぎシニア事典」です。ご覧いただき、誠にありがとうございます。

この本の特長は、内容を高齢者のことに絞り、仙台市や宮城県といった地元の話題が多くを占め、老後をエンジョイすることからお墓のことまで幅広いテーマを取り上げていることです。創刊24年目を迎えた情報紙みやぎシルバーネットの、集大成となるものです。

今回は「認知症」について、特に力を入れました。これは筆者の身近なところで、認知症になる方が急増していることも影響しています。リアルな問題として、立ち向かわざるを得なかったのです。「お墓」も大きく取り上げています。「お墓のことで困っている。詳しく知りたい。シルバーネットの墓の記事や広告が役立った」といった声に何度も接してきたからです。

さてさて、日本の社会はこれからいよいよ超高齢社会を迎えます。団地に住む方の多くが高齢者となれば、ご近所が助け合っていくことが不可欠。昭和30年代の頃のように。読者アンケートでは、「醤油を貸し借りしたり、夕食のおかずをお裾分けし合った昭和の頃が良かった」という声をたくさんいただきました。シニア世代の方々には、あの頃の記憶が鮮明に息づいていると思います。時計を逆回転させ、当時の当たり前を若い世代にも伝えていって欲しいものです。

■謝　意

お忙しい中、取材・編集にご協力いただきました皆様には、心から感謝を申し上げます。

■掲載方法

本誌には、情報紙みやぎシルバーネットの記事で好評だったものを含めていることから、過去に取材した記事も含まれています。掲載している読者アンケートは、シルバーネット紙面で毎号実施しているものです。読者の皆さんにご協力いただき、シニア世代の生の声を拾い集めています。川柳に併記している年齢は投稿時点のものとなっています。表紙等に掲載してある写真はシルバーネットの取材活動からのもので、この本の記事として取り上げていないものもあります。

■お断り

本誌に掲載されている内容は、主に2019年12月1日現在のものです。制度その他の内容は随時変わることがございますから、関係機関にご確認の上、ご活用くださいますようお願いいたします。

■監　修

長谷川高章 公証人　　鈴木陽一 公証人　　柏村隆幸 公証人　　北見映雅 公証人

※上記、仙台合同公証人役場の皆さんには、相続・遺言・成年後見制度の部分を監修していただきました。

みやぎシニア事典 VOL.5

発　行　2019年12月25日

発行者　千葉雅俊

編　集　みやぎシルバーネット

〒981-0905　仙台市青葉区小松島2－9－5　千葉ビル2F

☎022-274-1004　FAX 022-274-1037　E-mail: silver.chiba@nifty.com

広　告　みやぎシルバーネット・(有)あしたの広告社

制　作　みやぎシルバーネット・(有)あしたの広告社

発行所　株式会社 金港堂 出版部

〒980-0811　仙台市青葉区一番町2－3－26

☎022-397-7682　FAX 022-397-7683

協　力　有限会社 あしたの広告社

〒980-0811　仙台市青葉区一番町2－2－11 TKビル7F

☎022-726-5185　FAX022-227-7816　E-mail: kato@ashitanokoukoku.jp

印　刷　今野印刷株式会社

『ローカルメディアのつくりかた』

『ローカルメディアのつくりかた』
本体 2,000 円+税　学芸出版社

シルバーネットは、優れたローカルメディアとしても注目を集めています。

地方で発行されている情報紙や雑誌、テレビ、ウエブサイトのことなどを〝ローカルメディア〟と呼ぶことがあります。シルバーネットもその一つですが、これだけ長く発行を続け（24年目に突入）、愛読者も多く、投稿もたくさん寄せられている媒体というのは、日本広しといえどもなかなか無いようです。

写真の本には、日本各地のユニークなローカルメディアが10誌ほど取り上げられているのですが、巻頭の19頁にわたって小紙のことが取り上げられています。誕生秘話から成功の秘訣まで徹底的に分析。同書を読んだ遠方の方から「地元でも出したい。作り方を教えて欲しい」といった問い合わせも寄せられています。シルバーネットのようなものが全国各地に生まれるといいのですが、なかなか継続していくのは難しいようです。